TARZAN DE CASTRO

VIDA, LUTAS E SONHOS

TARZAN DE CASTRO

VIDA, LUTAS E SONHOS

Goiânia-GO
Kelps, 2016

Editora Kelps
Rua 19 nº 100 – St. Marechal Rondon
CEP 74.560-460 – Goiânia-GO
Fone: (62) 3211-1616
Fax: (62) 3211-1075
E-mail: kelps@kelps.com.br
homepage: www.kelps.com.br

EQUIPE DE PESQUISA, PRODUÇÃO E EDIÇÃO

Juarez Ferraz de Maia - **Coordenador**
Bárbara Zaiden
Fran Rodrigues
José Umbelino
Junior Cesar

Revisão
Walterli Guedes

Revisão Final
Sandra Rosa

Foto da Capa
Arquivo pessoal de Tarzan de Castro

Capa
Victor Marques

Diagramação
Victor Marques e Gustavo Nascimento dos Reis

CIP – Brasil – Catalogação na Fonte
BIBLIOTECA PÚBLICA ESTADUAL PIO VARGAS

CAS Castro, Tarzan de.
tar Tarzan de Castro / Tarzan de Castro – Goiânia : Kelps, 2016.

??? p.: il.

ISBN:

1. Literatura brasileira - Biografia. I. Titulo

CDU:

Impresso no Brasil
Printed in Brazil
2016

Dedico este livro às minhas filhas e aos meus filhos: Silvana Castro Jardim, Gregório Alexandre de Castro, Luana Cristina de Castro, Murillo Ribeiro de Castro e Otávio Ribeiro de Castro.

À Geralda D'Arc Ribeiro de Castro, minha mulher, agradeço pela abnegação, paciência e companheirismo, durante mais de três décadas de caminhada, repleta de amor e fraternidade.

Aos meus pais (*in memoriam*) Elpidio de Castro e Joaquina Ramos de Castro, todo amor e agradecimento pela educação, apoio e solidariedade nos momentos mais difíceis da minha vida.

A todos os que lutaram pela redemocratização do Brasil.

Agradecimentos

Valmir de Sousa Pereira, empresário e amigo.

Maria Cristina, pelos anos de caminhada.

Valterli Leite Guedes, incentivador e participante deste trabalho.

Sumário

PREFÁCIO

Falando de TARZAN DE CASTRO "VIDA, LUTAS E SONHOS"

Valterli Guedes*

Este livro narra episódios candentes de uma vida rica, riquíssima em acontecimentos. É a história da vida de Tarzan de Castro desde a infância, na Alto Araguaia (MT) natal, e em Jataí (GO) até a adolescência, quando, em 1956, transferiu-se para a "cidade grande" (aos seus olhos), a também adolescente Goiânia, nova capital de Goiás, cuja população não havia chegado ainda aos 200 mil habitantes.

A partir daí, as descobertas, os sonhos que incitavam às lutas, e essas a caminhos que o levariam a outras plagas, a outras lutas mais, numa sucessão de quebras de rotinas suficiente para confirmar que, de fato, "o caminho se faz ao andar", como bem ensinou o espanhol Antônio Machado.

O golpe de estado civil-militar, ocorrido no Brasil em 1964, colheu Tarzan na condição de líder estudantil, assessor do então governador de Goiás, Mauro Borges, e ativista político de esquerda. Pertencera ao PCdoB (Partido Comunista do Brasil), ao Movimento Revolucionário Tiradentes (MRT) e às Ligas Camponesas criadas por Francisco Julião, político e agitador pernambucano.

Tudo isso tornava necessária a fuga. Fugir para onde?

Tarzan seguiu para a fazenda de seu irmão Darlan, localizada no município de Piranhas. Não demorou a aparecer a polícia para a primeira de uma série de prisões, condenações e de fugas, a mais famosa das quais é a fuga espetacular empreendida a partir da Fortaleza da Laje, no Rio de Janeiro. Tarzan e outros presos, travestidos de "contrabandistas", e com a cumplicidade do chefe da guarda, o cabo Arrais, conseguira chegar à praia do Flamengo numa modesta canoa de pesca, sendo acolhido pela Embaixada do Uruguai, sua nova morada por vários meses, até a obtenção da permissão da ditadura para viajar a Montevidéu em avião da Força Aérea Uruguaia.

Essa fuga envolveu uma sucessão de fatos digna de um longa metragem. Mas ela é um, somente um, entre vários outros episódios impressionantes a desafiar um bom roteirista e um competente cineasta. O exílio no Chile, por exemplo, onde Tarzan chegou durante o governo do socialista Salvador Allende e lá estava ministrando aulas a trabalhadores de uma mina de cobre, no momento do golpe de estado que levou Augusto Pinochet ao poder. Chamado pelo gerente da atividade mineira, teve que sair às pressas para Santiago. "Aqui, todos seremos presos. E, quem é estrangeiro, será fuzilado". Foi o que ouviu do atônito gerente.

Tarzan seguiu, imediatamente, de trem para Santiago, a capital, onde o clima era ainda mais pesado. Na madrugada seguinte, foi despertado por policiais armados. Morava num bairro onde residiam estrangeiros de várias nacionalidades. Todos foram levados para um estádio de futebol para longa temporada de frio e fome. Exceto os cubanos, imediatamente encostados numa parede e metralhados.

No estádio, alem da fome e do frio, também execuções. Um militar de alta patente, em traje de guerra, subiu a um pedestal armado especialmente para a sua pregação e, enquanto falava, não gostou de ouvir do meio da multidão de presos: "Abaixo o nazismo! Viva a liberdade!".

– Quiem hablou? – quis saber o pregador.

– Yo! – assumiu um homem da multidão de presos.

Foi o suficiente para o militar determinar a condução coercitiva do "intruso" ao pedestal, executando-o friamente com um tiro no ouvido, deixando ainda mais chocados e preocupados os milhares de prisioneiros. O militar, com o mesmo tom de voz, prosseguiu o discurso.

Antes do Chile, onde a tortura praticada pelos carrascos de Pinochet era simples redundância, uma vez que, expostos ao frio e a fome, já padeciam o suficiente, Tarzan havia sofrido tortura física no quartel do então 10º Batalhão de Caçadores, em Goiânia, depois de uma temporada no antigo CEPAIGO (a penitenciária estadual). Os torturadores, alguns nominados neste livro, queriam a incriminação do governador Mauro Borges, que havia apoiado o golpe, mas viria a ser afastado do poder por intervenção federal decretada por Castelo Branco, o primeiro general-presidente.

Depois, Tarzan de Castro passaria uma boa temporada na China de Mao Tse Tung, para um curso de alto nível, em termos de estratégia militar e de política. Mas a cabeça estava sempre no Brasil, no sonho de ver a ditadura brasileira derrubada. A saudade do Brasil, dos amigos, da família era uma constante. Daí que, mediante a adoção de muitas cautelas (o regresso seria pelo Suriname, então Guiana Holandesa), chegou ao Brasil pelo extremo Norte, ele e seus companheiros atravessando o Oiapoque disfarçados, primeiro, de antropólogos; depois, de comerciante ilegal de café. Deu tudo certo, até que, depois de um período na clandestinidade, novas prisões.

Com tanta experiência, adquirida compulsoriamente nos embates pela vida, teria que, mais uma vez, solto, é claro, deixar o Brasil. Até porque um oficial do Exército, durante uma conversa na prisão, o advertira: "Se você ficar no Brasil, saiba que corre risco, você está marcado para morrer".

A nova e última fuga foi com documentos falsos, peruca, traje de jovem executivo bem-sucedido. Embarcou no Rio e desceu no aeroporto de Zurique, na Suíça. Chegou a viver por algum tempo na antiga União Soviética, para, em Moscou, frequentar um curso sobre *O Capital*, de Marx. No entanto, o exílio por maior tempo (quase 7 anos), foi em Paris. Ali trabalhou e estudou Sociologia e Ciências Políticas. Foi uma fase tão iluminada, essa da Cidade Luz, que Tarzan tem a França como sua "segunda pátria".

Tão logo o general-presidente João Baptista de Figueiredo, o quinto e último, enviou ao Congresso a proposta de anistia, em 1979, Tarzan cuidou do regresso definitivo. Ao desembarcar no aeroporto Santa Genoveva, em Goiânia, uma calorosa recepção. O abraço dos pais, Elpidio e Joaquina, uma saudação especial de boas-vindas proferida pelo senador Henrique

Santillo, do PMDB, e o anúncio, ao agradecer, de que sua luta política continuaria. Foi deputado estadual e federal. Mas, a essa altura, a carreira política com que no passado tanto sonhou, já não o empolgava. Avisou à mãe, a quem carinhosamente chamava "Baiana", de sua decisão de deixar a política. Dona Joaquina ficou surpresa, até o aconselhou a "pensar melhor".

Hoje vivendo sua oitava década, Tarzan de Castro continua atuante, interessado pelo que se passa no mundo e sonhando com um futuro melhor para todos. A vida ensinou-lhe muito, como seria normal. Sem ódios, de bem com a trajetória percorrida, proclama sua compreensão quanto à importância da diversidade de ideias, da prevalência do contraditório, do livre e cordial debate como prática política. Tem a Democracia como um valor insubstituível, patrimônio essencial e prioritário da humanidade.

"Vida, lutas e sonhos" é interessante narrativa, uma história de vida como poucas. É, também, rica contribuição à História em toda a segunda metade do século vinte.

É daqueles livros que, quando se chega ao fim da leitura, se tem a certeza de haver acrescentado ensinamentos enriquecedores.

Valterli Leite Guedes

Advogado, jornalista e presidente da
Associação Goiana de Imprensa – AGI.
Foi secretário de Estado em Goiás
(Governo Henrique Santillo – 1987/1991).

Introdução

Pela janela do trem, sob a luz morna do dia, vi a bela França se multiplicar em cenários – campos, casas, ruas, as pernas das francesas, os bigodes dos franceses, os bistrôs, museus, escolas, monumentos, as fábricas, as praças esmaecidas. Logo, Paris apontava ao norte; o trem era engolido pela Cidade Luz. Eu observava a tudo com familiaridade, acostumado ao caminho, afeito ao país que, se não me deu a vida, carinhosamente acolheu-me quando quiseram tirá-la de mim. Mas o coração se resguardava, dono de uma tristeza insistente. Foram seis anos de exílio. E, por mais bela que fosse Paris, e rica tenha sido a experiência de viver na França, eu ainda era um exilado político de uma nação distante. Não podia me sentir como um simples turista, ou como um cidadão qualquer, que ali chegou por livre e espontânea vontade. Meus olhos atravessavam o cenário francês e procuravam no horizonte algum sinal, algum indício de terras brasileiras. Como se, de repente, o céu de Paris desaguasse em Goiânia e, acima daquela cidade fria, brilhasse o abrasador sol do cerrado. O ano: 1979.

Nascido em Mato Grosso, criado em Goiás, perseguido, preso e expulso pela ditadura militar – eu, Tarzan de Castro, era um entre as centenas de exilados políticos que acompanhavam ansiosos, quando, em agosto de 1979, o presidente João Baptista Figueiredo sancionava a Lei de Anistia. Ensaiava-se, com ela, mais um passo da chamada "abertura lenta e gradual". Desde 1973, eu morava na França e fazia parte de um expressivo grupo de exilados brasileiros naquele país. Sob o respaldo das liberdades que no Brasil estavam suspensas, ali os debates políticos fervilhavam – discutiam-se os rumos da democracia e do socialismo no mundo, a trajetória dos partidos de esquerda, as circunstâncias das ditaduras. Acredito que era o maior centro de brasileiros politicamente engajados no continente europeu. A vida francesa era um exemplo de politização, da diversidade, da convivência pacífica de opiniões e práticas políticas diversas. O povo era muito politizado e havia possibilidade de aproximação com vários movimentos. Ainda que longe, nós acompanhávamos o desenrolar histórico do Brasil, e participávamos das correntes políticas que ali nasciam. Aquilo para mim era fantástico. Eu havia chegado à França após experimentar o ápice da repressão; primeiro no Brasil, preso e torturado, e depois no Chile, onde morava, quando Salvador Allende foi cercado pelos tanques de Pinochet. Portanto, viver a liberdade de expressão e de opinião em Paris tinha um sabor especial. Mas era hora de voltar – nenhum sabor seria mais especial que o de reencontrar a liberdade em minha pátria.

> **Exilado goiano volta e diz que vai lutar**[1]
>
> *Beneficiado pela lei de anistia, desembarcou ontem no Aeroporto Santa Genoveva, o ex-líder estudantil Tarzan de Castro, que ultimamente residia em Paris. Um grande número de políticos e parentes*

[1] Trecho da matéria "Exilado Goiano volta e diz que vai lutar," publicada pela *Folha de Goiaz*, número 10.270, no dia 09 de dezembro de 1979.

estavam presentes no saguão do aeroporto, para abraçar e homenagear o ex-presidente da UGES e UBES. Um dos momentos de maior emoção foi quando abraçou a sua mãe, a sra. Joaquina de Castro, ao descer do avião. Ao se dirigir aos presentes, Tarzan de Castro destacou que "venho para continuar a luta pelas liberdades democráticas e para pôr fim à ditadura existente no país." Goiânia, 09 de dezembro de 1979

Em dezembro de 1979, cruzei o Oceano Atlântico rumo ao Brasil, na companhia de minha então companheira Maria Cristina[2] e meu filho Gregório. Meu pai e alguns amigos nos esperavam no Rio de Janeiro – de onde partimos para Goiânia. Eu voltava para casa, para a cidade que escolhi chamar de "minha terra". A recepção no aeroporto Santa Genoveva foi emocionante. Minha mãe me aguardava ansiosa e havia muita gente: repórteres, amigos, simpatizantes, curiosos. O senador Henrique Santillo[3] foi o orador da ocasião, saudou a volta do exilado Tarzan de Castro em nome do povo goiano. Do aeroporto, fui levado direto para a Universidade Federal de Goiás, onde houve um debate sobre a luta democrática. Mal havia chegado, e minha agenda já estava cheia de atividades! Mas nos intervalos e nos trajetos entre um compromisso e outro, minha mente viajava em pensamentos.

Eu pensava no caminho que me levara até ali. Quanto havia vivido, quanto havia presenciado, quanto havia mudado? Quem eu era naquele instante e quem eu fui quando, ainda jovem e cheio de sonhos, cheguei pela primeira vez a Goiânia?

---

2 Ex-mulher de Tarzan de Castro, combativa militante do partido socialista uruguaio. Presa e torturada durante as ditaduras no Brasil e Uruguai.

3 Ex-senador e Ex-Governador de Goiás. Desempenhou importante papel na luta contra a ditadura militar.

Deixei que os tempos se unissem numa lembrança – voltei ao ano de 1956, e vi um rapazote imberbe pisar pela primeira vez os degraus do Colégio Liceu. O que então aquele garoto sabia da vida? E por quantas agruras deveria passar para aprender umas poucas lições? Um estudante secundarista vindo do interior, primeiro de onze irmãos, que gostava de teatro e sonhava ser ator ou político. E que mergulharia de corpo e alma nas lutas estudantis de sua época, primeiro com paixão inconsequente, depois com amor maduro – sempre aprendendo um pouco mais – um aprendiz incompleto pelo resto da vida. Ali começava a minha trajetória. Ali se iniciava a história de uma vida intensa e provocativa.

Goiânia, o movimento estudantil secundarista

Foto: Arquivo pessoal de Tarzan de Castro

Foto: Arquivo pessoal de Tarzan de Castro

Aprendiz incompleto pelo resto da vida

Vivi em Jataí até os dezessete anos de idade. Era ainda jovem, praticamente um menino, repleto de expectativas e ideais, quando me mudei para Goiânia. Não me saem da memória as palavras de meu pai na despedida: "Nunca mais vamos morar juntos, meu filho", palavras proféticas. Goiânia, a esperançosa capital do estado de Goiás, era também muito jovem; oferecia a quem quer que chegasse todas as oportunidades e as inseguranças de um novo começo. Mas que começo poderia esperar um rapazote pobre e simples como eu, vindo lá dos confins do país? A que me agarrar naquela terra de pioneiros e bandeirantes? Se eu soubesse, então, que o futuro me lançaria a lugares ainda mais distantes, e me apresentaria realidades ainda mais diversas, talvez meus olhos enxergassem Goiânia de modo diferente. Todavia, naquele momento, no ano de 1956, a cidade que diante de mim se apresentava parecia ser maior que a China, que Cuba, que a França ou o Chile. E depois de conhecer o mundo, ela se tornaria o ponto ao qual minha mente e coração retornavam toda vez que eu pensasse nas palavras "minha terra".

Ao chegar a Goiânia, dinheiro eu não tinha. Mas desde aquela época já possuía de sobra algo muito mais importante: os amigos e a esperança. Quem me deu todo apoio nas novas paragens goianienses foi o Dr. José Feliciano Ferreira[4], deputado estadual e secretário estadual de Educação, hábil político do PSD[5] a quem conheci ainda em Jataí. Eu o achava um homem diferente, uma pessoa culta e rica, mas que guardava a maior simplicidade. Sua família era das mais importantes e poderosas do sudoeste goiano, proprietária da usina de energia e da estação de água de Jataí. Tanto é que José Feliciano se tornaria governador do Estado em 1959. Muito antes disso, em uma formatura em Jataí, fui escolhido orador da turma, e ele era o paraninfo. Não sei dizer se ele gostou foi do meu discurso apaixonado e imberbe ou das peças de teatro que apresentei no saudoso Cine Teatro Imperador. Sei apenas que, a partir daí, ele se tornou um grande amigo e um verdadeiro protetor. Graças a ele, fui admitido como bedel e estudante do Colégio Liceu de Goiânia. Ali encontrei solo fértil e o estímulo imprescindível para germinar os primeiros esboços da minha vida e da minha luta política.

Então, de repente, eu era aluno e funcionário do Liceu de Goiânia e pude presenciar os passos iniciais de muitas figuras importantes para a história recente da região. O Liceu era o colégio da elite goianiense. Por lá, passaram grandes nomes como Henrique Meirelles, Nion Albernaz[6] (na época candidato a vereador, eleito com o apoio do grêmio do colégio) e Iris Rezende[7] também eleito vereador à época com apoio dos estudantes. Aldo

---

[4] Ex-senador e ex-governador de Goiás.

[5] PSD – Partido Social Democrático.

[6] Ex-prefeito de Goiânia, membro do Partido Social Democrático Brasileiro (PSDB).

[7] Ex-governador de Goiás, ex-ministro, prefeito de Goiânia, cassado pela ditadura.

Arantes[8], Pedro Wilson[9], Alvanir Carvalho de Andrade, Henrique Meireles, Gilberto Franco, entre outros estudantes. Esse grupo de líderes fazia parte da juventude católica.

(Dentre eles, o colega que mais me estendeu a mão foi o Sanito Arantes[10], irmão mais velho do Aldo Arantes. Tornei-me amigo deles e da família.)

Na época, recordo-me que Nion Albernaz dava aulas de matemática e era aluno da Faculdade de Engenharia, localizada nos fundos do colégio. Ele já era casado, tinha filhos, e me admirava o esforço que fazia para sustentar a família. Como bedel, cabia a mim fiscalizar a chegada e saída dos professores. Tinha autonomia para cortar ou não o ponto em caso de atraso ou falta. Às vezes, Nion chegava atrasado, e eu não lhe cortava o ponto, pois sabia de suas dificuldades e achava absurdo não levá-las em consideração. Incidia a meu favor o fato de que o próprio padre Serra[11], diretor do Colégio, protegia uma professora, famosa intelectual, que era mãe de família e, muitas vezes, precisava se atrasar ou faltar. Eu achava que isso me dava o direito de também proteger quem eu quisesse. Mas um dia, o padre Serra puxou-me para um canto e me deu aquela bronca, dizendo que eu não estava sendo responsável, que estava negligenciando minhas obrigações, pois ficara sabendo de professores que atrasavam e não sofriam as devidas consequências. Eu, então, lhe respondi que, como ele havia me pedido para ser tolerante com aquela professora, achei que não haveria problemas em sê-lo com mais alguns em situação semelhante. Diante

[8] Ex-presidente da União Nacional dos Estudantes (UNE), ex-deputado federal, dirigente nacional do Partido Comunista do Brasil (PCdoB).

[9] Ex-prefeito de Goiânia, Ex-deputado federal, dirigente do Partido dos Trabalhadores (PT).

[10] Ex-líder estudantil, irmão de Aldo Arantes.

[11] Ex-diretor do Colégio Estadual de Goiânia – LICEU.

daquela resposta, vi o padre ficar vermelho de raiva e ferver dentro da batina – mas eu tinha a proteção do José Feliciano, então secretário de Educação, e tudo teve que terminar em paz.

A vida estudantil, naquela época, era muito intensa. Passávamos por um momento de grande efervescência entre os estudantes – nós lutávamos para ressaltar nossa voz e tínhamos coragem para nos organizar, sair às ruas em nome de ideais e de mudanças.

Goiânia era uma cidade que florescia, mas que ainda não dispunha de grande expressividade cultural e social. Tínhamos, por exemplo, apenas três faculdades: Engenharia, funcionava no quintal do Liceu, em um barracão nos fundos do colégio; Direito, na rua 20, e uma faculdade de Farmácia. Coube, portanto, ao movimento estudantil secundarista, junto com outros segmentos da sociedade interessados, a responsabilidade de lutar pela criação de uma Universidade Federal em Goiás e representar a força cultural e os interesses legítimos dos jovens. O Liceu encabeçava essa força, e era acompanhado por outros polos estudantis de destaque, como o Instituto de Educação, o Colégio Assunção, o Colégio Santa Clara, a Escola Técnica, o Atheneu Dom Bosco, a Escolinha do Professor Rubens[12], de Campinas, e o Colégio Pedro Gomes.

Ressalto outras figuras de destaque daquele período de movimento estudantil: Sebastião Tavares de Moraes[13], Eudoro Zacarias Pedrosa, Luis Carlos Moraes, José Cesar, Ronaldo Jardim, Mário Roriz, Antônio Jardim, Paulo Jardim, Iram Saraiva, Sebastião Ramos Jubé, Guido Arantes, Armandino Piguinata, Agemiro Cardoso, Welson Ribeiro Borges, Lucio

---

[12] Rubens Carneiro dos Santos, professor e diretor proprietário da Escola Técnica de Comércio de Campinas.

[13] Militante do Movimento Estudantil (M.E.) e das Liga Camponesas lideradas pelo ex-deputado de Pernambuco Francisco Julião.

Lincol de Paiva Antônio Barbosa, Roosevelt Arantes, Jarbas Silva Marques, Antônio Leoni, Olimpio Mendes, Marcos Franco, Carlos Santa Cruz, James Allen Luz[14], Zanderlan Campos[15], Hecival Alves de Castro, Luiz Soyer, Carlos Agenor Roller, Francisco Barbosa Garcia, Marco Laveran Franco, Joaquim Ferreira Coimbra, Cristiano Teixeira, Ismael Bizuca e Nilo Guilardi[16], líderes de Campinas. Sempre valorizei muito a influência de Campinas na história goianiense. Naquele tempo, quando Goiânia terminava na altura do Jóquei Clube e a partir dali havia só mato, Campinas, mais à frente, exalava sua vida própria. Cinema, estádio de futebol, comércio, botecos, escolas e estudantes engajados. Campinas foi como uma irmã mais velha para Goiânia, ajudando-a a dar seus primeiros passos, com carinho desinteressado e fraternal. Dela, surgiram também grandes nomes do movimento estudantil, oriundos da Escolinha do Professor Rubens.

Tão logo me vi em meio a esse ambiente dinâmico e vivo, tratei rapidamente de participar de tudo que podia. O teatro veio primeiro. O colégio possuía seu próprio teatro e um grupo permanente de Artes Cênicas do qual participei como ator. Encenamos peças sob a direção de João Bênnio[17], Otavinho Arantes, assim como dos próprios estudantes, como João Neder[18], que cursava a Faculdade de Direito e era diretor de teatro. Também tínhamos o *Jornal do Liceu* e diversas atividades esportivas no pátio do colégio, onde nos encantávamos com as pernas das moças.

---

[14] Militante do Movimento Estudantil PCdoB e Val-Palmares, assassinado pela ditadura.

[15] Ex-militante do Movimento Estudantil (M.E.), juiz do Trabalho, aposentado.

[16] Ex-militante do Movimento Estudantil (M.E.) e ex-vereador por Goiânia.

[17] Diretor e ator de Teatro e Cinema, à época, famoso em Goiás.

[18] Ex-militante do Movimento Estudantil (M.E.), promotor de Justiça e escritor.

Principalmente, os jovens do Liceu estavam empenhados e decididos a falar e se fazer ouvir. Sentíamos soprar de longe o ar das novidades, enquanto a agitação do mundo atingia sutilmente essas terras incrustadas no coração do Brasil. Lá fora, as peças da História se movimentavam rumo a lances decisivos, que mudariam completamente as nossas trajetórias e a da própria humanidade. Como um sussurro ao pé do ouvido, as notícias de revoluções, de jovens no poder, de nacionalismo e patriotismo insuflavam nossas vidas e nos impeliam a nos organizar e fazer, nós também, a diferença. Somava-se a isso a Guerra Fria que dividia a humanidade entre a liderança dos Estados Unidos de uma lado e a União Soviética do outro.

A minha situação era muito interessante: eu era, ao mesmo tempo, estudante e bedel do Liceu e, assim, gozava de uma amplitude de visão maior que a de muitos. Naquela época, os bedéis tinham muito prestígio e participavam das decisões estudantis. O Sanito Arantes terminava seu mandato na presidência do Grêmio e eu fui escolhido para me candidatar nas eleições seguintes. Minha chapa tinha como vice o hoje consagrado escritor goiano José Mendonça Teles[19]. Do outro lado, montaram uma chapa bastante poderosa, composta por Dilson Antunes[20] e um outro bedel na vice-presidência, Antônio Barbosa Porto. À semelhança do que ocorria com as eleições presidenciais até a Constituição de 1967, naquela época, era possível votar no candidato a presidente de uma chapa e no vice da outra. De modo que, com as urnas apuradas, os resultados indicaram Tarzan de Castro como presidente e, como vice, o candidato da oposição, o outro bedel.

---

[19] Ex-militante do Movimento Estudantil (M.E.), escritor, ex-presidente da Academia Goiana de Letras e do Instituto Histórico e Geográfico de Goiás.

[20] Ex-militante do Movimento Estudantil (M.E.) e médico.

O Zé Mendonça perdeu aquele embate! Sempre que o encontro, nós dois rimos e recordamos dessa cena e da nossa luta. Logo no primeiro ano de Liceu, eu já me tornava presidente do Grêmio Félix de Bulhões, o mais importante de Goiás.

Concomitante a isso, ocorria um fato importantíssimo para a época: a fundação da Liga Feminina do Liceu. Foi uma revolução. Para muitos, a Liga iria perverter as boas moças de Goiás e acabar com as famílias de bem. Pensamentos que refletiam o tipo de sociedade que existia na cidade e a tradição rural e conservadora da maioria das pessoas. Ainda assim, as moças defenderam bravamente sua posição e constituíram um marco pioneiro nas questões dos direitos femininos em Goiás. À frente desse movimento, estava a extraordinária Mari Baiocchi[21], de uma tradicional família goiana. A Mari me disse que me achou muito corajoso por ter apoiado a fundação da Liga como presidente do grêmio. Mas corajosas eram elas! Enfrentaram com elegância e pulso firme os preconceitos e as restrições de uma cultura opressora e machista, contornaram as pressões que vinham dos próprios pais e mães, irmãos e parentes, os que mais as culpavam por desvios que não haviam cometido!

A Liga Feminina ansiava por permitir às moças nada mais do que participação ativa, poder de fala, direito de posicionamento. E pensar que essas exigências tão básicas já representaram uma bomba para aqueles dias! Principalmente porque Mari Baiocchi não se enquadrava em nenhuma das delicadas molduras que serviam de grilhões à maioria das mulheres de sua geração: ela já tinha um filho e ainda namorava um jovem

[21] Militante feminista fundadora da Liga Feminina do Liceu, antropóloga, professora da Universidade Federal de Goiás (UFG).

médico comunista chamado Omar Carneiro[22]. Ele estudou Cardiologia na URSS e se tornaria um dos pioneiros nessa especialidade em Goiânia, participando da fundação da Faculdade de Medicina. Posteriormente, o casal viajou para a Europa e foi alvo de falácias ainda maiores; os conservadores atacavam Mari e Omar com acusações de baixo nível. Nada do que foi dito, porém, abalou a importância da Liga Feminina, sua antecipação da luta das mulheres em Goiás, e nem a Omar e Mari, um casal belo e libertário.

Com a Liga, as moças começaram a participar, também, dos congressos do movimento estudantil. Recordo-me de Linda Corrêa[23], que era de outro colégio, mas pertencia ao grupo; Dalvina Cardoso[24], Armênia Necerssian[25], Dalva Aguiar[26]. Tinham o apoio de Regina Lacerda[27], intelectual de grande valor. E é interessante constatar que essas mulheres hoje são respeitadas e admiradas por suas trajetórias de vida e de luta, o que demonstra como eram elas que estavam certas desde o início, e não os setores conservadores da sociedade que as denegria.

Os movimentos dos estudantes convergiram para a organização, pois entendíamos que apenas unidos seríamos capazes de fazer valer nossa força. Havia, então, a União dos Estudantes Goianos, chamada UEG, cujos principais líderes eram João Bosco Louza[28], Matias Pinheiro de Lemos, Manoel Mendon-

---

22 Médico, militante político ligado ao Partido Comunista Brasileiro (PCB) em Goiás, marido da antropóloga Mari Baiocchi.

23 Ex-militante do Movimento Estudantil (M.E.), ex-secretária de Cultura do Estado de Goiás.

24 Ex-militante do Movimento Estudantil (M.E.), advogada.

25 Ex-militante do Movimento Estudantil (M.E.), ativista cultural, escritora, diplomata, irmã do ator Stephan Nercessian.

26 Ex-militante do Movimento Estudantil (M.E.) Goiás.

27 Escritora, feminista, ativista política e cultural.

28 Ex-militante do Movimento Estudantil (M.E.), empresário, ligado à União Democrática Nacional (UDN) em Goiás.

ça[29], José Segurado[30], Maurício Zacariotti[31], Gilberto Santana[32], José Martins[33] e José Xavier[34]. Eles mantinham uma postura bastante influenciada pelo Partido Comunista e, contraditoriamente, por muita gente conservadora e até reacionária, como os lacerdistas. Já nós, do Liceu, constituíamos oposição e éramos formados, principalmente, por nacionalistas e gente de direita. E como todo bom jovem imberbe e voluntarioso que se preze, eu pensava que representávamos o que havia de melhor na juventude goiana. Mal sabia ainda como o pensamento de um indivíduo pode mudar e se ampliar com as experiências. De qualquer forma, entendíamos que era necessária uma renovação na UEG, e por isso nos organizamos lançando o presidente do grêmio do Liceu, Sanito Arantes.

Lembro-me que houve, em Morrinhos, um congresso que terminou em pancadaria, com direito a tiros para o alto disparados por certa pessoa muito conhecida no Estado. A bagunça generalizada impediu as eleições e gerou uma cisão entre os estudantes, um profundo impasse que só pôde ser resolvido com a fundação de outra entidade. No calor das intransigências estudantis, surgia a FLEG – Frente Legalista dos Estudantes Goianos – que teria uma vida curta. Seu primeiro

[29] Ex-militante do Movimento Estudantil (M.E.), ex-deputado estadual de Goiás pela União Democrática Nacional (UDN).

[30] Ex-militante do Movimento Estudantil (M.E.), ex-presidente da União Goiana dos Estudantes (UEG).

[31] Ex-militante do Movimento Estudantil (M.E.), advogado, irmão de João Batista Zacariote, na época ligado ao Partido Comunista Brasileiro (PCB).

[32] Ex-militante do Movimento Estudantil (M.E.), ex-deputado estadual pelo Partido Social Democrático (PSD) e Ex-presidente da Sociedade Goiana de Pecuária e Agricultura (SGPA).

[33] Ex-militante do Movimento Estudantil (M.E.) e ex-presidente da União Goiana dos Estudantes (UEG).

[34] Ex-militante do Movimento Estudantil (M.E.), ex-delegado de Polícia considerado um dos maiores repressores durante a ditadura militar em Goiás.

presidente foi o Aldo Azevedo Soares[35], da Escola Técnica de Contabilidade, e fui eleito vice-presidente. Em seguida, eu me tornaria presidente e articularia a reaproximação com a UEG. O então presidente da UEG, o José Martins de Azevedo, e o vice-presidente, Eudoro Zacarias Pedrosa, eram reconhecidos pela FLEG e também demonstravam interesse no fim das discórdias. Nós nos reunimos e, acertados os pingos nos is, em 1958, fundamos a UGES, União Goiana dos Estudantes Secundaristas. A entidade seria a porta de entrada para uma nova realidade da minha trajetória e do movimento estudantil à época em Goiás.

Mas antes é necessário falar das mudanças sutis e reveladoras que ocorriam dentro da mente e do coração daquele jovem Tarzan de Castro. Eu vinha de Jataí munido de muito idealismo, de entusiasmo, mas de pouca reflexão. Como muitos jovens do movimento, eu tinha uma noção vaga do que queria para o país ou para o mundo. Havia sido parcamente formado e inspirado por ideias de patriotismo, até de certo ufanismo, insuflado por campanhas tais como "O Petróleo é nosso". Mas o momento histórico estava para mudar. A humanidade se polarizava e forçava os jovens interessados em política a escolher um lado, e a culpar o outro lado por toda a barbárie, toda a miséria e toda a tristeza do mundo.

O meu contato anterior com o comunismo havia se resolvido na base da reza e da benzedura. Durante a infância, aprendera que comunistas eram materialistas, comiam criancinhas e andavam com o diabo no coração. Já em Goiânia, muitos dos estudantes secundaristas se consideravam comunistas e integravam o chamado partidão, o PCB. Era o caso

[35] Ex-militante do Movimento Estudantil (M.E.), advogado, professor da Pontifícia Universidade Católica (PUC-GO).

de Maurício Zacariotti, João Batista e Antônio Siqueira[36]. Foi Antônio Siqueira quem me auxiliou a pensar diferente e a alargar minhas compreensões. Nós dois morávamos em uma república na avenida Paranaíba e, às vezes, nos esbarrávamos e parávamos para conversar. Um dia, Antônio disse-me que me achava um rapaz interessado e promissor, mas desinformado, impetuoso, alguém que aproveitava mal a própria força por não saber direito o que queria. Segundo ele, eu precisava conhecer mais a história política, as lutas dos povos contra a opressão. Eu ouvi aquilo tudo e, é claro, fiquei foi desconfiado com aquele papinho comunista!

Antônio Siqueira me indicou o livro *Os dez dias que abalaram o mundo*, de John Reed. Ganhei o presente com dedicatória e tudo, e comecei a lê-lo nas horas vagas, ainda meio ressabiado. Mas, aos poucos, a leitura mexeu comigo. Na medida em que permitia que eu me colocasse sob novas perspectivas, ela foi derrubando vários preconceitos que eu tinha e nem sabia. Pela primeira vez, passei a pensar nas minhas próprias posições, e a concatenar fatos, situação histórica, contexto, e objetivos. Foi incrível, uma verdadeira vacina de amplitude! Infelizmente, Antônio Siqueira morreu assassinado pela brutalidade imperante na sociedade brasileira. Sua semente, porém, estava plantada em meu coração, na minha mente e dela nasceriam frutos que eternizariam uma luta, uma busca e um ideal de mundo que não pertenciam, apenas, a ele, nem a mim, mas a toda uma geração. A partir daí me inseri no movimento e comecei a atuar com outra visão de mundo. Virei um militante de esquerda, um aprendiz incompleto pelo resto da vida.

---

[36] Ex-militante Movimento Estudantil (M.E.) e do Partido Comunista Brasileiro (PCB).

Foto do arquivo pessoal do escritor Ubirajara Galli, março de 2016

O Jornal "O Liceu" Presta Homenagem Aos Heróis do Progresso do G.L.F.B.

Trabalho Contínuo — Merecedores de Elogios

Tarzan de Castro — Presidente do G.L.F.B

GUIDO MAGALHÃES ARANTES — Diretor do Departamento de Oratória

VÂNIA TERESA GARCIA, 2a Secretária

ANTONIO BARBOSA PÔRTO — Vice-Presidente

MARIO RAIMUNDO DOS SANTOS — Secretário Geral

O LICEU

Do Estudante Pelo Estudante

ANO XXIII	GOIÂNIA, MAIO DE 1958	N. XCIII

RELATO'RIO DE 1-9-57 A 31-3-58

Quando assumimos a direção da Entidade congregadora dos estudantes liceanos, encontramo-la em péssima situação financeira, com um deficit de Cr$ 1.341,00.

Juntamente com um grupo de colegas entusiastas e dedicados, iniciamos nossas atividades com uma caravana esportiva em Quepó. Depois veio a maior das dificuldades que foi a tiragem do jornal «O LICEU», a qual nos custou imensos sacrifícios, mas, com a ajuda de Deus, conseguimos uma das maiores vitórias.

(Continua na 2a. página)

PROFESSOR NION ALBERNAZ CANDIDATO A VEREADOR

Observação

Este jornal não circulou nos meses de março e abril, devido às dificuldades com que estão lutando os dirigentes do Grêmio; e ainda pelo fato de o seu Diretor ter permanecido em uma cidade fora, durante mais de um mês. Portanto, êste número de maio é o primeiro do ano letivo de 58.

Aproveitamos a oportunidade para avisarmos aos liceanos que estamos recebendo, desde já, matérias de colaboração para o próximo número de O LICEU que circulará no princípio de junho vindouro.

Filiado à FLEG o GLFB

JORNAL *O LICEU* ANO XXIII, Nº XCIII, GOIÂNIA, 1958

Um surpreendente e inusitado amor

Minha transição do nacionalismo para a esquerda socializante se deu de forma gradual. Ela acompanhou a participação nas atividades estudantis que o movimento secundarista propiciava. A UGES tinha, então, imenso prestígio. Possuíamos sede própria e até fundamos um clube chamado Dress, sob a presidência de Élio Cabral. Nossa rede de influência abarcava o Estado inteiro, o que hoje significaria Goiás e Tocantins. Como em Goiânia não havia muitos movimentos sociais organizados, o movimento estudantil ocupava um papel muito importante. Tínhamos uma força quase desproporcional em relação aos outros grupos da sociedade. Quando tomávamos uma decisão, ela era cumprida.

Não havia, por exemplo, aumento das passagens de coletivo, de ingressos de cinema ou anuidades dos colégios sem que a proposta primeiro passasse por nós. Se o aumento fosse exagerado ou em desacordo com nossas condições, tínhamos a capacidade de parar a cidade com greves. Em uma paralisação no Atheneu, simplesmente amarramos cordas, correntes e cadeados nos portões até o valor da anuidade ser reduzido. Era necessário, portanto, que tivéssemos muita responsabilidade e confesso que, às vezes, ficava difícil resistir às tentações de exagero e radicalização. Fui presidente da UGES por duas vezes e vivi na pele a necessidade de equilíbrio diante de forças potencialmente conflitantes.

Como presidente da UGES, eu visitava as salas de aula e setores de administração dos colégios da cidade. Observava a realidade, tanto dos estudantes quanto dos funcionários, diretores e políticos envolvidos com a área de educação. Era uma verdadeira lição extraclasse e extracurricular, como costumam ser a maioria das grandes lições de vida. Precisávamos saber conciliar os interesses mais diversos e responder com firmeza – vez ou outra até com certa altivez – à sociedade. Mas é claro que aquela experiência também tinha espaço para algumas aventuras mais leves e, nem por isso, menos memoráveis.

Em certa visita a um tradicional colégio católico de Goiânia, para divulgar as atividades da entidade, fui apresentado à vice-diretora, a quem chamarei de "Maria das Graças[37]". Logo no início da conversa, em sua sala de trabalho, interessou-me a jovialidade da freira. Ela estava me dando uma atenção um pouco fora do normal – havia qualquer coisa muito sutil em seu olhar, em seus gestos, na cadência e no calor de suas palavras. Aos poucos, notei surpreso que o clima se condensava entre nós, enquanto nossos movimentos e sorrisos encontravam sintonia. Por trás dos assuntos estudantis, do hábito preto e da austeridade da circunstância, percebi que jogávamos o velho e delicioso jogo das intenções ocultas. Era minha vez de fazer um lance: já estava excitado e, sem vacilar, puxei-a sobre mim e dei-lhe

[37] Nome fictício.

um beijo ardente na boca. Ela titubeou, tentou se esquivar, mas acabou aceitando. Tivemos uma relação maravilhosa. Depois, o silêncio. A freira se fechou e se recompôs delicadamente, retornando à postura de vice-diretora do colégio. Mas eu, aproveitando um olhar descuidado, disse-lhe que voltaria nos próximos dias. Ao que ela respondeu, sem vacilar: "Venha".

E eu fui. A cena não me saía da cabeça, não conseguia atinar em mais nada. Na semana seguinte, era recebido diretamente na sala da vice-diretoria. Ao entrar, tranquei a porta e fui logo para cima dela, sem cerimônias e sem pedir bênção. Agarramo-nos aos beijos e abraços, tentando não quebrar nada em nosso caminho, torcendo para que nenhum ruído escapasse pelas paredes ou pela porta. Eu abaixei minhas calças e subi seu hábito. Foi tudo muito rápido, com o gosto inesquecível das aventuras proibidas. Voltei outra vez, mas "Maria das Graças" me pediu para que não aparecesse mais, e afirmou que seria transferida para outra cidade. Não posso dizer até que ponto ter caído em tentação comigo abalou sua crença na vida de freira. E nem se ela considerou pecado, perdição, ato do demônio, nossos encontros de amor arisco e sussurrado. Sei apenas que foi maravilhoso, e eu nunca mais me esqueci da minha querida freirinha. É uma personagem que povoará minha imaginação pelo resto da vida.

Para além das deliciosas e dolorosas pressões dos hormônios, a gestão à frente da UGES me possibilitava praticar o verdadeiro jogo político. Mas quando falo de política, quero dizer política em seu sentido original, ou seja, a arte da conciliação, a ciência do diálogo. Mantínhamos uma relação importante com o governo de Goiás. José Feliciano, meu amigo de longa data, era o então governador, e eu continuava admirando-o como o homem de grande espírito que ele sempre foi. Certa feita, eu quis levar uma quantidade enorme de estudantes para um congresso no Rio de Janeiro e pedi ao governador um voo só para nós. Não conseguimos a locação exclusiva, mas ganhamos passagens para todos os estudantes – e eram dezenas, capazes de lotar um avião de carreira da época.

O Cinco de Março

Durante as minhas gestões, os estudantes tinham acesso muito fácil e rápido ao governador José Feliciano. Mas os tempos se conturbavam acima de nossas cabeças e abaixo de nossos pés. As tensões que explodiriam dali a alguns anos já se faziam sentir no subsolo da sociedade – e os gestos impensados, violentos, exacerbados, iam se acumulando em todos os setores; entre nós, estudantes; entre os políticos; entre as famílias. Qualquer fagulha era prenúncio do incêndio que destruiria o mundo. E, no dia cinco de março de 1959, uma pequena fagulha fez o fogo se alastrar de maneira estúpida e brutal pelo coração de Goiânia[38].

Acredito que as causas que provocaram a repressão do Cinco de Março deveriam ser melhor estudadas e mais reconhecidas pela nossa história. Para quem esteve na Praça do Bandeirante naquele dia, sobra apenas o gosto amargo da violência sem sentido, sem porquê, sem explicação. Os estudantes se reuniam em uma nova greve contra o aumento das anuidades nos colégios e das passagens do transporte público. Como

[38] Devido aos grandes impactos dos eventos ocorridos nesta data, Batista Custódio criou um jornal de opinião que ficou famoso no estado de Goiás e recebeu o nome de *Cinco de Março*.

de praxe, já havíamos comunicado previamente à polícia a respeito das manifestações. Seria mais um comício pacífico, como vários já acontecidos na cidade.

A Praça do Bandeirante era, então, o ponto central de Goiânia. Conseguimos reunir muita gente e as atividades seguiam de modo ordenado, com exaltação apenas no discurso e no idealismo dos estudantes. De súbito, vemo-nos cercados e sufocados pela tropa de choque da PM e o Corpo de Bombeiros. Dirigi-me ao oficial Libanio Araújo[39], comandante da tropa, e perguntei o porquê daquela movimentação opressiva. Ele me disse em tom ríspido que tínhamos que sair dali imediatamente, tínhamos que limpar a área. Sem entender o que estava acontecendo, eu pedi um tempo para comunicar a ordem e tirar o pessoal da praça. Mal me afastei, já ouvi tiros. Pensei inicialmente que fossem de festim, com o intuito de assustar ou dispersar o pessoal. Mas não eram. Eram tiros de fuzil. Caminhando ao meu lado estava um estudante de Aragarças que, de repente, caiu no chão. Agachei-me sobre ele e vi que suas costas estavam ensopadas de sangue, com um pequeno orifício vermelho vivo a brilhar na camisa. Sem pensar muito, peguei-o e saí correndo na direção do Café Central. Naquela época, não havia muitos prédios na região, e o pessoal começou a se esconder nos lotes vazios, e a arranjar pedras e tijolos para atirar nos policiais. Um confronto desigual e inútil, que começou sem motivo e terminou, tragicamente, com mais de uma dezena de estudantes feridos a bala, e dezenas de feridos por espancamentos que foram atendidos em hospitais. Uma verdadeira barbárie.

---

[39] Coronel da Polícia Militar de Goiás e ex-deputado estadual (Arena – Aliança Renovadora Nacional).

Penso que o governador foi pego de surpresa em relação à violência da polícia no Cinco de Março. Creio, inclusive, que a motivação daquela barbárie tenha sido política, com a finalidade de denegrir a imagem do governo em favor da UDN. Afinal, não havia outra justificativa para aquele nível de brutalidade. No outro dia, nós convocamos a cidade inteira para um comício e a Praça Cívica ficou lotada. Estudantes secundaristas, universitários, gente que presenciou ou que ouviu falar do acontecido, todos queríamos a demissão do secretário de Segurança Pública, Thales dos Reis, do comandante da polícia e dos outros responsáveis pela repressão. Até a União Estadual dos Estudantes, à época sob a direção de Olinto Meirelles[40], entrou no protesto. Formamos uma comissão e fomos falar diretamente com o governador.

Dentro do palácio, muitos funcionários se aproximavam para me interrogar como eu podia fazer aquilo com o governador José Feliciano, que era meu amigo e havia me protegido tantas vezes. A todos, eu apenas respondia que não queríamos prejudicar de nenhuma maneira o governador. Fazíamos um movimento legítimo e justo contra a barbaridade da polícia. Nada tínhamos contra o governador e estávamos, na verdade, prestando-lhe auxílio. Se ele demitisse os envolvidos nas tristes circunstâncias do Cinco de Março, mostraria que estava de fato do lado do povo e contra a violência gratuita. A ação de José Feliciano foi imediata; ele demitiu ali mesmo o secretário de Segurança, o delegado e todos os envolvidos. Logo depois, nós propusemos um cidadão do meio da massa para ser o novo secre-

[40] Ex-militante do Movimento Estudantil (M.E.), ex vice-presidente da União Nacional dos Estudantes (UNE) e ex-deputado estadual da UDN, cassado pela ditadura.

tário de Segurança Pública. Escolhemos Reinaldo Baiocchi, tio de Mari Baiocchi, e o governador imediatamente o nomeou. Reinaldo Baiocchi foi consagrado em praça pública e a manifestação se transformou numa grande festa popular.

Os acontecimentos do Cinco de Março foram tão importantes que motivaram Batista Custódio[41], então um jovem estudante e militante, a fundar seu histórico jornal. O jornal *Cinco de Março* seria um porta-voz da liberdade em Goiás, um marco contra o horror, o absurdo, a brutalidade gratuita da polícia, o jornal fez história em Goiás deu origem ao *Diário da Manhã* também fundado por Batista Custódio. A atuação dos policiais havia sido desproporcional, fora da realidade, e marcou tristemente o fim do mandato de José Feliciano. Ele faleceu recentemente e estive em seu velório. Sempre fomos amigos e sei que muitas pessoas não percebiam a grandeza de sua participação na fundação de Brasília. Certa vez, ele me disse que era preciso deixar de lado as pequenas brigas entre PSD e UDN, e começar a ampliar a visão com o intuito de melhorar o Estado, mudar os conceitos e hábitos atrasados da sociedade ainda, totalmente rural de Goiás. José Feliciano Ferreira possuía grandeza de espírito e foi um cidadão de pensamento universal.

---

[41] Jornalista, fundador dos jornais *Cinco de Março* e *Diário da Manhã*.

Arquivo pessoal de Tarzan de Castro

UNIÃO GOIANA DOS ESTUDANTES SECUNDÁRIOS

NOTA OFICIAL

GREVE GERAL

Os estudantes sempre se mantiveram ao lado do povo, e quantas vêzes se houve mister de sua luta pelo mesmo povo, estiveram êles de cabeça erguida e peito aberto, frente as batalhas mais cruentas.

Os estudantes nunca se quedaram ante obstáculo algum, e quantas vêzes ameaçados se sentiram de perder os seus direitos, mostraram pujança, coragem e intrepidez, nas batalhas, que as circunstâncias lhe impôem muitas vezes.

Agora êsses moços, futuros dirigentes da nação - ninguem é imperecível - sentem o seu direito mais sagrado, o de estudar, de cultivar a inteligência, que o Onipotente brindou a cada um, ameaçado pelo aumento astrônomico, e transcedental as suas possibilidades pecuniárias, das anuidades escolares.

Ante a situação difícil, que contribuirá inevitavelmente para o marca passo do Brasil, uma pergunta paira no ar: Os estudantes, que sempre se distinguiram nas lutas em defesa da Pátria, que sempre se fizeram ouvir e sentir r mente, pararão petrificados diante do perigo, prenúncio de catástrofe moral e intelectu a é a resposta.

A mocidade goiana e brasileira estarã ımento, em pugna pela queda do projeto Diretrizes e Bases, nascido sem o menor la as, que agora, manchado pelo substitutivo Carlos Lacerda, vem constituir-se em ameaça progresso cultural do País.

Contra a aprovação dêsse projeto maculado pela inteligência maléfica de Lacerda, a União Goiana dos Estudantes Secundários, vem conclamar aos estudantes, eternos vigilantes da terra em que nasceram, e ao povo em geral, exército constante e obrigatório contra as ofensas endereçadas a terra máter, para coesos, em busca de um mesmo objetivo, progresso para o Brasil, e em defesa de uma mesma causa, constituirem-se numa fôrça poderosa e constante. contra êsse projeto e ao aumento das anuidades escolares, até a queda de ambas as pretensões.

Necessário é, analizar os dois motivos que nos levam a greve geral, pois, se o projeto for aprovado completamente, e o aumento inglório das anuidades escolares se verificar, não resta a menor dúvida, os pobres não realizarão o sonho tantas vêzes sonhado ainda na meninice: Ser um homem culto para o engrandecimento da Pátria.

Eis ai o motivo principal e de primordiais interêsses, que nos levarão sem dúvida, às praças, da Capital Caçula.

Mas, já que para as praças vamos em defesa de um direito, abordaremos e reivindicaremos mais um, desconto garantido por leis da Câmara Municipal de Goiânia, nos transportes coletivos, que exploram as linhas de Goiânia aos diversos bairros.

Vamos encetar uma luta de interêsse do povo e dos estudantes, cabe pois, a nós estudantes e ao povo, permanecermos nas ruas e nas praças até a conquista final.

TARZAN DE CASTRO
Presidente da UGES.

JOSÉ CÉSAR FILHO
Secretário Geral da UGES.

Goiânia, fevereiro de 1960

NOTA OFICIAL DE GREVE, FEVEREIRO DE 1960

FOLHA DE GOIAZ

Adesão dos estudantes goianos à greve contra as anuidades escolares

... Aderindo ao movimento que se verifica em todo o territorio nacional, no sentido de protestar contra o aumento das anuidades escolares, foi decretada greve geral dos estudantes secundários do Estado de Goiás, a partir de zero hora de hoje, pelo Conselho da União Goiana dos Estudantes Secundários, em reunião levada a efeito ontem à noite. A entidade que congrega os secundaristas está fazendo um apêlo aos pais dos alunos, a fim de que colaborem decididamente com o movimento que visa, antes de tudo, diminuir as despesas escolares à classe menos afortunada e àqueles que dispendem de importâncias elevadas com anuidades escolares.

TAMBEM OUTROS ESTADOS ADEREM AO MOVIMENTO

RIO, 3 (Meridional) — A greve deflagrada pelos estudantes secundaristas em sinal de protesto contra a majoração das anuidades escolares não está alcançando êxito. Contudo o movimento parece que não deixou de repercutir, principalmente em face da onda de aumen-

(Conclui na quarta pág)

ADESÃO DOS ESTUDANTES GOIANOS ..

(Conclusão da 1a. página)

tos em todos os setores. Enquanto isso a polícia continua de prontidão. Todavia até agora não espancou nenhum colegial. O estudante Aníbal Mendes, segundo vice-presidente da Associação Metropolitana de Estudantes Secundários, disse-nos esta noite que os colégios da Associação Cristã, momentos antes, haviam aderido ao movimento paredista, o mesmo acontecendo com o Ateneu São Luiz, Ginásio Maracanã, Instituto Jurema, Liceu Franco Brasileiro, Colégio Amaro Cavalcanti, Ginásio Veiga Miranda, além de diversos grêmios estudantis dos Estados de Minas Gerais, Piauí, Rio Grande do Sul e outros, que também se declararam em greve.

O secundarista Aníbal Mendes declarou ainda que o Ministro da Educação havia comunicado que estava disposto a examinar o problema referente à greve dos estudantes, bem como comparecer à TV-Tupi no próximo dia 10, para uma entrevista com os líderes estudantis.

FOLHA DE GOIAZ, 4 DE MARÇO DE 1959

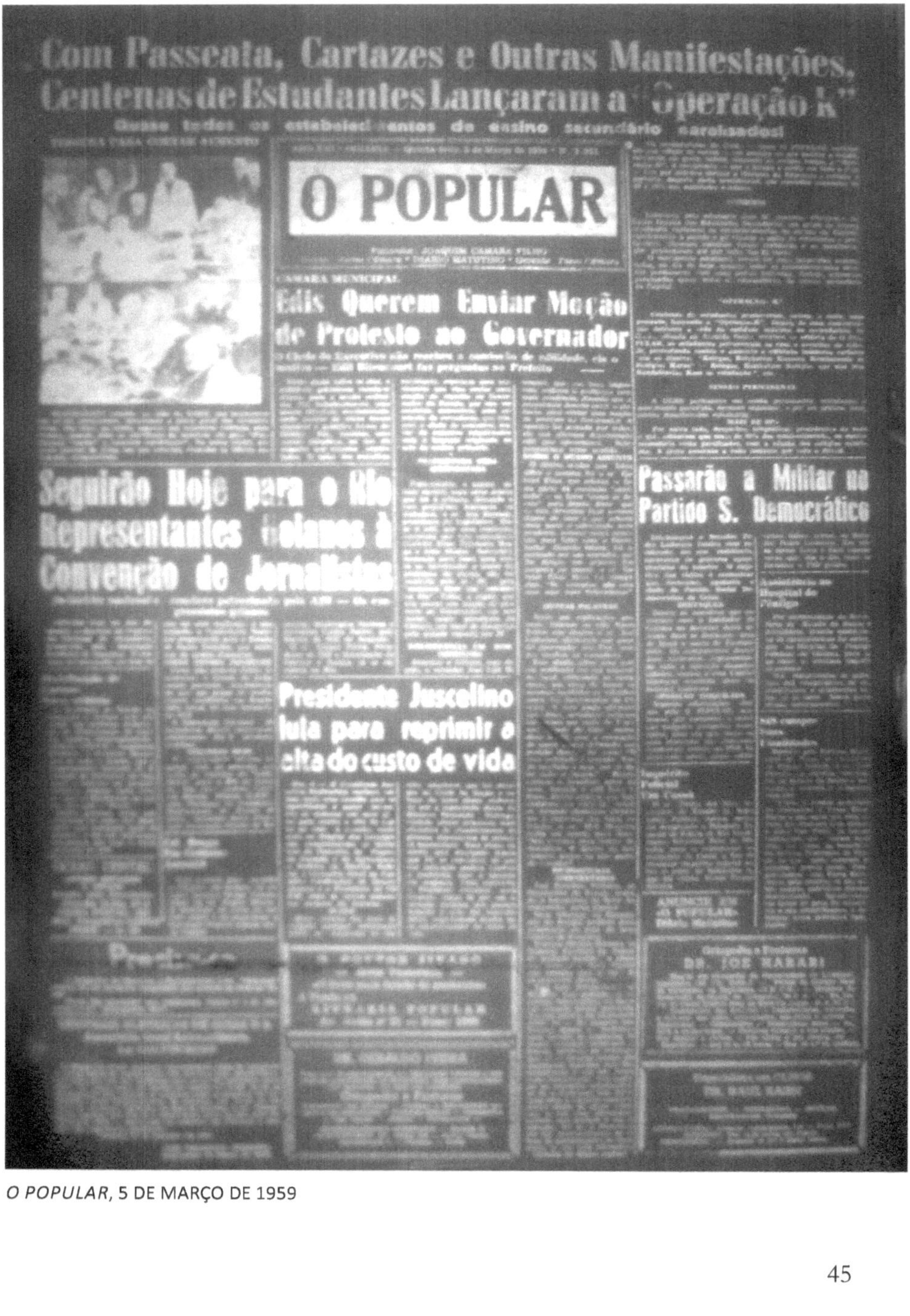

Com Passeata, Cartazes e Outras Manifestações, Centenas de Estudantes Lançaram a "Operação K"

Quase todos os estabelecimentos de ensino secundário paralisados!

O POPULAR

CAMARA MUNICIPAL

Edis Querem Enviar Moção de Protesto ao Governador

Seguirão Hoje para o Rio Representantes Goianos à Convenção de Jornalistas

Presidente Juscelino luta para reprimir a alta do custo de vida

Passarão a Militar no Partido S. Democrático

O POPULAR, 5 DE MARÇO DE 1959

EDIÇÃO DE HOJE 8 Páginas Número Avulso TRÊS CRUZEIROS

FOLHA DE GOIAZ

NO BANDEIRANTE ONTEM

Comicio estudantil contra anuidades escolares

Passeata com cartazes — Comicio na Praça do Bandeirante — Universitários solidários com o movimento — Ontem houve aulas, normalmente, nos colégios de Goiânia —

A UGE, depois de [illegible] debates em reunião levada a efeito anteontem, resolveu [illegible] greve geral da classe, a partir de zero hora de ontem.

PASSEATA COM CARTAZES

Após a reunião, que se prolongou até às 22 horas, um grupo de estudantes realizou passeata pelas ruas da cidade, comparecendo em emissoras e jornais, dando conhecimento das decisões tomadas pela entidade maxima secundarista de Goiás.

Em seguida os estudantes [illegible] à Radio Brasil Central onde, através das ondas daquela emissora, dirigiram protestos contra o aumento das anuidades escolares, criticaram a atuação do Ministro da Educação, além de apelar para o estudantado em geral, no sentido de cooperarem com o movimento. Vários lideres estudantis [illegible] da palavra, na ocasião.

COMICIO NA PRAÇA DO BANDEIRANTE

[illegible] ontem à noite um [illegible] na Praça do Bandeirante, ao qual compareceram cêrca de 500 estudantes, bem como representantes de quase todos os estabelecimentos de ensino desta Capital, além de estudantes universitários. O comicio, segundo apuramos, foi de esclarecimento à classe.

ANAPOLIS CONTRA O AUMENTO DE ANUIDADES

O Presidente da União Municipal dos Estudantes Anapolinos, sr. Severino Ferreira da Silva, em conversa pelo telefone com o presidente da UGE, informou-lhe que seria realizada ontem, às 19 horas, assembléia geral dos estudantes anapolinos, no sentido de apoiarem o movimento de seus colegas da Capital, contra o aumento das anuidades escolares.

MINISTERIO DA EDUCAÇAO EXAMINARA' TABELAS DE ANUIDADES

RIO, 4 (Meridional) — Através das diretorias competentes, o Ministério da Educação está examinando cuidadosamente as tabelas de anuidades nos estabelecimentos de ensino que foram autorizados a aumentarem seus preços até trinta e cinco por cento. Esse exame vem sendo feito a rigor em face das denúncias feitas, segundo as quais alguns colégios teriam ultrapassado aquele limite.

Confirmando tais informações, o diretor do Departamento Na-

(Conclui na setima página)

Faltou numerário no Tesouro Nacional: funcionários não receberam

Concurso "Miss Brasil" reina grande entusiasmo nos E[illegible]

[illegible] do secretário da Comissão de Organização do Concurso — O [illegible] pelos "maillots" Catalina terá a presença de representantes de tod[illegible]

AVISO

[illegible] CONSUMIDORES DE ENERGIA ELETRICA

Hoje aula inaug[illegible]

Palestra do Prof. [illegible]

Seu Mal

é falta de dinheiro SUA FELICIDADE Um bilhete da A MILIONARIA

NOTA OFICIAL

O Governador do Estado, ao lamentar profundamente as ocorrências ontem verificadas nesta Capital, sente-se no dever de vir a público comunicar que já ordenou a abertura de inquérito competente, a fim de punir os responsáveis por aquelas dolorosas e lamentáveis ocorrências.

Por outro lado e paralelamente a tal medida, mandou que se tomassem outras providências com o objetivo de evitar a repetição de novos distúrbios, recomendando à Secretaria da Segurança Pública que mantenha rigorosamente a ordem pública, para o que está aparelhada.

Ao fazer esta comunicação, o Governador do Estado apela aos senhores pais de alunos, principalmente os de menores, no sentido de que colaborem com a autoridades no restabelecimento da ordem e da prevenção aos distúrbios.

Apela S. Excia. ainda para os estudantes dos quais sempre é e será um grande amigo que se mantenham em calma e não confundam o sagrado exercício do direito de greve com a prática de atos contrários à lei e aos nossos costumes de povo ordeiro.

Palácio do Govêrno do Estado de Goiás, em Goiânia, 6 de março de 1959.

José Cruciano de Araujo

Secretário do Govêrno

FOLHA DE GOIAZ, 6 DE MARÇO DE 1959

Os Lamentáveis Acontecimentos de Ontem Provocam Pânico na População Goianiense

Movimentos estudantis pacíficos foram sufocados — Detalhes completos dos fatos registrados, ontem, à noite, nesta Capital — Hoje: restaurada a ordem pública —

EDIÇÃO EXTRA DE O POPULAR

A cidade foi abalada na noite de ontem com a eclosão de grave conflito entre estudantes e forças policiais, cujas consequências perturbaram seriamente a órdem pública, por pouco não causando uma revolta de proporções superiores, colocando em perigo a segurança do povo e das autoridades constituídas. Resultou, ainda, grande número de feridos, muitos dos quais em estado gravíssimo.

O INICIO

O POPULAR, 6 DE MARÇO DE 1959

À classe estudantil e ao povo goiano

O Govêrno do Estado, no intuito de salvaguardar a ordem pública e de proporcionar à classe estudantil seu direito constitucional de manifestar-se em praça pública contra a alta do custo do ensino, vem tomando as medidas necessárias a fim de que tal manifestação se processe pacificamente. Ocorre que elementos estranhos ao meio estudantil têm procurado subverter a ordem nos comícios promovidos pela classe, como ela própria reconhece no caso do início de depredação do restaurante do SAPS, circunstância que cria obstáculo de monta à administração e que leva, por outro lado, a intranquilidade aos lares de estudantes de tôdas as cidades goianas.

O Govêrno Estadual tem interferido junto às autoridades competentes, inclusive junto ao Ministério de Educação e Cultura, no intuito de que o objetivo das manifestações dos estudantes seja atendido, baixando-se, como pedem, as anuidades escolares. Isto porque, levando-se em conta a alta geral do custo de vida, torna-se realmente insuportável para a bolsa de todos os chefes de família qualquer elevação de preços.

Os acontecimentos de ontem à noite, na praça do Bandeirante, nesta capital, são lamentáveis e não podem repetir-se. Os elemetos estranhos à classe que iniciaram o evento devem ser vigiados por govêrno e estudantes. Desejam apenas tirar partido da situação e, ao fim, dão um salto danoso e incompatível com o espírito de ordem do povo goiano, já que saíram feridos, alguns gravemente, diversos estudantes e policiais.

Em consequência dêsses acontecimentos, os órgãos estudantis solicitam o afastamento do sr. Thales dos Reis da Secretaria de Estado de Segurança Pública, providência que o Govêrno acaba de tomar, embora tenha na mais alta conta aquêle seu auxiliar direto, que vem servindo ao Govêrno desde a administração passada. Êsse ato é tomado em prol da tranquilidade dos lares dos estudantes, cujos pais se encontram em aflitiva situação.

Ao fazer essa comunicação à classe estudantil de minha terra e ao povo em geral, desejo dirigir um apêlo veemente a todos, particularmente aos pais dos estudantes, no sentido de que, ao exercerem seu direito de greve contra a portaria ministerial não permitam se infiltrem em seu meio elementos estranhos notòriamente conhecidos, cujo escôpo é criar dificuldades e animosidade entre governantes e governados.

Deposito, assim, nas mãos dos estudantes a parcela que lhes cabe na preservação da órdem pública.

Goiânia, 6 de março de 1959

a) José Feliciano Ferreira.

FOLHA DE GOIAZ, 7 DE MARÇO DE 1959 - A NOTA OFICIAL, ASSINADA PELO ENTÃO GOVERNADOR JOSÉ FELICIANO, FOI PUBLICADA EM DIVERSOS VEÍCULOS DA IMPRENSA GOIANA

EDIÇÃO DE HOJE
8 Páginas
Número Avulso
TRÊS CRUZEIROS

FOLHA DE GOIAZ

Exonerado o Secretário da Segurança: estudantes voltaram à greve pacífica

Nomeado para o cargo o sr. Reinaldo Baiocchi - A mobilização dos estudantes ontem nesta Capital — Foram à Praça Cívica — O governador José Feliciano atendeu uma comissão de colegiais

ASSEMBLEIAS PERMANENTES

EXIGÊNCIA DOS UNIVERSITÁRIOS

COMERCIO CERRA PORTAS

COLETA DE DINHEIRO

AVANÇAM OS ESTUDANTES

RECOLHIDA A GUARNIÇÃO

FORÇA FEDERAL

PEDIAM CALMA

GOVERNO RECEBE ESTUDANTES

DEMISSÃO DO SECRETARIO

REUNIÃO DOS DIRETORES

DISTURBIOS

(Continua na terceira página)

Estudantes carregando estandartes pelas ruas da Capital

Camisa ensanguentada dos estudantes vitimas da sanha policial

Descontentamento no funcionalismo federal

Pelo atraso de pagamento

(Conclui na quinta pág.)

O Ministro da Guerra e os acontecimentos de Goiânia

FOLHA DE GOIAZ, 7 DE MARÇO DE 1959

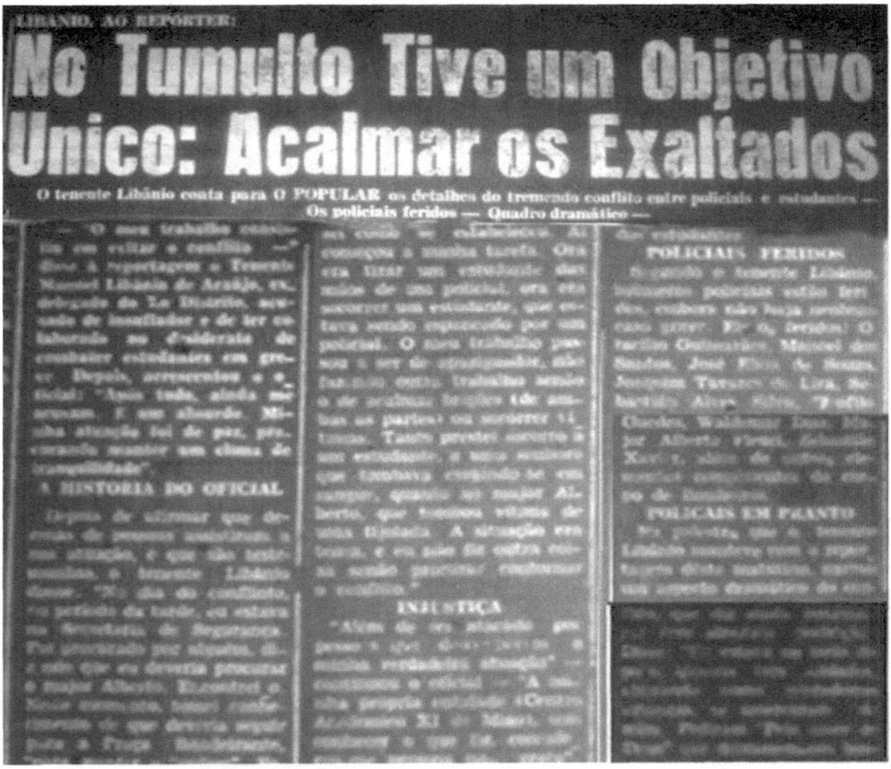
LIBANIO, AO REPÓRTER:

No Tumulto Tive um Objetivo Unico: Acalmar os Exaltados

O tenente Libânio conta para O POPULAR os detalhes do tremendo conflito entre policiais e estudantes — Os policiais feridos — Quadro dramático —

A HISTORIA DO OFICIAL

INJUSTIÇA

POLICIAIS FERIDOS

POLICIAIS EM PRANTO

O POPULAR, 8 DE MARÇO DE 1959

Os estudantes goianos não aceitam proposta do Presidente da República

O Chefe da Nação propõe 15% — A greve continuará até a queda de todo e qualquer aumento — Reunião secreta — "Derramamos nosso sangue por um ideal, só com êste ideal, desistimos do movimento", diz um estudante

A Capital viveu, ontem, um dia de plena calma, voltando à sua vida normal, depois de várias horas de expectativa e tensão nervosa. Os estudantes, atendidos pelo Chefe do Executivo, exonerando o Secretário da Segurança Pública, deixaram as ruas, embora continuem em greve contra as anuidades escolares que estão sendo cobradas com um aumento exorbitante, autorizadas por portaria ministerial. A greve, porém, é pacífica e os estudantes do curso secundário se limitarão em compôr piquetes de greve na porta dos estabelecimentos de ensino, evitando, assim, que alunos furem a «parede». Tais movimentos ontem não se verificarem por ser sábado, dia sem aula nos colégios e mesmo porque, atendendo a sugestão do governador José Feliciano os estabelecimentos de ensino cerraram suas portas no dia

(Conclui na segunda pág.)

FOLHA DE GOIAZ, 8 DE MARÇO DE 1959

EDIÇÃO DE HOJE
8 Páginas
Número Avulso
TRÊS CRUZEIROS

FOLHA DE GOIAZ

"Diários Associados"
Número 3.[illegible]
Goiânia, terça-feira, 10 de Março de 1959

Terminou a greve em todo o país: vitória dos estudantes

Encontro do Presidente Juscelino Kubitschek com os presidentes de entidades estudantis — Redução a dez por cento: aumento máximo para as anuidades escolares — A UGES declarou encerrada a greve em Goiás

Terminou em todo o País a greve promovida pelos estudantes contra a portaria do Ministro da Educação que aumentava o preço das anuidades escolares no presente ano letivo. Em Goiânia, a União Goiana dos Estudantes Secundários resolveu declarar encerrada a greve em todo o território estadual a partir de zero hora de hoje, ao mesmo tempo em que recomendou aos secundaristas de Goiás que retornem aos seus ginásios e colégios.

No mesmo documento a UGES expressou seu agradecimento ao Comandante da 7a. CR, tenente-coronel Alfredo Ferreira [illegible]lho, e ao Comandante da Segunda Companhia do 6.o Batalhão de Caçadores, Cap. Haroldo [illegible]rat Guimarães, pelas providências enérgicas e imediatas que tomaram visando ao restabelecimento da ordem, garantindo o direito de greve e expressão do pensamento assegurados pela Constituição Federal.

A UGES manifestou-se ainda agradecida aos estudantes de Goiânia, Anápolis, Goiás interior e do Brasil pela solidariedade recebida; às entidades de classe, à imprensa, às associações de [illegible]

(Conclui na quarta página)

Assembléia Legislativa

Continuam as deficiências na Escola Té[illegible]

TERMINOU A GREVE EM TODO O PAIS: ...

(Conclusão da primeira pág.)

Goiás e algumas do País.

ESTUDANTES FERIDOS

Os estudantes que foram feridos durante os acontecimentos do dia 5 à noite encontram-se hospitalizados (os que necessitaram dessa providência), sendo que seu estado de saúde é animador.

FIM DA GREVE

RIO, 9 (M) — Foi posto fim na greve dos estudantes em todo o País. Por volta das 23 horas de ontem, chegaram a bom têrmo as conversações entre o Presidente da República e os representantes estudantis, das quais tomou parte também o Ministro da Educação.

Os representantes da UNE, UME e UBES propuseram ao Presidente da República as seguintes reivindicações:

1) — Será de dez por cento o aumento máximo para as anuidades escolares;

2) — Serão abonadas todas as faltas dos estudantes grevistas;

3) — Serão abonadas as faltas dos estudantes feridos em Goiânia até que êles possam frequentar as aulas.

4) — Serão tornadas sem efeito todas as punições impostas aos grevistas;

5) — Serão repetidas todas as aulas ministradas durante os dias de greve.

O Presidente da República e o Ministro Clovis Salgado concordaram com as reivindicações dos estudantes e assim a greve foi suspensa a partir das 24 horas e os estudantes obtiveram mai uma sensacional vitória.

NOTA DA SI DA PRESIDENCIA DA REPUBLICA

RIO, 9 (M) — A Secretaria de Imprensa da Presidência da República distribuiu a seguinte nota à imprensa:

«Atendendo às reivindicações apresentadas pelos estudantes, por intermédio dos presidentes das entidades estudantis, em audiência realizada no Palácio das Laranjeiras, com a presença do Ministro da Educação, o Presidente da República recomendou ao Ministro as seguintes providências:

1) — Reduzir dez por cento o aumento máximo permitido em 1959;

2) — Transferir o início das aulas para o dia 10 do corrente mês;

3) — Abonar as faltas dos estudantes feridos em Goiânia, até completo restabelecimento.

«O Presidente Juscelino, concordando com o desejo expresso pelos estudantes, manifestou seu empenho na aprovação do projeto de iniciativa governamental, que fixa as Bases da Educação Nacional e ampliação da rede federal do ensino médio.

«O Presidente afirmou seu propósito de resguardar quanto possível dos planos de economia de verbas destinadas à educação.

CONVITE A JK PARA UM ALMOÇO

RIO, 9 (M) — Satisfeitos com a solução dada ao seu último movimento, decidiram os estudantes convidar o Presidente Juscelino Kubitschek para um almoço no restaurante central da UNE.

Na oportunidade, o Presidente deverá receber uma carteira de estudante honorário. Ainda não marcou a data do encontro.

«OS BRAVOS COLEGAS

RIO, 9 (M) — A UME, UBES, AMES e UME distribuiram uma nota sôbre a completa vitória do movimento grevista contra o absurdo aumento das anuidades escolares. Acrescenta o documento: «Neste instante de festa o nosso pensamento está voltado para os bravos colegas [illegible]nos, que pagam no leito dos hospitais o maior tributo dessa vitória, e que se tornaram credores da nossa gratidão e de tôdas as classes estudantil, bem como de todo o povo brasileiro.

FOLHA DE GOIAZ, 10 DE MARÇO DE 1959

Mauro Borges

Depois de José Feliciano, Mauro Borges Teixeira foi o último governador eleito democraticamente antes do golpe de 1964[42]. Ele era major do Exército e filho de Pedro Ludovico Teixeira[43], o construtor de Goiânia. Em 1958, decide ingressar na vida política e se muda para a capital com a esposa, dona Maria de Lourdes[44] e os filhos Maurinho, Ubiratan, Yara, Pedrinho e Rodrigo. Qual não foi minha surpresa quando, certo dia, ele me liga dizendo que tinha alguns assuntos a tratar comigo. Fui recebido como presidente da UGES e Mauro Borges me pediu que aconselhasse e orientasse seus dois filhos mais velhos, Maurinho e Ubiratan, interessados em ingressar no movimento estudantil.

Para mim, aquela era outra prova da força e da influência dos estudantes no cenário político de Goiás. Quando havia campanhas eleitorais, todo candidato a governador convidava um líder estudantil para participar como orador nos principais

[42] Otávio Lage, em 1965, também foi eleito pelo voto direto.

[43] Importante líder político de Goiás, ex-interventor do Estado, ex-governador, fundador de Goiânia.

[44] Gaúcha, esposa de Mauro Borges Teixeira, teve importante participação na política goiana junto ao marido.

comícios. Quem exercia essa função para o Mauro Borges era um estudante chamado Péricles José de Moura, que faleceu durante a campanha em um acidente de avião. Assim, um pouco depois do acidente, ele me convocou a participar de sua campanha e falar em nome da juventude dentro de seu projeto de governo. Eu ainda morava na mesma república de antes, e tanto Mauro quanto sua esposa frequentavam minha casa como amigos.

Foi um período fantástico! A tensão aflorava por todos os cantos, e a veemência com que defendíamos nossos ideais, se não era exatamente sábia, era pelo menos apaixonante. Eleito e empossado, Mauro Borges me convidou para trabalhar no palácio como assessor para a Juventude e a Educação. Determinou-se que eu atuaria junto com o próprio secretário de Educação, o então padre Rui Rodrigues[45], competente e determinado. A situação foi um tanto complicada porque o secretário notoriamente discordava de minha participação. Eu era então visto como um agitador e um jovem inexperiente que nada acrescentaria aos despachos do governador com o secretário.

O filho de Pedro Ludovico Teixeira era um político despojado, e tinha um projeto bastante avançado de reforma e modernização para Goiás. Tanto é que seus planos muito me encantaram e sua campanha foi empolgante. Logo que foi eleito, ele criou a Secretaria de Trabalho, criou um departamento sindical e nomeou Maria Sallas[46], esposa do Kalil Dib[47], Secretário Geral do PC, como chefe desse departamento. O

[45] Ex-padre, ex-secretário de Educação no Governo Mauro Borges, cassado pela ditadura militar, asilou-se na França.

[46] Dirigente do Partido Comunista Brasileiro (PCB) em Goiás, diretora do Departamento Sindical da Secretaria Estadual do Trabalho durante do Governo Mauro Borges.

[47] Principal dirigente do Partido Comunista Brasileiro (PCB) em Goiás.

governador aspirava incentivar o sindicalismo no Estado, principalmente com a criação de sindicatos e associações de trabalhadores rurais. Aquilo era um choque para a sociedade ruralista em que vivíamos – seria inadmissível que um gestor público ousasse patrocinar a organização dos trabalhadores no campo. Os líderes dos fazendeiros, com a mente muito fechada, logo passaram a confabular que aquilo era o "tal do comunismo", fazendo desse termo o sinônimo para tudo o que lhes desagradasse e ferisse suas velhas regalias.

O conflito que o governador comprou para si começava dentro da própria família. Seu tio Astolfo Leão Borges[48], o Bebé Borges, era o presidente da Sociedade Goiana de Pecuária e Agricultura – SGPA – e um líder ruralista muito conservador, contrário a qualquer tipo de reforma agrária. Ele batia de frente contra todas as medidas reformistas do governo Mauro Borges e, mais tarde, do presidente João Goulart.

Nessa época, cheguei a ser preso durante a fundação de um sindicato de trabalhadores rurais em Nazário. A pressão era muito violenta. Aquela seria minha primeira experiência na cadeia e o primeiro conflito dentro do governo de Mauro. Comigo, estiveram presos: Juarez Guimarães de Brito[49], Walter Valadares, Maria do Carmo Brito[50] e Geraldo Tibúrcio[51]. O tio de Mauro, Bebé Borges, nos visitou na cela e perguntou ao carcereiro se aquele "bicho" que ali estava era o Tarzan de Castro. Por sorte, o secretário de Segurança, Rivadávia Xavier Jr.,

48 Tio de Mauro Borges, ex-presidente da Sociedade Goiana de Pecuária e Agricultura (SGPA), líder conservador dos pecuaristas goianos.

49 Dirigente da Política Operária (POLOP) e posteriormente da Vanguarda Armada Revolucionária Palmares – Var-Palmares, assassinado pela ditadura militar no Rio de Janeiro.

50 Militante da Política Operária (POLOP) e posteriormente Vanguarda Armada Revolucionária Palmares, escritora, mulher de Juarez de Brito Guimarães.

51 Vereador de Anápolis – GO, histórico militante, dirigente do Partido Comunista Brasileiro (PCB).

mandou que nos retirassem da cidade e nos transferissem para Goiânia, pois corríamos o risco de ser linchados pelos fazendeiros. Ficamos presos na Casa de Detenção da capital até que, no outro dia, o movimento estudantil decretou greve geral em protesto contra a nossa prisão. Com a pressão do movimento grevista, fomos libertados.

Enquanto isso, no planalto seco e infinito de Brasília, Jânio Quadros escrevia uma carta enigmática. Como um Dom Quixote às avessas, ele renunciava à presidência e ia-se embora para a Europa. O seu vice, João Goulart (Jango), herdeiro político de Getúlio Vargas, não tinha a aceitação entre setores influentes do poder dominante, gozava da pior imagem possível entre várias parcelas influentes do poder – assim como Mauro, ele carregava nas costas o pesado estigma de ser "comunista", em consequência de sua convicção em realizar, ou pelo menos apregoar, reformas de base. Jânio Quadros deixava o jogo de maneira irresponsável e extemporânea. Jango estava na China. É possível que tenha sido mandado para lá de propósito, para que as peças do governo pudessem se movimentar rumo a uma tentativa de golpe. Nesse contexto, ocorreu em Goiás um movimento fantástico, com ampla participação dos estudantes. Era a luta pela Legalidade. Junto com Leonel Brizola, no Rio Grande do Sul, Mauro Borges encampou a resistência contra os militares e a favor da posse de Goulart. Eu era assessor direto do governador e notava a grande sinergia entre os interesses do movimento estudantil e do governo. Os estudantes participaram ativamente da campanha pela legalidade e apoiaram Mauro Borges como um grande vitorioso em âmbito nacional.

O movimento Legalista venceu, e João Goulart assumiu a presidência. Mas havia algo muito pesado a tomar forma e consistência no céu do país. Eventos como o *Cinco de Março*, com sua brutalidade inexplicável, pipocavam aqui e ali, despertando convulsões e extremismos. A tentativa de barrar a posse de Jango deu a todos uma noção mais clara das forças que se reuniam a confabular dentro dos palácios de governo, nos quartéis, nas casas assobradadas da classe média, nas ruas, nas fábricas, nas fazendas, nas igrejas e na grande imprensa. Começavam a ficar para trás as nossas singelas lutas contra o aumento das anuidades de escola, ou pela meia-entrada nos cinemas. Desbotadas, mas queridas lembranças de dias menos perigosos. De certo modo, aqueles eventos prenunciavam a nuvem de chumbo que começava a se mover no horizonte do país. Nossos corações pressentiam que, dali para a frente, a luta seria de vida ou morte.

As Ligas Camponesas

Arquivo pessoal de Tarzan de Castro

FRANCISCO JULIÃO AO CENTRO E LUIZ CARLOS PRESTES À DIREITA

O entusiasmo com a revolução cubana

Com a fundação da UGES, fortalecemos nossas tendências para a esquerda. Em 1959, no congresso da UBES – União Brasileira dos Estudantes Secundaristas – formou-se uma chapa de unidade nacional bastante consistente. Compunham-na, como presidente, Jarbas Santana de Miranda, do PCB da Bahia, e, como vice, Tarzan de Castro, de Goiás. O secretário era Diniz Cabral[52], do Pernambuco. A força do movimento secundarista era tão intensa naqueles dias que dividíamos o prédio com a própria UNE. O então presidente da UNE era Oliveiros Guanais, um jovem de esquerda, da Bahia.

A UGES sempre se destacou nos congressos devido às suas expressivas delegações e especial dedicação à oratória. Tínhamos então grandes oradores. Péricles José de Moura, que faleceu em acidente de avião, havia conquistado um concurso nacional de oradores pela UBES. Falar bem, com convicção e eloquência, era fundamental não apenas para angariar o apoio da massa ou convencer os adversários, mas para se engrandecer como militante e como indivíduo. Hoje isso não é mais tão

[52] Líder Estudantil de Pernambuco, dirigente de Ligas Camponesas e Ala Vermelha do Partido Comunista do Brasil (PCdoB). Faleceu em Goiânia, em 2014.

importante, pois os discursos já nascem prontos, cheios de maneirismos e regrinhas de etiqueta. Mas naquele período, todos os líderes estudantis precisavam ser bons oradores e tinham, necessariamente, que militar por uma bandeira.

Havia muito idealismo e acreditávamos piamente que iríamos salvar o mundo. Na UGES, a principal bandeira era uma espécie de nacionalismo exacerbado e heterogêneo. Havia aqueles que se encontravam mais à direita, influenciados pela "eterna vigilância" da UDN, e até mesmo pelo próprio Carlos Lacerda. Lembro-me de que Roberto Lisboa[53] e João Bosco Louza adotavam esse foco mais udenista, assim como o Haroldo de Brito, o Francisco Chagas[54], Nilo Guilardi e outros. Costumávamos brincar que na UGES conviviam comunistas da UDN e comunistas do PSD. O comunista da UDN mais célebre entre nós era Elbio de Brito, uma figura fantástica. Do lado do PSD, tínhamos o João Zacariotti, amicíssimo de Mauro Borges, o Walter Valadares[55] e a maioria dos militantes que vieram de fora. Essas divisões de opinião e posição política ainda conviviam de modo harmônico e havia respeito suficiente para se distinguir opinião e indivíduo. Éramos todos estudantes e nos considerávamos todos de esquerda. Mas, infelizmente, não caminhávamos para um período tolerante com as divergências.

Como 1° vice-presidente da UBES, mudei-me para o Rio de Janeiro em 1961. Fui morar na Praia do Flamengo, na antiga sede da UNE que tinha alojamentos para diretores das duas entidades. Obrigaram-me a frequentar um colégio, pois precisava terminar meu curso e evitar o boato de que nós, líderes estudantis, éramos "estudantes profissionais". Eu sonhava em

[53] Membro do Movimento Estudantil (M.E.), ex-delegado de Polícia de Goiás.

[54] Ex-líder do Movimento Estudantil (M.E.) e dirigente do Partido Comunista Brasileiro (PCB), goiano.

[55] Destacado dirigente estadual do Partido Comunista Brasileiro (PCB), goiano.

ser advogado, político ou diretor de teatro e cinema, mas ia ao colégio só vez ou outra e fazia as provas na marra.

No Rio de Janeiro, entrei em contato mais intenso com o mundo à esquerda. Eu logo passei a me identificar com a esquerda mais radical, que criticava o Partido Comunista Brasileiro, o PCzão. Segundo nosso ponto de vista, o partido não era revolucionário, mas reformista, e se imiscuía com muita facilidade entre os adversários dos ideais legitimamente esquerdistas. A postura patriótica nacionalista, que foi a minha durante boa parte da juventude, passou também a ser vista como simplória, quase infantil. Assim, surgiam dissidências no próprio seio da esquerda nacional, principalmente quando se tratava de avaliar a postura do Partido Comunista. Grupos que se colocavam à esquerda da esquerda, como a ORM-POLOP – Organização Revolucionária Marxista Político Operária – criticavam a posição estalinista dos comunistas ortodoxos.

Contra as tendências ortodoxas e os resultados nem sempre louváveis da URSS, havia surgido uma outra alternativa, uma outra fonte mítica de influência e de sonhos – e o melhor, uma fonte legitimamente latino-americana. Ao invés das ideologias geladas, escritas em alfabetos estranhos por homens de nomes complicados, surgira diante de nós uma alternativa quente, úmida e ensolarada, com um sotaque e uma cadência bem mais familiares aos ouvidos e almas dos brasileiros. Dois anos antes, nos mares do Caribe, um grupo de jovens barbudos havia mudado profundamente os rumos de seu país e causado comichões nos líderes mundiais. Com a veemência e a espontaneidade dos que fizeram a mudança com as próprias mãos, eles falavam sobre liberdade e sobre a luta contra o imperialismo. Tocavam profundamente os corações desses jovens brasileiros e enchiam-lhes as mentes com novas, frescas, libertárias ideias.

A Revolução Cubana, vitoriosa em 1º de janeiro de 1959, foi um verdadeiro choque de valorização da autoestima latino-americana. E tornou-se também a porta de entrada para que muitos jovens se posicionassem ideologicamente dentro da polarização da Guerra Fria. De acordo com a lógica engendrada no mundo, havia apenas dois posicionamentos concebíveis: ou se estava do lado dos Estados Unidos ou da União Soviética. Tudo se resumia a uma dualidade extremada, quase caricata, na qual o lado escolhido era o dos heróis, detentores das virtudes capazes de salvar o mundo, e o lado preterido era o dos vilões, que resumiam todos os males da humanidade. De certa forma, esse conceito dualista já trazia em sua essência o ranço do totalitarismo: ser bom ou ser mal. Não havia meio-termo, não havia tolerância.

O nosso antiamericanismo era bastante primário. Segundo as ideias propaladas, a elite latino-americana tinha projetos neocolonialistas, contribuindo para o afunilamento do domínio norte-americano. O rechaço a essa posição era tão radical que nada que viesse dos EUA prestava. Diziam que a América Latina era o quintal dos Estados Unidos, e que o indivíduo que se prezasse não deveria aceitar a dominação perpetrada através do consumo. Os EUA nos dominavam por meio de seus produtos, de suas fábricas e da propagação massiva de uma cultura de consumo, despreocupação e falsa liberdade. Uma liberdade que se podia vestir ou beber, bastando comprá-la. Essa influência foi tão forte que até hoje eu tenho problemas com a Coca-Cola!

Algumas pessoas tentavam desmistificar essa dualidade tão extrema, argumentando que deveríamos primeiro conhecer a história da revolução de independência americana. Deveríamos buscar mais informações sobre Thomas Jefferson ou Benjamim Franklin, sobre a luta do povo americano contra o racismo, e mesmo contra a Guerra do Vietnam, pois havia movimentos dentro da nação americana que debatiam e contestavam as decisões imperialistas. Mas a relativização era difícil, pois nossas maiores e melhores inspirações já estavam definidas. A pequena ilha de Cuba surgia renovada em nossas mentes, transformada em símbolo de resistência, não por um partido pró-soviético, mas por um grupo de jovens. Jovens como nós! O Fidel Castro e o Che Guevara representavam o que havia de mais puro e libertário nas Américas daquele momento.

Em 1961, Cuba comemorava o segundo aniversário de sua revolução. O Brasil foi convidado a participar das comemorações na ilha. Os estudantes eram convidados especiais. Como vice-presidente da UBES, tive a oportunidade de visitar o país caribenho no calor de seu processo revolucionário. Jarbas Santana, então presidente da nossa entidade, estava em missão no Congresso Internacional da Juventude, na Noruega, e eu fui a Cuba em nome dos estudantes secundaristas. A delegação era dirigida por Josué de Castro[56] e composta por representantes de vários setores e entidades culturais da sociedade brasileira.

Todos ficamos muito impressionados com o que acontecia em Cuba. Fomos recebidos com toda pompa e nos hospedamos no Hilton Hotel que, nacionalizado, passou a se chamar "Habana Libre". Levaram os estudantes para conversar pessoalmente com Che Guevara e para assistir aos discursos dos dirigentes revolucionários. Os comícios populares eram monumentais. Apinhavam de gente as praças e as ruas, que ecoavam uma única força, um desejo cabal por mudança e novidade. O mar de ouvidos e olhares

[56] Importante cientista social brasileiro, político, sua principal obra é "Geografia da Fome".

se estendia até perder de vista, movendo-se como uma onda ao sabor das palavras alvissareiras daqueles jovens líderes. Eu fiquei quase um mês em Cuba. Após o aniversário da revolução, visitamos Santiago de Cuba e a Sierra Maestra, onde começou a resistência. Participamos de muitas reuniões e também aproveitamos o espírito alegre da ilha. Cuba era muito festiva! Em uma boate fantástica chamada Tropicana, tive duas namoradas e provei dos sabores mais calientes e doces da revolução.

Foi ainda em Cuba que primeiro entrei em contato com pessoas ligadas a Francisco Julião. Eu já era um tanto conhecido graças à militância estudantil e o contato se deu, principalmente, através de Diniz Cabral Filho, pernambucano dissidente do PCB, e que era então secretário geral da UBES. Diniz era um grande amigo e, ambos envolvidos pelo clima libertário e pela esperança sorvida a grandes goles em Cuba, começamos a conversar sobre uma alternativa revolucionária para o Brasil.

Ele me dizia que nosso país necessitava de uma reforma agrária radical. Como conceber que um território de proporções continentais como o nosso ainda se mantivesse domado, submetido e repartido entre uns poucos poderosos? Era imprescindível extirpar definitivamente o latifúndio no Brasil, e com ele os latifundiários, principais representantes do que de mais retrógrado e conservador a nação havia produzido. O caminho não era o reformismo do PCB, mas a revolução armada. Aos moldes cubanos e chineses, ela começaria pelo campo. Com esse ideal e esse clamor por ação e atitude, Diniz fez a minha cabeça. Dali para frente, passei a acreditar que a minha luta deveria tomar novo rumo: era necessário impor a revolução no Brasil a partir de suas entranhas, repartindo-lhe a carne entre os que mais necessitavam. A reforma agrária haveria de ser conduzida pelos revolucionários, e deveria ser já, sem demora, custasse o que custasse.

Arquivo pessoal de Joaquina Ramos de Castro, mãe de Tarzan

Tarzan de Castro fala sôbre CUBA

O premier cubano Fidel Castro fala ao seu povo

O Vice-presidente da U. B. E. S. (União Brasileira dos Estudantes Secundários) concede-nos interessante entrevista sôbre a pequena e heróica ilha do mar das Caraíbas, que viveu as cruciantes facetas de uma revolução. Tarzan de Castro responde a tôdas as perguntas com clareza, firmeza e entusiasmo contagiante:

P — Quando é que esteve em Cuba?

R — A delegação da qual fiz parte, seguiu para Cuba nos dias 28 e 30 de dezembro último, com o fim de assistir os festejos comemorativos do 2º ano da Revolução.

P – Qual a composição da Comitiva e quem a chefiava?

R — Era composta por parlamentares, jornalistas, líderes sindicais e estudantís brasileiros. A mesma era conduzida pelo deputado Josué de Castro e na sua ausência pelo deputado Almino Afonso.

P — Houve convite para esta viagem?

R — Fomos convidados pelo Instituto Cubano de Amizade aos Povos, que é um órgão do Govêrno revolucionário, e recebidos pelas autoridades do Ministério de Relações Exteriores, do próprio Instituto. Desfrutamos desta forma, de tôda sorte de atenções por parte dos Govêrno e do povo. Tivemos ampla liberdade de informações, no contato direto com os órgãos oficiais e as massas.

P — Qual foi o primeiro contato com o Premier Cubano?

R — A convite, comparecemos no dia 31 de dezembro a um banquete oferecido pelos líderes revolucionários, a 10 mil professores que se integravam na Campanha da Erradicação do Alfabetismo, no corrente ano. Nesta oportunidade tivemos o primeiro contato com Fidel Castro.

No dia 2 de janeiro houve um desfile das fôrças revolucionárias, ocasião em que nos deparamos com uma massa de 800 mil pessoas. Desfilaram aproximadamente 100 mil milicianos diante do palanque no qual se encontrava Fidel e os dirigentes cubanos.

50 — ATUALIDADES VERA CRUZ

TRECHO DA ENTREVISTA CONCEDIDA POR TARZAN DE CASTRO À PUBLICAÇÃO *REVISTA VERA CRUZ*. JANEIRO, 1961

O A B C DO CAMPONÊS

FRANCISCO JULIÃO

PELA UNIÃO

Basta de covardia! A hora sôa...

....

E vós cruzais os braços... Covardia!
E murmurais com fera hipocrisia:
— **É preciso esperar...**
Esperar? Mas o que? Que a populaça,
Este vento que tronos despedaça,
Venha abismos cavar?

Ou quereis, como sátrapa arrogante,
Que o porvir, na ante-sala, espere o instante
Em que o deixeis subir?
Oh! parai a avalanche, o sol, os ventos,
O oceano, o condor, os elementos...
Porém nunca o porvir

Castro Alves

1 — A tua liberdade, Camponês, depende da tua união. A tua união depende da tua vontade. E a tua vontade depende da tua necessidade. Porque a necessidade cria a vontade. A vontade cria a união. E a união cria a liberdade.

2 — Quem tem a liberdade tem o trabalho. E quem ama o trabalho merece a terra. Porque a terra deve ser de quem trabalha. Terra é sossêgo, é paz, é pão, é água, é casa, é agasalho, é escola, é saúde e é vida.

3 — De cada 90 brasileiros, 60 moram no campo. De cada 60 brasileiros que moram no campo, sòmente 2 têm a terra. Os outros 58 são camponêses sem terra. São foreiros, Condiceiros, Peões, Percenteiros, Meeiros, Foreiros, Vaqueiros, Agregados. Aqui [illegible]. No norte [illegible] no sul do país [illegible]

9 — Os estudantes, querem a reforma agrária porque só assim o ensino será gratuito para todos. E a dona da casa que não sabe o que faça mais para alimentar, vestir e botar o filho na escola. E os professôres porque são explorados como os camponêses. E os médicos e enfermeiros porque estão com os hospitais entupidos de camponêses com a pele pegada no osso por causa da fome que é a mãe de quase todas as doenças. E os advogados. E os engenheiros. E os escritôres que não podem viver de seus livros porque há milhões de camponêses analfabetos. E os jornalistas e tipógrafos sacrificados como os escritôres, explorados, espancados e até assassinados como os camponêses. E os Juízes e Promotôres que não se dobram aos potentados e aos coronéis. Que não vendem sentenças nem parecêres. Que não negociam a sua promoção. Os funcionários públicos também querem a reforma agrária, sobretudo os modestos que não aguentam mais a carestia de vida, porque há milhões de brasileiros na tanga e no cambão. Até os soldados de polícia que, no seu atrazo, ainda perseguem, prendem e espancam camponêses querem a reforma agrária. Pois são filhos e irmãos de camponêses. Tão espoliados como os camponêses. Mais desgraçados ainda do que êles. Porque não têm, sequer direito de votar. A grande maioria da Nação quer a reforma agrária. Porque a reforma agrária é a salvação do Brasil. É a libertação do camponês. É o sertanêjo sem deixar nunca mais a sua terra. É a morte do latifúndio. É o fim do coronelismo. Do eleitor de cabresto. Do pau-de-arara. Do atrazo. Da fome. E da miséria.

10 — Contra o [illegible] usada [illegible] união? Essa união de [illegible] tif[illegible]

Na lei ou na marra

A tua liberdade, Camponês, depende da tua união. A tua união depende da tua vontade. E a tua vontade depende da tua necessidade. Porque a necessidade cria a vontade. A vontade cria a união. E a união cria a liberdade. (O ABC do Camponês, de Francisco Julião)

Em 1956, quando eu chegava à cidade grande, vindo do interior, um advogado e político pernambucano fazia o caminho inverso. Saindo de Recife, Francisco Julião chegava ao engenho da Galileia, nas proximidades de Vitória de Santo Antão. Ali, em plena zona da mata pernambucana, ele defenderia a causa de uma pequena associação de agricultores. Inicialmente, uma sociedade que prestava alguns serviços básicos e auxílio beneficente aos trabalhadores rurais, a associação logo cresceu e começou a incomodar muita gente nas redondezas. Por isso, os agricultores decidiram ir atrás de um advogado em Recife, e encontraram Julião. A partir desse encontro, as associações de camponeses se fortaleceriam e proliferariam, passando a defender causas trabalhistas e a desafiar o poderio das classes rurais dominantes.

A imprensa apelidou os grupos de agricultores de "Ligas Camponesas". Elas se espalharam primeiro pelo interior de Pernambuco, depois em todo o Nordeste; em 1961, já alcançavam âmbito nacional. Existia um núcleo bastante expressivo da Liga no norte do Rio de Janeiro, na região de Cachoeira do

Macacu[57]. Outro núcleo trabalhava no Vale do Ribeira, em São Paulo. Mas a maioria deles estava mesmo no Nordeste, principalmente na Paraíba e em Pernambuco, sua base histórica.

Contrapunham-se aos sindicatos por serem espontâneas e sem vínculos oficiais – formadas pelos próprios agricultores, despertavam a desconfiança não só dos fazendeiros, mas da Igreja, dos sindicalistas e de partidos políticos como o próprio PCB. As Ligas eram uma forma mais simples e orgânica de organização dos trabalhadores. Fugiam das exigências burocráticas que pesavam sobre um sindicato, e possibilitavam ações extralegais. Em outras palavras, podiam atuar sem as exigências das leis sindicais.

Francisco Julião abraçou a causa dos agricultores e a transformou em sua própria bandeira. Ele era o político, era quem fazia os grandes pronunciamentos, com forte capacidade de oratória e de boas frases de efeito. Apresentava carisma e era um tremendo personagem messiânico. Sua postura era sempre messiânica. Mas quem se responsabilizava mesmo pela organização do movimento era Clodomir Morais[58], deputado estadual por Pernambuco e jornalista baiano. Clodomir era muito ativo e talentoso, um ser humano diferenciado. Ao retornar de Cuba, comecei a manter contato com os dois e logo assumi a frente das Ligas em Goiás. Para isso, tive que sair do Rio de Janeiro e voltar a Goiânia.

Uma vez de volta, registramos o Conselho Estadual das Ligas Camponesas para dar legalidade à entidade. Havia o interesse de criar um partido nacional que fornecesse suporte político ao movimento. Realizou-se um importante congresso de

[57] A grafia deve-se à origem Tupi. N.E

[58] Jornalista baiano, deputado estadual de Pernambuco, fundador e dirigente das Ligas Camponesas juntamente com Francisco Julião, o principal responsável pela tentativa, sob influência cubana, de instaurar a luta de guerrilha no Brasil na década de 60 no século XX.

trabalhadores rurais em Belo Horizonte, no qual se arraigaram as diferenças de posicionamento entre o PCB, mais afeito à via pacífica e legalizada, e os simpatizantes de Julião, interessados em caminhos mais radicais. Junto à Polop, as Ligas contribuíram para a formação de um partido chamado Movimento Revolucionário Tiradentes, o MRT. Tornei-me secretário executivo do MRT, enquanto Francisco Julião ocupava a presidência honorária, e Clodomir, o secretariado geral. Além deles, participaram daquela direção Carlos Araújo, do Rio Grande do Sul; o jornalista Mauro Santaiana[59], de Minas Gerais; os poetas Ferreira Gullar e Thiago Mello, o padre Alípio de Freitas[60], Amaro de Carvalho, de Pernambuco (Capivara)[61], Deodato Rivera, de Brasília, Adauto Freire[62], da Paraíba, entre outros.

Assim, lá estava eu de volta a Goiânia, com o objetivo velado de organizar as Ligas Camponesas pelos rincões do Estado. Para complicar a situação, eu ainda era ativo no governo Mauro Borges e devia conciliar minhas atuações. Uma posição privilegiada, mas, certamente, perigosa. E como se isso não bastasse, nas conversas restritas e privadas entre Julião e alguns poucos dirigentes, estava em curso um plano ainda mais ousado. Uma guinada mais radical para a esquerda.

Não sei ao certo como esse projeto interno tomou forma. Sei que era inspirado e fundamentado em uma tese de Che

[59] Jornalista com grande influência política em Francisco Julião e Movimento Revolucionário Tiradentes (MRT) à época em Minas Gerais.

[60] Português, participou de vários Movimentos Populares Nacionalistas no Brasil, foi dirigente do Movimento Revolucionário Tiradentes (MRT) e das Ligas Camponesas junto com Francisco Julião e Clodomir Morais.

[61] Dirigente do Partido Comunista (PC) de Pernambuco, do Partido Comunista do Brasil (PCdoB), das Ligas Camponesas, do Movimento Revolucionário Tiradentes (MRT) e do Partido Comunista Revolucionário, assassinado pela ditadura militar em uma prisão em Recife.

[62] Paraibano, dirigente do Partido Comunista Brasileiro em Pernambuco, membro atuante das Ligas Camponesas e do Movimento Revolucionário Tiradentes (MRT).

Guevara. Segundo o revolucionário argentino, se um pequeno grupo de homens destemidos e armados iniciasse um foco de guerrilha no interior, poderiam levar a nação inteira a se inserir na luta revolucionária. Cuba estava lá para servir de exemplo máximo. Nessa época, publicou-se o livro *A Guerrilha do Che*, do escritor franco-belga, Régis Debray. Os guerrilheiros cubanos, vitoriosos em sua corajosa empreitada, eram apresentados como semideuses, salvadores da humanidade, bem ao gosto dualista da Guerra Fria. O clima de acirramento era tanto que, durante uma visita do presidente norte-americano Eisenhower ao Rio de Janeiro, uma faixa imensa afixada no prédio da UNE o recebia com um vistoso: "Go home, Eisenhower!".

O projeto das guerrilhas, a proliferação das Ligas Camponesas, uma coisa se conectou naturalmente à outra e, pronto, estava criado um problema grave, de consequências inimagináveis. De associações de trabalhadores rurais, passamos a sonhar com campos de treinamento de guerrilheiros. O meu entusiasmo e meu despreparo político me colocaram no olho do furacão. Ingenuamente, aceitei a incumbência de recrutar jovens dispostos, revolucionários e destemidos para os campos de Goiás, vários jovens foram enviados aos campos de treinamentos de guerrilha pelo Brasil afora. Dentre eles destacavam-se Élio Cabral de Souza, James Allen Luz, Hugo Brockes, Antônio José de Moura, Lamenais Maia de Lima, Sebastião Tavares de Moraes, Erlan de Castro, Jerônimo Rodrigues de Lima, Ataualpa Alves de Lima e Enderval Torres.

Para montar um campo de guerrilha, primeiro comprava-se um pedaço de terra e se estabelecia ali uma atividade de fachada, um álibi para não chamar muito a atenção. Depois, era necessário comprar armamento, sempre com muita discrição e cautela.

Feito isso, iniciava-se o deslocamento dos recrutados para a região. Eu recrutei muita gente, inclusive meu próprio irmão Erlan de Castro[63], líderes estudantis próximos a mim e vários amigos. Conversei ainda com José Porfírio, que conheci melhor durante nossa viagem à Cuba. Nessa ocasião, ele decidiu ajudar-me com o recrutamento. José Porfírio é uma grande figura da história política de Goiás. Foi o líder do movimento de Trombas e Formoso, símbolo da resistência armada à grilagem de terras no norte de Goiás. Ele foi eleito deputado estadual com o apoio do Partido Comunista, mas não era muito obediente às diretrizes, sendo também afeito à ideia da reforma agrária na lei ou na marra. Tornamo-nos amigos, e ele recrutou muita gente mais radical nas regiões de Trombas e Formoso.

Essas pessoas seriam enviadas para o campo de Mato Grosso, próximo a Rondonópolis, ou para a divisa de Minas Gerais com a Bahia, na região de Umuarama e Nanuque. Meu irmão foi para o campo do Paraná, na região de Cascavel. Com o recrutamento, eu ficava a par dos vários focos espalhados pelo país, mas sempre era surpreendido com a descoberta de um grupo novo aqui ou ali. As instruções eram bastante claras: os recrutados deviam ser transferidos para o campo e não voltar mais. Depois de treinados, esperariam o momento certo para agir, ou seja, o início da luta armada nacional. O movimento dispunha de fundos e incentivos, tanto para comprar as terras, as armas, quanto para manter os revolucionários por lá.

No papel, e nas mentes ingênuas o plano era uma beleza! Uma vez formados os campos de treinamento, estaríamos preparados para o caso do recrudescimento da crise no governo.

[63] Membro do Movimento Estudantil (M.E.), militou em vários movimentos da esquerda Movimento Revolucionário Tiradentes (MRT), campo de treinamento do Estado do Paraná, fiscal de rendas do Estado de Goiás e irmão de Tarzan de Castro.

Se os militares ou a direita ousassem pôr as garras para fora, nós sairíamos na frente com a guerrilha e tomaríamos conta da situação. Mas, na prática, a coisa toda foi muito diferente...

Comecemos com a questão das terras. Fixar-se no interior do país não seria tão simples quanto alugar um apartamento na cidade. O Brasil estava convulsionado por conflitos rurais, e nós aparecemos no meio disso tudo como um elemento a mais dentro de uma situação já complexa. Em Goiás, por exemplo, havia muita terra com propriedade indefinida, gerando atritos violentíssimos entre posseiros, grileiros, arrendatários e fazendeiros. No Paraná, a situação era semelhante, e os fazendeiros da região trocavam tiros com quem quer que lhes cruzasse o caminho.

Quanto às armas, eu havia pedido a amigos que fizessem as compras, mas só tínhamos acesso a armamento muito velho. Colecionamos peças sucateadas ou superadas, um verdadeiro museu de armas da Segunda Guerra Mundial. Certa vez, cheguei a ser preso com um parabelo alemão de nove milímetros, uma relíquia de colecionador. Nós recebíamos o dinheiro para a compra de armamento, mas não havia munição disponível! Era uma graça, uma verdadeira piada de mau gosto.

A minha situação como assessor direto do governador logo se mostrou outro ponto frágil da estratégia. Mauro Borges chamou-me em seu gabinete e pediu explicações sobre certo movimento revolucionário do qual eu estaria participando. Ele disse que gostava muito de mim e que éramos amigos, mas, na condição de assessor do governo, eu não deveria me envolver nesse tipo de atividade. Eu neguei, respondi que aquilo não existia. Mas, segundo ele, o coronel Seixas[64],

[64] Ex-diretor do Departamento de Polícia Federal, determinou a invasão e prisão dos militantes no campo de treinamento de guerrilha na região de Dianápolis, então pertencente a Goiás, hoje estado do Tocantins.

chefe da Polícia Federal, havia contado a Érides Guimarães, secretário de Trabalho petebista, que Tarzan de Castro estava se embrenhando no cerrado para fomentar focos de resistência armada e prover guerrilheiros para uma revolução. Mauro me deu um tempo para pensar, mas deixou bem claro que eu só continuaria como seu assessor se me desvinculasse dos campos. Eu deveria renunciar a uma dessas duas coisas, não havia conciliação entre elas – e o clima se fechava sobre minha cabeça.

Enquanto isso, os campos estavam sendo implantados. Diversos jovens, com muitos ideais "revolucionários" e pouca responsabilidade, já haviam se enfurnado em chácaras e fazendas da região, levando consigo armas velhas, sonhos revolucionários e dúzias de livros sobre o comunismo. Em certo momento, fui chamado para uma reunião com representantes do Partido Comunista. Eles diziam que seus companheiros estavam presos, raptados pelos campos de guerrilha, e que não podiam voltar. O PCB havia enviado alguns informantes entre os recrutados de José Porfírio, e eles, ao chegarem aos campos, viam-se impedidos de retornar. Seguia-se a regra de que todos deviam esperar pelos indícios de revolução – quem debandasse seria considerado desertor. Os dirigentes do PCB me deram uma grande bronca, bradando que eu os estava fazendo de bobos. Mais uma vez, eu neguei conhecimento sobre os campos de guerrilha e os recrutamentos. Nada daquilo tinha fundamento, dizia eu, para tentar aliviar um pouco a pressão que vinha de todos os lados.

Mas o que acontece quando se reúne um bando entusiasmado de jovens em um lugar isolado, longe das responsabilidades, sem regras definidas e à espera de um evento fantástico que nunca ocorria? E o pior, recebendo dinheiro para ficar por lá! No fim das contas, não havia posição ideológica que superasse a falta de preparo e de juízo daquela empreitada! Logo fiquei sabendo que os jovens, cheios de energia e hormônios e completamente entediados, estavam comprando bebidas, indo para a zona, namorando meninas de famílias locais. Pois, na verdade, não havia treinamento nenhum, tudo aquilo não passava de um acampamento de românticos na ociosidade, reféns do próprio despreparo e da irresponsabilidade do comando central.

Informações preocupantes começavam a chegar, à medida que o tempo passava. Fiquei sabendo, por exemplo, de um fato muito sério ocorrido num campo em Minas Gerais. Por lá, o pessoal se ocupava em beber cachaça e passear. Até que um dos futuros "guerrilheiros", ao voltar para o campo, foi condenado à morte pelos seus colegas. Ele seria fuzilado por indisciplina, mas outro interferiu e não permitiu a execução. Descobri que o companheiro que quase morreu tinha sido recrutado por mim! Já no Paraná, meu irmão e outros amigos lamentavam a falta de estrutura do campo. As terras ali valiam muito, sendo disputadas a tiros e sopapos por grileiros, posseiros e fazendeiros ricos. Alguns dos "guerrilheiros" decidiram também entrar na dança e tomaram posse de matas valiosas, envolvendo-se em conflitos diretos com os fazendeiros. Aos poucos, eu me dava conta da ilusão que representava o movimento. Era um plano absurdo. Nós estávamos sendo conclamados a lutar contra moinhos de vento, com armas ultrapassadas e em nome de donzelas imaginárias – um movimento quixotesco, uma comédia pastelão. Certa vez, disse-me o grande poeta Ferreira Gullar, ao saber em minúcia sobre os dispositivos militares: "Não é possível o que estou ouvindo, isto é o Carlitos na Revolução Brasileira!".

O Carlitos na Revolução Brasileira

A verdade é que a sucessão de desencontros, descontroles e absurdos envolvendo nossa tentativa de implantar os campos de guerrilha seria muito cômica, não fosse trágica. A coisa era séria, mas muitas vezes nós parecíamos ter surgido de uma comédia de Chaplin: escorregávamos em cascas de banana, trocávamos os pés pelas mãos, batíamos com a cabeça na parede e não saíamos do lugar. Parecia mesmo que o Carlitos perambulava entre nós, distribuindo confusões como um agente infiltrado do azar. Como um saci de terno e gravata, fazendo maldade só para rir dos resultados. Naquele momento, em pleno governo de João Goulart, organizar campos de treinamento sob o pretexto de que as tensões políticas poderiam se aprofundar era uma atitude provocativa. Não que estivéssemos exatamente errados, mas nossas ações se atropelavam e se desbaratavam de forma inconsequente.

Então aconteceu um fato decisivo, um detonador das expectativas e esperanças do movimento. Eu estava no gabinete do governador, em pleno palácio do governo, quando recebi a visita de Clodomir Moraes, o chefão das Ligas

Camponesas. Ele disse que queria ter comigo uma conversa séria e sigilosa. Em tom de tragédia, contou-me que havia um campo de treinamento em Dianápolis, norte de Goiás, do qual eu ainda não tinha conhecimento. As coisas por lá estavam ficando tensas e seria necessária uma intervenção imediata. Segundo suas informações, o campo era formado por companheiros de alto valor, recrutados no Nordeste, e estava tendo problemas com o juiz de Direito da região. O tal juiz, João Moreira Marques[65], fora delegado de Polícia e pertencera ao DOPS. Tempos depois, tive informações de que o Dr. João Moreira tinha sido simpatizante do integralismo. Ele havia implicado com o nosso pessoal e prometia tempestades.

Eu me surpreendi porque conhecia Dianápolis de ponta a ponta. Durante a campanha de Mauro Borges, havíamos trilhado a região e feito amizade com diversos políticos, entre eles, o líder do PSD local, Sr. Joca Póvoa. Descobrimos, inclusive, que seu genro, Izidório (Nego) Oliveira[66], era meu parente. Clodomir afirmou que não poderíamos perder aquele ponto estratégico, uma vez que ali já se havia avançado muito. Pediu-me para que fosse a Dianápolis e, como membro do governo, transformasse (num lance de disfarce) o campo de treinamento numa cooperativa agroindustrial para criação de porcos. Afirmou ainda que não seria trabalho tão difícil, uma vez que constavam, entre os companheiros, economistas, engenheiros e muita gente de classe média disposta a uma mudança de

[65] Ex-delegado de Polícia, ex-juíz de direito de Dianápolis, decretou a prisão de vários membros de campo de treinamento do campo de guerrilha naquela região.

[66] Agente da companhia de aviação Cruzeiro do Sul que tinha linha aérea passando por Dianápolis. ex-deputado do Estado do Tocantins.

rumo. Eu achei aquilo tudo muito estranho, e fiquei com a pulga atrás da orelha. Mesmo assim, ou talvez exatamente por isso, decidi ir.

Chegando a Dianápolis, bastou andar pela cidade para perceber o tamanho do problema. Os olhares locais se voltavam ferozes para qualquer forasteiro, as janelas das casas se fechavam ante a passagem, os fofoqueiros de plantão cochichavam entre si nas mesas de bar, atrás das barras dos portões, nas praças. Pouca coisa há mais feroz e perigosa que uma pequena cidade desconfiada – todos se tornam espiões e algozes. Pixações frescas se espalhavam pelos muros de Dianápolis. Elas gritavam: "Abaixo os Juliões mirim", "Fora os comunistas" .

Contratei um jipe para chegar até o campo, que ficava no povoado de Rio da Conceição, na fazenda Catingueiro, perto da divisa com a Bahia. Os chefes do campo eram Carlos Montarroyo[67], hoje um intelectual de carreira universitária; Joaquim Carvalho, um economista de alto nível; e Gilvan Rocha[68], escritor e teórico político, um dos fundadores do PT no Ceará. Ao nos encontrarmos, eles me colocaram a par dos acontecimentos. O clima estava muito pesado, o juiz de Direito de Dianápolis os tinha na mira e, para piorar, Gilvan havia se envolvido amorosamente com uma moça da cidade. Depois de algumas conversas, decidimos abandonar definitivamente o local, porque não era seguro, e a situação se tornara insustentável. Eu sentia que era preciso dispersar logo o pessoal, porque ali provavelmente haveria uma ex-

[67] Responsável pelo dispositivo do campo de treinamento de guerrilha em Dianápolis.

[68] No livro *Meio século de caminhada socialista*, Gilvan Rocha conta detalhadamente aspectos sobre o caso de Dianápolis. Tarzan de Castro é citado nas páginas 75, 84, 88 e 91.

plosão, um grande conflito. Fiquei incumbido de reportar a realidade aos dirigentes das Ligas e providenciar o deslocamento dos companheiros.

Saí do campo de treinamento e, de volta a Dianápolis, fui procurado pelo Nego Oliveira, meu parente e amigo. Ele afirmou que se sentia na obrigação de me contar algo muito sério que acabara de acontecer. Narrou que, certo dia, viajando para a cidade baiana de Barreiras, deu carona a dois homens. Houve um momento em que os documentos de um deles caíram no chão e, solicitamente, Oliveira os recolheu para devolvê-los. Pelos documentos, ele descobriu que eram do Exército brasileiro. Ao perceberem o espanto de Oliveira, os caroneiros explicaram que eram oficiais do Exército e vinham até aquela região com a missão de desbaratar um foco de terroristas subversivos. Eles explicaram que já sabiam a localização do campo de treinamento e tinham ordens de arrebentar com tudo.

Mais que depressa, retornei a Goiânia e peguei um voo para o Rio de Janeiro. Havia refletido muito e a experiência em Dianápolis me deu a certeza de que deveríamos desarmar os campos de treinamento. Era uma aventura sem sentido. Algum tempo antes, eu tinha conversado com Almino Afonso[69], líder do governo João Goulart e meu bom amigo. Ele me alertara do potencial negativo que as Ligas exerciam sobre o próprio governo. Manter Goulart no poder, ou seja, seguir a legalidade era um desafio complicado e qualquer tipo de radicalização acabava por servir de argumento para os opositores militares e de extrema-direita.

---

[69] Político amazonense, deputado federal, líder do Governo João Goulart, ministro do trabalho, perseguido e cassado pela ditadura, viveu asilado fora do país até a anistia política em 1979.

Foi, portanto, com a convicção de pôr um fim naquilo tudo que cheguei ao Rio e me dirigi à sede do jornal *A Liga*, na Cinelândia. Lá, encontro padre Alípio de Freitas e Ferreira Gullar, mas nada de Clodomir. Quando finalmente consegui encontrá-lo, pus-me a explicar a situação nos campos de treinamento e a gravidade do problema no qual estávamos metidos. A qualquer momento a Polícia ou o Exército iniciaria uma invasão e era bem possível que a imagem de Cuba se sujasse – afinal, a ilha incentivava e patrocinava a formação dos campos.

No entanto, Clodomir disse que minha conversa não tinha base. Para ele, o governo estava era com medo do movimento. Eu insisti, afirmei que o pessoal do campo esperava uma solução. Já tinha estipulado a quantidade de dinheiro necessária para que cada companheiro desaparecesse, sumisse com as armas e destruísse as provas. Ele me pediu calma, aconselhou-me a voltar para o hotel e aguardar algumas horas. Ele me encontraria lá para resolvermos de uma vez essa situação. Eu esperei, esperei, esperei. No outro dia, ninguém havia aparecido ainda. Em pânico, recordei-me de uma situação peculiar vivida há um tempo...

Arquivo pessoal de Armando de Sousa

ISRAEL AMORIM, ELPÍDIO SANTOS (PENSADOR POLÍTICO DE ISRAEL) E TARZAN DE CASTRO (NA ÉPOCA, ERA LÍDER ESTUDANTIL EM GOIÂNIA. PRESO POLÍTICO, FOI EXILADO NA FRANÇA, ONDE CURSOU CIÊNCIAS HUMANAS, NA UNIVERSIDADE DE PARIS. COM A ANISTIA DE 1979, RETORNOU AO BRASIL, SENDO ELEITO DEPUTADO ESTADUAL (1983-1987, NA 10ª LEGISLATURA GOIANA), ENVOLTOS EM CÍRCULOS, ENTRE INTEGRANTES DA LIGA CAMPONESA DE IPORÁ, 1963*

* Imagem do livro de Ubirajara Galli – *Israel Amorim: O homem que reluziu mais que seus diamantes*, p. 124 e 125, Editora Kelps, 2011.

PROPAGANDA SUBVERSIVA APREENDIDA EM DIANÓPOLS (GOIÁS)

GOIÂNIA, 29 (Meridional) — As autoridades do centro de segurança nacional acabam de apreender no Hotel Magestic, em Dianópolis, inúmeros pacotes contendo propagandas comunistas idealizadas pelo deputado Francisco Julião. O material foi guardado naquele estabelecimento, pelo comunista Leonardo Carneiro da Cunha cuja prisão preventiva já foi decretada pelo Juiz de Direito daquela comarca. Os folhetos seriam distribuídos entre os camponeses.

CORREIO BRAZILIENSE, 30 DE DEZEMBRO DE 1962

O Popular

Conhecidos os nomes dos implicados no movimento de subversão de Dianópolis

[illegible] preventivas, para os seguintes [illegible] Neder, Tarzan de Castro, [illegible] Clóvis José Esteves de Sousa, [illegible] Rodrigues Coelho, [illegible] za, Antônio Alves [illegible] da Cruz Botelho, [illegible] tônio José da Rocha, Leonardo [illegible] Cunha, Clodomir dos Santos Morais, Amaro Luiz de Carvalho, Carlos Mantarroyo, Adauto Monteiro da Silva, João [illegible] Joaquim Ferreira Filho e Luiz Inácio de Sousa.

Clodomir dos Santos Morais é o autor intelectual do plano de subversão que tinha andamento com o treinamento de guerrilhas no norte goiano. Trata-se de ex-deputado comunista de Pernambuco. O líder do grupo que agia em Dianópolis é o Amaro Luiz de Carvalho, que também não é de Goiás, sendo conhecido agitador profissional no nordeste.

Até agora as autoridades policiais conseguiram cumprir apenas o mandado de prisão contra o sr. João Neder, que se encontra hospitalizado, em virtude de ser precário o seu estado de saúde. Comentou-se ontem à tarde, na cidade, que a prisão de Tarzan de Castro havia sido feita em Brasília, mas o fato não foi confirmado pelas autoridades policiais.

ZACARIOTE, NÃO

Circulou sábado, em Goiânia, com insistência que o sr. João Batista Zacariote, Oficial de Gabinete do sr. Mauro Borges, seria um dos arrolados na lista das prisões preventivas. Antes mesmo de ser conhecida a relação total, todavia, elementos ligados à polícia informaram que o nome do alto funcionário do Govêrno não foi envolvido nas atividades subversivas de Dianópolis.

O sr. Zacariote, por sinal, trabalhou normalmente ontem em Palácio.

DETALHES DA AÇÃO POLICIAL

O plano de agitação e subversão da ordem era organizado no lugar denominado "[illegible] da Conceição" interior do município de Dianópolis, a oito léguas da sede municipal. Os elementos foram dispersados pelo Coronel José [illegible], Chefe do Serviço de Repressão ao Contrabando (Setor Goiás). No dia seguinte elementos do Conselho de Segurança Nacional chegaram ao local, conseguindo apreender armas como metralhadoras e mosquetões e grande quantidade de munição [illegible] rem treinados a fazer "guerrilhas" [illegible] ao livro de "Che" Guevara.

O Delegado Geraldo [illegible] de Alencar, quando chegou ao local, procedendo inquérito por determinação da Secretaria de Segurança Pública, pôde encontrar apenas alguns livros de ensinamentos de táticas de guerrilhas, algumas caixas de bala e grande número de propaganda comunista que comprometiam sèriamente diversos dos implicados.

POLÍCIA NO ENCALÇO

A Delegacia de Vigilância e Capturas, tendo à frente o tenente Cláudio Peixoto dos Santos, está com o trabalho de capturar os elementos indicados, cujas prisões preventivas foram decretadas pelo Juiz de Dianópolis.

SITUAÇÃO ANTIGA

O POPULAR apurou ontem junto a pessoa residente na região de Dianópolis que as "guerrilhas" vinham funcionando, há tempos, em caráter de treinamento. Diversas [illegible]

(Conclui na 2.a pág.)

O POPULAR, DEZEMBRO DE 1962

O Popular

Governador do Estado tem relatório secreto (há 20 dias) sôbre subversão de Dianópolis

O POPULAR,
DEZEMBRO DE 1962

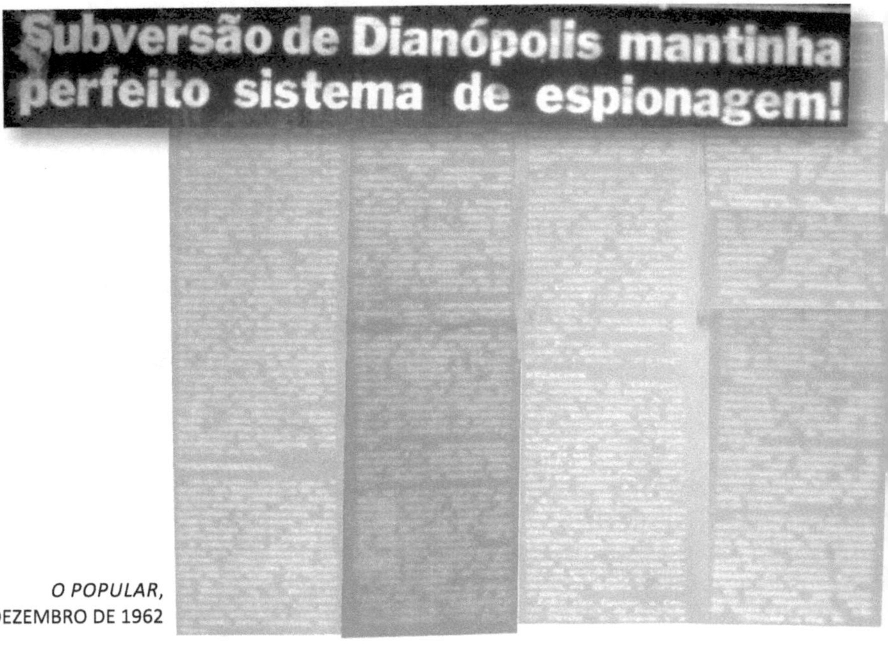

Subversão de Dianópolis mantinha perfeito sistema de espionagem!

O POPULAR,
DEZEMBRO DE 1962

O Popular

O NORTE GOIANO ESTAVA SENDO TRANSFORMADO EM CAMPO DE TREINAMENTO DE GUERRILHEIROS

O POPULAR, DEZEMBRO DE 1962

Arquivo pessoal de Tarzan de Castro

MB Confirma Existência de Guerrilhas em Goiás

Para tratar de problemas administrativos de seu Estado, viajou hoje ao Rio o governador Mauro Borges, de Goiás. Sua permanência naquela capital será de três dias, depois do que retornará a esta capital para conferenciar com algumas autoridades federais.

Interpelado sôbre a organização de núcleos do guerrilheiros na região de Dianópolis, e que foram desmentidas pelo sr. Carlos Cairoli Molinaro, chefe de Polícia, reconheceu o que existia, efetivamente, naquela localidade, grupo de extremistas que adestravam elementos outros em atividades de guerrilhas. Frizou, contudo, que o Govêrno goiano vinha acompanhando o desenrolar dos fatos e, tão logo êsses núcleos passassem a constituir ameaça, seriam destruidos.

SEXTA-FEIRA, 23 DE OUTUBRO DE 1964
EDIÇÃO DE HOJE, 40 PAGINAS

O ESTADO DE S. PAULO

Previsão do tempo

Chineses: meta era subversão

Instruções aos chefes militares

Ministro analisa situação de Mazzilli

Secretário da Câmara critica inquérito

STF concede "habeas corpus"

Belo Horizonte: 40 pessoas denunciadas

Acusação contra o padre Laje

Decretada prisão de ex-vereador recifense

Relatório da CGI terá 500 laudas

CGI devolve documentos

Radiofotografia AP

Pela liberdade

O dr. Julio de Mesquita Neto, diretor do "Estado", recebe do sr. Jules Dubois, da Comissão de Liberdade de Imprensa da AII, uma láurea pelo seu trabalho na defesa da liberdade de imprensa e da democracia no Brasil.

Grupos de guerrilhas eram treinados no País

Das Sucursais, do correspondente

Financiamento

Ficha

A rede

Documentos incriminam gov. goiano

Da Sucursal

Presidente da Assembléia dirige-se à população

Deslocamento de tropas é desmentido

Denegada revogação de prisões

Asilados seguem para a Bolívia

Lacerda: UDN precisa lançar candidato já

Desmentido

Declarações em campanhas

Agradecimentos aos mineiros

Homenagem da UDN de S. Paulo

Visitas às capitais

Necessidade de eleições

Aos udenistas

Sob o retrato de Armando de Salles Oliveira, o sr. Carlos Lacerda fala aos udenistas de São Paulo, tendo ao seu lado o sr. Roberto de Abreu Sodré, presidente do Diretório Regional do partido, que o saudou.

O ESTADO DE SÃO PAULO, 23 DE OUTUBRO DE 1964

NOTAS E INFORMAÇÕES

A subversão e a conivência oficial

Conforme ontem prometemos, vamos hoje prosseguir na descrição e analise do movimento subversivo que já se acha em execução em três pontos de Goiás. Não, evidentemente, porque tenhamos alguma esperança de sacudir o marasmo em que se encontram as autoridades do País diante do perigo que nos cerca por todos os lados. A bem dizer, essas autoridades têm perfeito conhecimento de todos os fatos que vimos relatando, e só não interferem no sentido de pôr côbro à criminosa tentativa comunista de afogar a Nação num mar de sangue, porque elas proprias são cumplices e coniventes nas manobras. Mas, enfim, trazendo estes fatos ao conhecimento do publico habilitamo-lo, quando não a reclamar dos poderes constituidos, por intermedio dos seus representantes no Congresso, uma repressão mais ativa e eficiente, pelo menos a distinguir os verdadeiros responsaveis pelas agitações que se preparam.

Segundo o deputado Emival Caiado, de cujas informações nos vimos utilizando nestes comentarios, um dos homens de sua confiança localizou na região de Trombas 4 metralhadoras de grande porte, com 4 bôcas de fogo, sendo que uma delas maior do que as demais. São armas embasadas, com couraça protetora, giratorias, que servem também para fogo antiaereo. Presume o nosso informante tratar-se de metralhadora russa de novo tipo, destinada especificadamente a esses fins e que, no seu dizer, ainda recentemente mereceu uma referencia em revista especializada da URSS. De notavel, diz o referido parlamentar goiano, tem ela o fato de ser disparada por meio de pedais.

Na barra do Rio do Sal com o Rio Maranhão, região denominada "Palitelro", a 60 quilometros de Brasilia, estão localizados fortes grupos de guerrilheiros nos municipios de Mocambo, Mato Seco e Mimoso, comandados, respectivamente (segundo o nosso informante), pelos individuos conhecidos por "Paulista", "Herculano" e "Vital". O de Mato Seco, diz o deputado Emival Caiado, possui exatamente 35 metralhadoras e bombas em profusão, ignorando-se a quantidade que os outros dois municipios têm daquelas armas. Conta, a proposito, o nosso informante que, na noite de 6 para 7 de novembro ultimo, o coronel Seixas, do Exercito Nacional, entrou em combate com os referidos grupos, sendo obrigado a abandonar o local com a maioria dos seus soldados feridos. No dizer dos moradores da região, o coronel Seixas bateu em retirada desordenada. Nesse choque ter-se-ia unido aos outros chefes gerrilheiros o "Dr. Brito", que comanda a cidade de Taguatinga, satelite de Brasilia.

O plano destinado a interromper as ligações com o Nordeste (Estrada para Fortaleza) tem sua base em Brasilia, Planaltina, Formosa, Posse e Rio Corrente, nas quais se localizam fortes nucleos sindicais, estudantis e das proprias Ligas. Entretanto, diz-nos o deputado Emival Caiado, o ponto mais forte é o que fica no povoado de Alvorada, onde há numerosas metralhadoras checas de 9 mm. Nas proximidades desse povoado, onde está localizado o "campo de tiro" dos guerrilheiros, o irmão do nosso informante recolheu numerosos cartuchos vazios e picotados da munição utilizada por essas armas.

No intuito de "trancarem" a porta de saida para o Estado de Minas, as Ligas organizaram-se na cidade de Itumbiara, sob a chefia de José Gozé. O seu principal objetivo é a ponte da BR-14, unica ligação para o Estado de Minas e, através dele, para o sul. O agrupamento de Itumbiara tem o apoio dos grupos existentes em Itauçu, cujo chefe, de apelido Batião, é um dos dirigentes da Confederação dos Sindicatos Rurais do Sul do Estado, e também dos grupos localizados em Campo Limpo e Anápolis. Estrategicamente, observa o nosso informador, todos esses grupos se localizam no eixo (ou perto) da BR-14. Em Anápolis, o chefe da organização é um tal Tiburcio, do Sindicato da Construção Civil da Cidade. Este Sindicato, ao que se propala, dispõe de grande quantidade de armas e munições e tem-nas depositadas na propria sede. Um de seus principais chefes encontra-se presentemente na Russia.

Para fechar a ligação com Barreiros, base importante para as rotas aereas do Norte, contam os guerrilheiros com um importante efetivo na povoação de Dianopolis. Esse grupo, diz o nosso informante, fechará a rota acima pelo Norte, enquanto o grupo de Brasilia a fechará a partir do Sul, baseando-se em Brasilia, Planaltina, Formosa Posse e Rio Corrente.

Protegendo o flanco esquerdo do Estado (sudoeste), na região de Aragarças, margens do Araguaia, as Ligas instalaram-se em Jucara, Itapirapoã e Salobim. O organizador e responsavel por esta região é Tarzan de Castro. Informanos ainda o deputado Emival Caiado que em Brasilia, Goiania e outras cidades de importancia naquele Estado, as atividades subversivas são dirigidas pelos Sindicatos locais e pelas uniões estudantis dominadas pelos comunistas. Muitos jornais orientam publicamente o movimento. Na região do Palitelro a SUPRA desapropriou 42 pequenas propriedades (a maior das quais apenas com 16 alqueires) e, logo após o ato expropriatorio, todos os elementos recrutados pelas Ligas se instalaram nessas propriedades sem que a SUPRA se opusesse a isso. Esta região, segundo o nosso informante, é agreste, acidentada e quase inacessivel a quem a não conheça. Não há veiculo que se arrisque nela, e foi lá que os soldados do coronel Seixas se viram batidos pelos guerrilheiros. É de notar que a região do Palitelro, às margens da Belém-Brasilia, fica a 60 km da Capital Federal. Já lhe chamam, até, a "nossa Sierra Maestra".

Na opinião judiciosa do deputado Emival Caiado, o fato de as invasões de terras se processarem em lugares estrategicamente demarcados, sempre em volta da Belém-Brasilia e perto do Distrito Federal, junto às saidas para o Sul, para o Nordeste e para o Estado de Mato Grosso, não pode ser acidental. Tem de obedecer, forçosamente, a um plano de guerrilhas, que conta, para desgraça do País, com o amparo dos poderes publicos e com a cobertura da SUPRA. Além disso, não se pode dizer que sejam vagas as acusações formuladas pelo deputado goiano. Nada lhes falta, nem a indicação dos locais onde esses grupos atuam, nem os apelidos dos respectivos chefes. Só a conivencia, a cumplicidade criminosa com tais grupos pode impedir as autoridades de os dispersar e combater.

O ESTADO DE SÃO PAULO, 09 DE FEVEREIRO DE 1964

Goiás: perícia revela trama

Do correspondente

GOIANIA, 8 — Uma pericia contabil que se processa na Prefeitura de Nazario, cidade proxima desta Capital, destinada a apurar irregularidades do prefeito, sr. João Egidio da Silva, atualmente suspenso de suas funções, localizou um oficio dirigido ao sr. Erides Guimarães, diretor da Carteira Agricola do Banco do Brasil, solicitando "providenciar cota de armas para o Sindicato dos Trabalhadores Autonomos de Nazario", a fim de procederem, naquele municipio, ao movimento subversivo de carater nacional que eclodiria no dia 11 de maio de 1964, "para transformação radical do regime".

O ofício

O oficio, cujo "fac-simile" já se encontra em poder das autoridades, é do seguinte teor:

"Estado de Goiás, Prefeitura Municipal de Nazario.

Exmo. sr. Erides Guimarães, diretor da Carteira Agricola do Banco do Brasil S. A.

Estamos comunicando a v. exa., de acordo com combinação especifica anterior, que encaminhamos oficios solicitativos diversos aos srs. Jacy Neto de Campos e Nair Cavalcanti Montim e Tarzan de Castro. Posso dizer-vos, com a consciencia tranquila, que nem um esforço poupei, que de nem um risco me esquivei, que nada ao meu alcance, nenhuma especie de sacrificio foi afastada a fim de corresponder-vos aos diversos auxilios financeiros que nos prestasse para a ajuda decorrente do movimento do dia 11 de maio proximo, não só por intermedio de v. exa. e através de diversos componentes do Eixo Internacional da Rede Coordenadora da Ação Social representativa do Estado de Gojás. Para coordenar o movimento de ação grevista que ora aguardamos instalar nas primeiras horas do dia 11 de maio proximo, em todo o territorio nacional, estamos aguardando os seus esforços inerentes, com maxima urgencia, para providenciar cotas de armas para o Sindicato dos Trabalhadores Autonomos de Nazario, em numero de 400 homens capacitados, que recebem diariamente instruções em reuniões realizadas secretamente em casa do vereador Paulo Jacobino Filho, no horario da meia-noite até de madrugada, todas as noites.

Outras considerações seriam necessarias não fôssem os sobejos motivos para confiarmos em todos os vereadores. Citarei aqui os nomes dos quais contamos com inteira confiança e amigos certos para as horas incertas: Paulo Jacobino Filho, João Tavares de Oliveira, Sebastião Clemente de Moraes e Antonio Luis de Almorim, esses os quatro vereadores que representam a maioria da Camara e que me deram o seu apoio para todos os efeitos.

V. exa. pode confiar neles e atendê-los a qualquer hora como fôr preciso. Os outros não possuem gabarito, e nem mostraram definir coisa alguma.

Quero dizer-vos que o Brasil irá viver uma grande hora, apesar dos pesares, às primeiras horas do dia 11 de maio que se aproxima, de que a marcha para a realidade brasileira "socialismo", transformação radical do regime, que deixou de ser uma frase sem sentido, para tornar-se realidade. Contamos com a costumeira atenção de v. exa. e aproveitamos o ensejo para renovar-lhe os protestos de estima e considerações. Nazario, 7 de fevereiro de 1964. (a) João Egidio da Silva, prefeito municipal".

A firma do prefeito foi reconhecida pelo cartorio do 1.o Oficio desta Capital.

O ESTADO DE SÃO PAULO, 09 DE MAIO DE 1965

8 — O ESTADO DE S. PAULO SABADO, 11 DE SETEMBRO DE 1971

Goiás abrigou durante 11 anos um Estado comunista

Extensa área da Serra Dourada, no interior de Goiás, nas localidades conhecidas por Tromba e Formoso, estêve durante 11 anos sob o regime comunista, ali implantado em 1953 por um grupo guerrilheiro das Ligas Camponesas liderado por um subversivo semi-analfabeto — José Porfírio de Souza — prêso pelos órgãos de segurança após a Revolução de Março de 1964.

Em 1953, Porfirio chegara a elaborar e "promulgar" uma "Constituição" declarando o "Estado da Trómba" sob o regime comunista, promovendo a "reforma agraria" e autorizando a pratica de crimes e outros atentados que visassem o fortalecimento do "Estado", por meio da ampliação da região sob o dominio dos guerrilheiros.

Estas revelações constam de documentos apreendidos naquela região de Goiás por autoridades dos orgãos de segurança, as quais, após numerosas e sucessivas diligencias, localizaram também a área onde o grupo guerrilheiro, irrompida a Revolução de 64, escondeu verdadeiro arsenal. As investigações foram concluidas em agosto ultimo e os documentos e fotografias das armas apreendidas, liberadas ontem á imprensa, pelas autoridades responsaveis pela segurança.

Segundo relatorio elaborado por policiais, de 1953 a 1964 a região de Tromba-Formoso viveu clima de permanente agitação social promovida por grupos das Ligas Camponesas que se infiltraram na área para colher os beneficios decorrentes dos conflitos que ali se verificavam em torno da posse de terras devolutas. A área, de dificil acesso, com caracteristicas topograficas favoraveis à guerra de guerrilhas, foi selecionada, na época, pela cupula comunista para a instalação de uma base de "operações". Recorrendo a um proselitismo dialetico com acenos de melhoria e possibilidade de facil enriquecimento, dirigentes comunistas reuniram, em torno de alguns lideres, diversos grupos de lavradores. Os lideres, treinados na China e em Havana, tinham a missão de assumir a chefia dos grupos e comandar a "expropriação" das fazendas mais favoraveis á instalação de campos guerrilheiros.

A ação subversiva foi denunciada ás autoridades federais da época por moradores da região que se opunham ás tentativas de comunização do Brasil.

"Zona liberada"

Embora o principal lider da área, "Zé Porfirio", pretendesse oferecer resistencia armada á nova situação implantada no País em 1964, a cupula do Partido Comunista decidiu dispersar os grupos, mantendo pequenos nucleos clandestinos e abrigando todo o armamento que possuia nos grotões que dominam o rio Cana Brava, nos espigões de Serra Dourada, a cerca de 50 quilometros de Tromba.

Contudo, as organizações terroristas se revezavam na disputa da hegemonia desses nucleos, tentando a posse das armas escondidas para, ao lado de assaltos, "expropriações" e guerrilhas urbanas, constituir na área uma "zona liberada".

Com a construção da rodovia Belém-Brasilia, foi possivel a intensificação da ação policial na área conseguindo as autoridades proceder ao levantamento topográfico da região, necessário á localização do arsenal. O êxito dessa operação, segundo as autoridades, foi possivel com a colaboração de diversos subversivos presos, diretamente envolvidos nos planos terroristas elaborados para a região Tromba-Formoso, entre os quais, o padre Alipio, Tarzan de Castro, Manoel Porfirio, irmão do lider camponês José Porfirio, Bartolomeu Gomes da Silva e Geraldo Marques, este conhecido pela alcunha de "Geraldão". Os terroristas serviram de guia para a expedição organizada pelas autoridades as quais, em 58 horas ininterruptas de trabalho de escavações e abertura de "picadas" nas matas, conseguiram localizar em três regiões diferentes, numerosas armas, farta quantidade de munição, panfletos e documentos de carater subversivo. Todo esse material estava abrigado em grutas, no interior de troncos de árvores, no teto de palhoças, um mimeografo e outros materiais de imprensa.

As armas apreendidas compreendiam metralhadoras, mosquetões, carabinas, grande quantidade de dinamite, polvora negra, polvora granulada, granadas de mão, e outros materiais de guerra para uso imediato.

"O ditador"

Entre, as armas, um fuzil especial se destacou por suas caracteristicas sofisticadas e de precisão, explicadas por um dos terroristas, ao retirá-lo da palhoça:

"Este foi encomendado pelo dr. Brizola e aqui guardado por ordem dele, para quando assumisse a chefia do movimento..."

Na "Constituição" que "promulgou", em 2 de março de 1953, o lider guerrilheiro José Porfirio de Souza se declarou "O ditador" e constituiu "comissões executivas", com áreas de ação definidas, ás quais compelia cumprir e fazer cumprir todos os "dispositivos" da "Carta".

Um dos artigos da "Constituição" estabelecia que "o Estado de Tromba fornecerá reforços ás Comissões para manter a ordem e o regime". Outro artigo dispunha que o "Estado de Tromba fornecerá tropas e reforços a quaisquer povos circunvizinhos, a fim de auxiliar o crescimento do nosso regime e criar novos Estados sob o regime Russo".

Ação cívica

A população humilde residente nessa região, que durante 11 anos viveu sob o "regime comunista" e em clima de tensão, receberá no periodo de 18 e 24 deste mês a visita de militares que ali desenvolverão trabalho civico-social. A área, distante 150 quilometros de Brasilia, é rica em minerios, especialmente manganês.

Após o exercicio militar, segundo informações de Brasilia, é intenção do Comando Militar do Planalto promover, em outubro, uma inspeção geral em todo o comando e na 11.a Região Militar.

Objetivos das "Ligas"

Atualmente, dizem as autoridades, não subsistem mais duvidas quanto ao significado e objetivos das chamadas Ligas Camponesas, organizadas em varias partes do País, a partir de 1951, as quais chegaram ao maximo de suas atividades no inicio de 1964.

O "Sindicato Rural", que fôra na época apresentado pelo movimento subversivo como "instrumento de assistencia e melhoria das condições de vida do lavrador, dissimulava os reais propositos das Ligas Camponesas, beneficiadas pelo caos da conjuntura politica, economica e social do Brasil, na fase imediatamente anterior à Revolução de 1964.

"Politicos proeminentes dessa fase, aproveitando a demagogia reinante e com o apoio de lideres subversivos nacionais preparados nas escolas guerrilheiras da China Comunista e de Cuba, se incumbiam de orientar o adestramento dos homens, nas bases guerrilheiras selecionadas pelo PCB em regiões do Ceará, Paraiba, Pernambuco, Estado do Rio e Goiás".

O ESTADO DE SÃO PAULO, 11 DE SETEMBRO DE 1971

Arquivo pessoal de Tarzan de Castro

REVISTA O CRUZEIRO, 22 DE DEZEMBRO DE 1962

O caso do diplomata cubano

Certa vez, fui procurado em Goiânia pelo diplomata cubano Miguel Brugueras[70] que se apresentou como porta-voz do governo de Cuba, diretamente ligado a Fidel Castro. Explicou-me que eu era considerado companheiro de confiança e, caso precisasse de qualquer tipo de ajuda, poderia procurá-lo na Embaixada cubana, no Rio. Como ninguém da direção das Ligas parecia disposto a acreditar em minha história, Clodomir de Morais e outros, decidi recorrer ao diplomata. Eu tinha certeza de que o caso de Dianápolis, assim como de outros campos pelo país, acabaria por resultar num escândalo internacional.

Ao ouvir os detalhes da situação, o cubano ficou muito assustado. Marcamos um encontro na praça Marechal Deodoro, em Ipanema, e elaboramos um minucioso relatório com os nomes dos integrantes, os locais e as circunstâncias de cada campo. Foi tudo detalhado, com a promessa de que as informações seriam criptografadas antes de seguirem um caminho seguro até as mãos de Fidel. Afinal, aquele era um re-

[70] Miguel Bruguera del Valleera, diplomata cubano, responsável por ações e apoio a Movimentos Políticos de Inspiração Cubana no Brasil.

latório-bomba, um verdadeiro raio X das operações das Ligas Camponesas. O diplomata sugeriu que eu fosse pessoalmente a Cuba explicar toda a história, e eu aceitei, mas pedi um tempo para voltar a Dianápolis e reportar ao Carlos Montarroyo e aos outros as providências tomadas.

Marcamos um novo encontro para o dia seguinte e, então, eis que o Carlitos na Revolução novamente dá as caras! O diplomata me chegou arrasado ao encontro. Totalmente sem graça, ele contou que havia passado o nosso relatório para Raul Cepero Bonilla, então presidente do Banco Central de Cuba e membro da direção executiva do Partido Comunista Cubano. Bonilla era uma pessoa de confiança e embarcaria no mesmo dia para a ilha. Tudo parecia encaminhado quando, de repente, eis a surpresa! O avião da Varig que levava Bonilla e a delegação cubana caiu nos Andes, próximo à capital peruana, no dia 27 de novembro de 1962. Não houve sobreviventes.

Lamentei a morte dos cubanos mas, quanto ao nosso assunto, disse que tudo bem, faríamos um novo relatório ainda mais detalhado que aquele que se perdera no acidente. Eu mesmo o entregaria. Diante disso, o diplomata sorriu amarelo. Sem jeito, explicou-me que o relatório não havia sido destruído – a mala diplomática fora encontrada intacta. Então perguntei quem havia encontrado, pois talvez pudéssemos contatar essas pessoas e persuadi-las a nos entregar os documentos de volta. O sorriso do diplomata passou de amarelo para verde. A CIA havia encontrado a pasta. Respirei fundo, tamborilei os dedos na mesa e falei que, ainda assim, levaria um tempo até que tudo fosse revelado, pois as informações estavam criptografadas e os agentes da CIA precisariam quebrar o código. Teríamos uma brecha para desfazer os campos e destruir as evidências.

De verde, o sorriso do diplomata desapareceu por completo. Ele me olhou com cara de paspalho e disse: "Ninguém criptografou as mensagens".

Todos os documentos encontrados pela CIA foram entregues ao governo brasileiro. E a bomba explodiu no nosso colo, com a intensidade de uma hecatombe universal. A imprensa brasileira publicou uma bateria de reportagens contando tudo sobre os futuros focos de guerrilha no Brasil. A revista *O Cruzeiro*, na edição de 22 de dezembro de 1962, estampou em sua capa: Guerrilha descoberta no Brasil Central. A matéria assim se iniciava, num tom ameaçador: "O que está sendo denunciado, com insistência, pelos homens de consciência democrática, como uma vasta conspiração contra a Democracia no Brasil, já vai um pouco além das simples palavras.[71]"

O deputado Carlos Lacerda, fez um pronunciamento incendiário na Câmara dos Deputados, no Rio. Com os documentos em mãos, ele afirmou ter provas da infiltração cubana no Brasil. Bradou que o governo Goulart patrocinava a "guerrilha cubana", que aquilo tudo era uma afronta à Democracia e à soberania nacional. Aproveitou cada instante para reafirmar sua posição anti-Goulart. Mas não ficou por aí! O Carlitos também estava presente naquela sessão da Câmara. Provavelmente foi ele quem inspirou Lacerda a dizer, no ápice de seu discurso, que havia inclusive um primo de Fidel Castro no Brasil, fomentando as guerrilhas. Que primo? Um tal Tarzan de Castro!

[71] Matéria publicada na edição de 22 de dezembro de 1962 da revista *O Cruzeiro*. Tarzan de Castro é citado nominalmente como parte do grupo de "guerrilheiros" e como ex-funcionário do governo de Goiás.

Arquivo pessoal de Tarzan de Castro

Goiânia, segunda-feira, 16 de setembro de 2002 — ANISTIA — Diário da Manhã

CARLOS LACERDA CONVOCA A IMPRENSA NACIONAL PARA DIZER QUE TARZAN DE CASTRO, "PRIMO DE FIDEL", SERIA UM AGENTE DO COMUNISMO CUBANO NO PAÍS

"Primo" de Fidel Castro faz guerrilha no Brasil

O DM publica algumas histórias engraçadas sobre a ditadura militar no Brasil. Uma delas, a que você, leitor, lê abaixo, mostra o estresse de autoridades políticas no País, como o governador da Guanabara, Carlos Lacerda, que, com alguns documentos em mãos, afirmara que o presidente Fidel Castro, um dos líderes do comunismo internacional, mandara um primo seu para estimular a revolução socialista no Brasil. Ninguém menos que Tarzan de Castro. O equívoco de Lacerda, senão total, tinha apenas uma coincidência: o sobrenome de Tarzan, que é o mesmo de Fidel: Castro.

Em fins de 1963, o então deputado federal Francisco Julião recebia financiamento de Cuba para o treinamento de guerrilhas no interior do Brasil. No Estado de Goiás, a experiência era feita em Dianópolis, fazendo parte dela Tarzan de Castro, funcionário do governo Mauro Borges. Convencido de que o foco guerrilheiro mergulhava na decadência e que o dinheiro de Cuba estava sendo mal aplicado, Tarzan de Castro resolveu informar à Cuba a real situação em Dianópolis, fazendo um relatório a Raul Cubelas, presidente do Banco

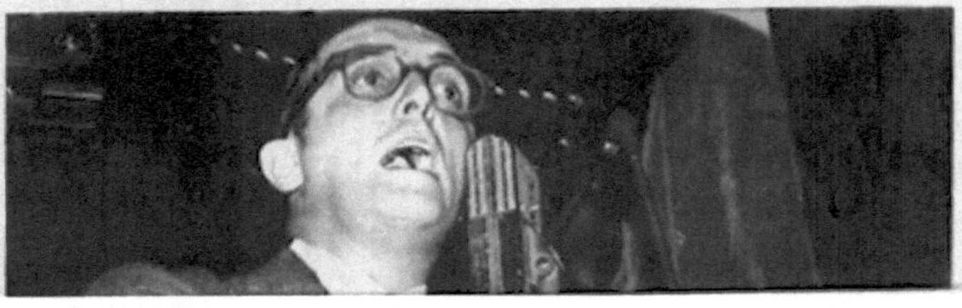

[illegible] conta do Brasil, na caça aos comunistas. Em Goiás, a coisa não foi diferente: o ex-secretário da Fazenda do governo Pedro Ludovico Felipe Santa Cruz Serradourada manda publicar nas primeiras páginas dos jornais, e ler nas televisões e em todas as emissoras de rádio o seguinte comunicado:

"Comunico ao glorioso Exército Nacional e ao povo goiano que não sou parente do comunista Carlos Alberto Santa Cruz Serradourada.

Ass. Felipe Santa Cruz Serradourada".

Grávida, prendeu a Dops

A socióloga Eveline Pappi Singer estava grávida de 8 meses de André Singer. O delegado titular da Dops (Delegacia de Ordem Política e Social do Estado de Goiás) entra na sua casa para prendê-la, ficando lá fora o aparato policial. Quando arrumava seus pertences pessoais para ir à prisão, o delegado pediu-o acompanhou até lá. O delegado fechou a porta por dentro e Eveline trancou-a por fora. O policial ficou preso e ela fugiu pelos fundos, grávida de 8 meses de André Singer, hoje porta-voz de Luiz Inácio Lula da Silva.

Subversivo, não

O juiz Ewerton Dias Ferreira, da comarca de Posse, aposentado por improbidade administrativa, dirigiu-se ao coronel Carlos de Meira Matos, pedindo revisão à sua punição. Dizia-se injustiçado, pois não fora punido por subversão, uma vez que era de extrema direita e um revolucionário fervoroso. "Se não sou comunista, não posso ser punido." O juiz tinha sido punido por corrupção.

Livre, leve e solto

O jornalista Luiz de Carvalho mantinha coluna diária no jornal Folha de Goiás, intitulada "Um comentário à parte". Depois de ser

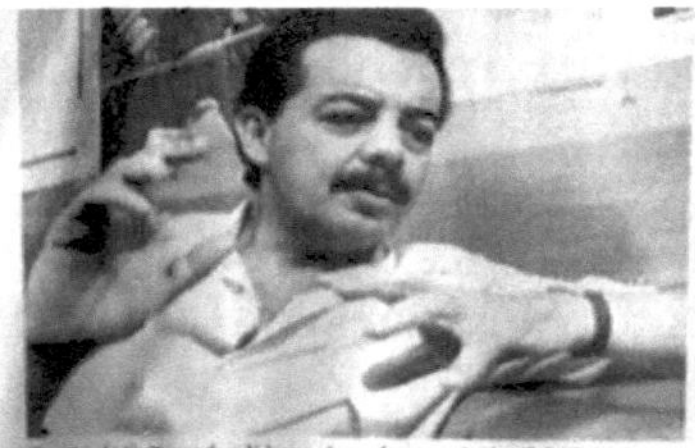

Tarzan de Castro confundido por Lacerda como "primo" de Fidel Castro

[illegible] tempo, Carlos Alberto [illegible] é visto por Luiz de Carvalho [illegible] na rua. E este [illegible] brio à revolução [illegible]: "E dizem que [illegible] no Brasil para nos livrarmos dos comunistas. Que nada: ontem eu vi, com esses olhos que a terra há de comer, o comunista Carlos Alberto Santa Cruz Serradourada andando nas ruas de Goiânia, livre e solto".

O marechal Ribas Júnior, ao assumir o governo de Goiás, substituindo Mauro Borges, que fora deposto pelo movimento militar, era viúvo e tinha a missão de pacificar Goiás. Não se fez de rogado, arranjou noiva e abriu o Palácio em uma festa de arromba para segundas núpcias. Ocorre que, no quintal do Palácio das Esmeraldas, eram criados belos exemplares de pavões. O marechal e sua turma que veio de fora decidiram comer as aves em excêntrico banquete. Dois foram os seus argumentos: primeiro porque os pavões tinham muito de vermelho e segundo porque diziam ser afrodisíaco. E o marechal, em sendas bodas e em adiantada idade, deveria precisar desse alimento. Mas os peixes ornamentais da piscina da entrada do Palácio não eram afrodisíacos e também foram devorados pela turma do marechal.

saiba mais

Conheça outras histórias do período da ditadura

Em 13 de dezembro de 1968, o advogado Sobral Pinto veio a Goiânia paraninfar os formandos da Faculdade de Direito. Hospedado no Hotel Bandeirantes, o jurista recebeu a Polícia Federal, que lhe trazia [illegible] ordem ilegal de prisão. Resistiu e saiu de lá algemado.

Fuzilamento para os comunistas

Em manifesto publicado no jornal Folha de Goiás, ativistas da [illegible]

[illegible] é um exemplo [illegible] comparece [illegible] para [illegible] da grande obra, por [illegible] aniversário de [illegible] Pedro Ludovico, o [illegible] cidade, de terno [illegible] branco, estava [illegible] militar e não convinha que falasse. O prefeito de Goiânia, Iris Rezende, quis conciliar, mas Pedro já tinha tomado o microfone das mãos de Castro Filho, destemperando: "Iris, eu sou o fundador de Goiânia e não [illegible] mandar, e mandou. Condutor de homens, Dr. Pedro era contemporâneo do amanhã e colocou-se à frente do seu tempo para construir Goiânia, preparando Goiás para receber Brasília. Estadista, Pedro [illegible]

DIÁRIO DA MANHÃ, 16 DE SETEMBRO DE 2002

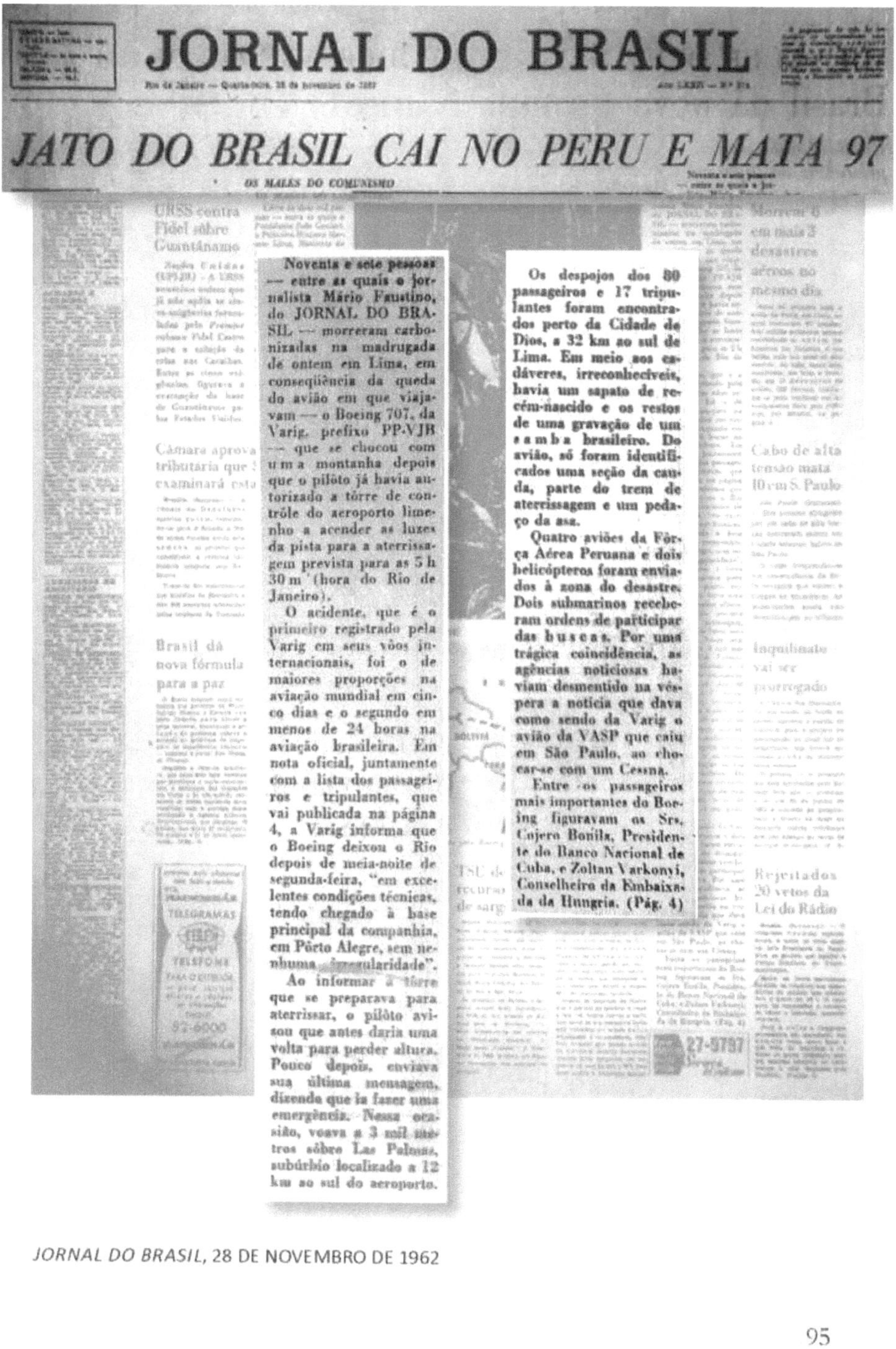

JORNAL DO BRASIL

JATO DO BRASIL CAI NO PERU E MATA 97

OS MALES DO COMUNISMO

URSS contra Fidel sôbre Guantánamo

Brasil dá nova fórmula para a paz

Morrem 6 em mais 3 desastres aéreos no mesmo dia

Cabo de alta tensão mata 10 em S. Paulo

Inquilinato vai ser prorrogado

Rejeitados 20 vetos da Lei do Rádio

Noventa e sete pessoas — entre as quais o jornalista Mário Faustino, do JORNAL DO BRASIL — morreram carbonizadas na madrugada de ontem em Lima, em conseqüência da queda do avião em que viajavam — o Boeing 707, da Varig, prefixo PP-VJB — que se chocou com uma montanha depois que o pilôto já havia autorizado a tôrre de contrôle do aeroporto limenho a acender as luzes da pista para a aterrissagem prevista para as 5 h 30 m (hora do Rio de Janeiro).

O acidente, que é o primeiro registrado pela Varig em seus vôos internacionais, foi o de maiores proporções na aviação mundial em cinco dias e o segundo em menos de 24 horas na aviação brasileira. Em nota oficial, juntamente com a lista dos passageiros e tripulantes, que vai publicada na página 4, a Varig informa que o Boeing deixou o Rio depois de meia-noite de segunda-feira, "em excelentes condições técnicas, tendo chegado à base principal da companhia, em Pôrto Alegre, sem nenhuma irregularidade".

Ao informar à tôrre que se preparava para aterrissar, o pilôto avisou que antes daria uma volta para perder altura. Pouco depois, enviava sua última mensagem, dizendo que ia fazer uma emergência. Nessa ocasião, voava a 3 mil metros sôbre Las Palmas, subúrbio localizado a 12 km ao sul do aeroporto.

Os despojos dos 80 passageiros e 17 tripulantes foram encontrados perto da Cidade de Dios, a 32 km ao sul de Lima. Em meio aos cadáveres, irreconhecíveis, havia um sapato de recém-nascido e os restos de uma gravação de um samba brasileiro. Do avião, só foram identificados uma seção da cauda, parte do trem de aterrissagem e um pedaço da asa.

Quatro aviões da Fôrça Aérea Peruana e dois helicópteros foram enviados à zona do desastre. Dois submarinos receberam ordens de participar das buscas. Por uma trágica coincidência, as agências noticiosas haviam desmentido na véspera a notícia que dava como sendo da Varig o avião da VASP que caiu em São Paulo, ao chocar-se com um Cessna.

Entre os passageiros mais importantes do Boeing figuravam os Srs. Cojero Bonila, Presidente do Banco Nacional de Cuba, e Zoltan Varkonyi, Conselheiro da Embaixada da Hungria. (Pág. 4)

JORNAL DO BRASIL, 28 DE NOVEMBRO DE 1962

Avião da Varig cai em Lima e mata 97 pessoas carbonizadas

Lima (AP—UPI—FP—JB) — Um avião brasileiro da Varig — Boeing 707 — que se destinava a Los Angeles com 80 passageiros e 17 tripulantes, caiu ontem, de madrugada, nos Andes, minutos antes de alcançar o Aeroporto de Lima. Tôdas as pessoas morreram carbonizadas e os restos do avião, cujo custo é de 5 milhões de dólares, foram encontrados perto da Cidade de Ilaus, a 32 km ao Sul de Lima, segundo informou o Ministério da Aeronáutica do Peru.

O comunicado do Ministério foi divulgado 10 horas depois que o avião foi dado como perdido. O vôo teve início no Brasil. Dos passageiros a bordo só nove tinham passagem até Los Angeles, etapa final da viagem. Os demais iam desembarcar nas várias escalas do vôo na América Latina.

Último contato

O Boeing da Varig, que empreendia o vôo 810, saiu cêrca das 4h GMT do Rio de Janeiro, com destino a Lima, de onde deveria prosseguir viagem para Bogotá, Panamá, Cidade do México e Los Angeles. O avião teve seu último contato com a terra do Aeroporto Internacional de Lima às 8h 55m (GMT), solicitando que se acendessem os refletores e fôssem tomadas as medidas para o pouso. Momentos antes, havia cruzado com um avião da Air-France, que seia para o Equador. Ambos os aparelhos trocaram as saudações de estilo, com suas luzes.

O pilôto da Varig anunciara ao pessoal da tôrre de contrôle que ia dar uma volta para perder altura e aterrissar em seguida. Desde êsse momento não houve mais notícias do aparelho. A volta deveria levar o avião sôbre o Pacífico, proximo à costa de Lima. O avião, ao ser transmitida sua última comunicação à terra, voava a 3 mil metros sôbre Las Palmas, subúrbio situado a 12 km ao sul do aeroporto limenho. A zona de terra entre Las Palmas e o aeroporto é, em sua maioria, suburbana, com grande população.

Dados técnicos

Ao verificar-se a última comunicação pelo rádio, dada pelo pilôto, havia, segundo funcionários da tôrre de contrôle, uma visibilidade de uns 14 km e a altura das nuvens era de uns 500 metros, o que se considera relativamente bom para Lima. Mais tarde, espêssas nuvens cobriam o oceano e a Capital peruana.

O grande avião se chocou com o pico de uma montanha perto das ruínas incaicas de Pachacamac, a uns 24 km ao Sul de Lima, não muito longe da rodovia pan-americana, onde está situado o antigo aeroporto internacional de Tampo. Os restos do avião e os corpos de passageiros e tripulantes foram lançados em uma grande zona, em tôrno do local da queda. As únicas partes reconhecíveis eram a cauda do avião, parte do trem de aterrissagem e um pedaço da asa.

As autoridades peruanas enviaram quatro aviões, dois helicópteros e dois destróieres da Armada para encontrar o avião desaparecido. Despachos do Rio de Janeiro diziam que o pilôto comunicou-se pelo rádio com Pisco, no Peru, para avisar que realizaria uma aterrissagem de emergência mas o Aeroporto de Lima, situado a 20 minutos de vôo daquele lugar, não tinha informação alguma sôbre essa mensagem.

Funcionários do Aeroporto Internacional de Lima disseram que o avião havia informado uma posição normal, voando a 3 600 metros perto do Pacífico, a apenas cinco ou sete minutos de sua aterrissagem prevista para as 3h 30m da madrugada. A direção da Varig informou que o pilôto, Capitão Edu Michel, havia transmitido uma mensagem de emergência 10 minutos antes que o Aeroporto recebesse a sua

— O avião estava a uns 20 minutos de Lima — disse um porta-voz da Varig, em Nova Iorque, acrescentando que o Capitão havia solicitado autorização para aterrissar.

— Aparentemente, tudo ia normal. Três minutos mais tarde, nós entendemos o Capitão declarar que aquilo era uma emergência. Foi a última coisa que ouvimos do avião.

O Capitão não deu indicações das causas da emergência.

Outra declaração da Varig diz que, ao sobrevoar Pisco, o pilôto não manifestou estar sofrendo qualquer anormalidade no vôo.

A nota da Varig

No Rio, às 15h, a Varig distribuiu, juntamente com a lista oficial de passageiros do Boeing 707, a seguinte nota oficial, aqui publicada na íntegra:

"O avião Boeing 707, de carreira do Rio de Janeiro a Los Angeles, via Lima, Bogotá, Panamá, México e Los Angeles, deixou o Rio de Janeiro esta madrugada às 0h 53m, levando a bordo 17 tripulantes e 80 passageiros. Passou por Pisco às 6h 14m (hora do Rio) ou 3h 14m (hora local), 20 minutos distante de Lima, Peru, onde deveria pousar às 5h 30m (hora do Rio) ou 3h 30m (hora de Lima).

Ao passar por Pisco, deu posição normal e nada declarou de anormal, mas pouco após declarou uma emergência, desde então, perdeu-se o contato com o avião.

Os tripulantes do avião são os seguintes: Comandantes Edu e Salomoni, 2os Oficiais Ferrari e Frederico; engenheiros de vôo Marciel e Unhofer; navegadores Evangelista e Lino; comissários Hasso, Maximiliano, Expedito, Figueiredo, Arantes, Rochael, Joceli e Sumico e inspetora Marie Rose.

Havia a bordo 80 passageiros, 37 para Lima, 13 para Bogotá, 3 para Panamá, 18 para o México e 9 para Los Angeles.

"Todos os aviões comerciais partindo de Lima estão participando de uma busca. Já saiu também um DC-7 da Panagra, especialmente para participar da localização. Estão sendo mobilizados os helicópteros da Fôrça Aérea peruana para o mesmo fim. Do Rio seguiu um Electra especial, com diretores da Varig e autoridades da Aeronáutica para participar da busca e outras providências.

Passageiros importantes

Entre os passageiros importantes do Boeing-707 figuravam Mário Faustino, editorialista do JORNAL DO BRASIL; Zoltan Varkonyi, Conselheiro Comercial da Embaixada da Hungria; Paul A. Best, Chefe da Seção de Vendas de Petróleo Cru, da Standard Oil of California, de São Francisco; Wolfrom Arendt, estudante da Universidade de Columbia, de Nova Iorque, com beca da Fundação Ford para redigir tese doutoral sôbre a Associação Latino-Americana de Livre Comércio; William Joseph Bayless, da Standard Oil of New Jersey; Hendrik Daniel Schouten, Gerente de Circulação da McGraw-Hill (Publicações Técnicas e Didáticas) para Brasil, Peru, Chile, Equador, Bolívia; Jesus Melgar, General de Aviação Peruana e Ministro da Agricultura do Peru, e sua espôsa; Emilio Bolen, Gerente-Geral do Banco de Fomento Agropecuario do Peru, Cojern Bonilla, Presidente do Banco Nacional de Cuba e Chefe da Delegação Cubana à Conferência da FAO.

Lista oficial

A lista oficial de passageiros fornecida pela Varig é a seguinte:

Para Lima: Edward Faulner, Antônio Charles Petit, Carlos Francisco Alvares, Bengt Alvar Bengtson, Sánchez Carlos Delaguilla, Wanda Malijewie Svevo, Frank Tiece, Eulegio Ripoll, Hendrik Daniel Schoutew, Bramwell Edward Friman, Rosa Isabel Flôres de Beraun, Raul Aurelio Beraun Bedoya, Emilio Foley, Louis Rigger, Gustav Maurer, Paul A. Best, Sua Seucleu, Matilde Troconis Berrio, Silvia E. Pombo, Ernesto Katz Truel, Graciela Flôres Katz, Susana Marcela Katz Flôres, Luis Antônio Phillipon Marcial, Jean Pierre Quesnel, Miguel Ricardo Mellet Frisancho, Isabel de Carbajal Frisancho, Wolfram Arendt, Edith Trechuello, Maria Alnie, Rebeca Najá, Sidney Burdick, Lucille Burdick, Jesus Melgar, Maria Melgar, Helen Irens Morris, Robert Milton Morris.

Para Bogotá: Gerard Ken Orick, Anna Kenorick, Irma Kenorich, Jorge Alberto Araújo, Zolton Vartonji, Walter Curtis Gardner, William Joseph Bayless, Erika Meyer Payan, Katherine Alicia Rock, Katherine S. Rock, David Thomas Rock e Roberto Miguel Rock.

Para Panamá: Heitor Hernández, Luiza Hernández e Walter Henry Echtenkamp.

Para México: Daniel Supervielle, Ove Arne Person, Andrés Gonzáles Hernández, Armando Valdes Quesada, Sérgio Restano Castro, Raúl Bonilla, José Anibal Maestri Pizon, Rodrigo Cabello Volosky, Maurio Eladio Hernández León, Juan Vasquez, Inês Armesto Rodrigues, Maurice Torres, Francaise Cristiane Charlotte Chapelle, Mário Faustino dos Santos e Silva, Gilberto León Alfonso, Francisco Garcia, Alvaro Barba Machado, Mercedes Maldonado.

Para Los Angeles: Mitsuce Nisidori, José Trivelatto, Mary Yvonne Trivelatto, Mercedes Azulay Lasry Laredo, Samuel Lasry Laredo, Manuel da Graça, Alcindo Cavalcânti Ferreira, Antônio Ferreira de Almeida Costa e Osvaldo Mário Viaravolo.

X-15 fora de vôo

Base Aérea de Edwards, Califórnia (FP-JB) - Os vôos experimentais dos aviões-foguetes X-15 foram cancelados pela Agência Espacial Norte-Americana, em virtude do acidente que ocorreu com dois dêsses aparelhos, no começo do mês.

JORNAL DO BRASIL, 28 DE NOVEMBRO DE 1962

Arquivo pessoal de Tarzan de Castro

JORNAL DO BRASIL

Rio de Janeiro — Têrça-feira, 4 de dezembro de 1962 — Ano LXXII — Nº 279

Planos para apoiar Fidel no Boeing

Lima (FP-JB) — Um memorando encontrado entre os destroços do Boeing da Varig que caiu em Lima, na semana passada, tende a demonstrar que Cuba financia o comunismo latino-americano. No documento, se pediam 10 mil dólares, possìvelmente ao Primeiro-Ministro Fidel Castro, para um Congresso de solidariedade que se efetuará no Brasil, em janeiro próximo.

O memorando, publicado ontem, com exclusividade pelo diário *La Tribuna*, não se refere diretamente a Cuba, pois é dirigido por "Gerardo Petrônio", com data de novembro de 1962.

Logo no início do documento, afirma-se que o trabalho de solidariedade no Brasil se agiganta dia a dia e prova disso é o que ocorreu no País durante a crise do Caribe.

JORNAL DO BRASIL, 4 DE DEZEMBRO DE 1962

Agente cubano foi a Goiás observar os guerrilheiros

RIO, 3 (FOLHA) — Foi o adido cultural da Embaixada de Cuba no Brasil, sr. Carlos Bruguera del Valle, o diplomata cubano que esteve em visita ao local dos acampamentos guerrilheiros de Goiás na mesma epoca da qual estão datados os Documentos Bonilla, apreendidos pelo governo peruano. A visita realizou-se em caráter ostensivo e o sr. Valle foi recebido pelos dirigentes das organizações camponesas. Sua visita está sendo investigada pelas autoridades militares de segurança, embora à revelia de ministros de Estado que insistem em não dar ao caso a importancia que o caso tem.

Publicamos hoje, a proposito novas informações relativas ao movimento fidelista no país, como segue:

1 — Os relatorios fidelistas apreendidos no Peru são assinados pelo agente que se encobre sob o pseudonimo de Gerardo. No documento n.o 1, Gerardo refere-se a «uma visita que fiz a Goiás».

2 — O mesmo Gerardo data o documento de Rio da Conceição, 29 de setembro de 1962, dia, mês e ano em que ali esteve o sr. Valle, a convite do Instituto Brasil-Cuba.

3 — O paragrafo em que o agente fidelista mais se assemelha ao adido cultural é o seguinte: «Visitei Goiás a convite do Instituto Cultural Brasil-Cuba e dos estudantes daquele Estado. Nessa oportunidade, travei conhecimento com o chefe estadual das Ligas Camponesas, sr. Tarzan de Castro, e com o sr. Carlos Montarroyos». Esse sr. Montarroyos é o mesmo citado como Montarroles na copia, errada, dos originais cubanos.

4 — Em poder das autoridades de segurança existem outros documentos, inclusive, todo um plano de guerrilha que o Itamarati ou desconhece ou esqueceu ao atribuir «pouca importancia» à infiltração.

5 — Um desses documentos é uma carta do presidente da Associação dos Lavradores e Trabalhadores Agricolas de Mamanguape e Rio Tinto, citada no relatorio Seixas como um dos campos de treinamento. Na carta, o presidente da associação, por nome Manuel de Deus, intima proprietario de terras na região a entregá-las sem resistencia aos camponeses sob pena de represalias.

6 — Carta referida acima e com os erros originais: "Mamanguape, 12-11-62. Exma. Sra. D. Creuza Cartaxo Prezada sidente da Associação dos Lasidente da Associação dos Lavradores e Trabalhadores agricolas de Mamanguape e Rio Tinto, venho respeitosamente pedir que conceda arrendamentos de suas terras aos seus moradores e aos agricultores tendido, esperamos que tudo se resolva, na mais perfeita ordem. Aproveito o ensejo para enviar-lhe o protesto de [illegible] e consideração".

7 — A senhora Creuza Cartaxo é viuva. Tem dois [illegible] — os srs. Cesar e Mario Cartaxo. Ambos receberam [illegible]ções semelhantes. A propriedade de d. Creuza possui [illegible] de mil hectares. As propriedades dos irmãos são da mesma dimensão.

8 — O sr. Manoel de De[illegible] é conhecido pelo apelido [illegible] Manuel Sabão.

9 — Nos documentos [illegible] vindo do Peru, o [illegible]tário é alguem por [illegible] Petronio. Acredita-se [illegible]se o pseudonimo de [illegible] proprio sr. Raul Bonilla [illegible] que os documentos relat[illegible] não estão sendo gastas [illegible]venções em dinheiro vinda[illegible] Cuba e o sr. Bonilla [illegible]sente principal do [illegible] Havana, senão agente di[illegible] sr. Ernesto "Che" Guevara [illegible]cialista em guerrilhas.

10 — No relatorio do [illegible] Seixas, este relata ter [illegible]trado acampamentos or[illegible]dos de acordo com o "Manual de Guerrilhas" do senhor Guevara. Esse manual, dist[illegible] tempos profusamente [illegible] Brasil, no Nordeste em [illegible] tem 187 paginas. Edição [illegible] Havana, ilustrado com [illegible]ros ensinando a prepar[illegible] mas de ocasião, [illegible] comportamento diante do [illegible]cito inimigo. Foi apreendido [illegible] 62, a pedido das autoridades [illegible]litares, pelo ministro Alfredo Nasser, da Justiça. O [illegible] Seixas encontrou muitos exemplares deles em poder das Ligas.

11 — Na orelha do livro [illegible]se: "Ediciones Lucha, ao apresentar a sintese da experiencia cubana exposta por Ernesto (Che) Guevara, [illegible] difundir um material [illegible] inegavel afirmação des[illegible]va. Se, como em outras [illegible] da America Latina, uma [illegible]rilha usurpasse o Poder, [illegible]brando a legalidade [illegible]cional e cometendo crimes contra o povo e a sua [illegible] nestas paginas encontrarão a experiencia do povo cubano que, com os nossos [illegible] emancipados e a iniciativa popular, restabeleceriam os [illegible] espezinhados".

12 — O sr. Raul Bonilla, portador dos documentos, representou Cuba na Conferencia Internacional de Açucar da ONU, num livro que publicou posteriormente sobre o caso do açucar fidelista boicotado pelos Estados Unidos, protesta [illegible] o aumento determinado para [illegible] cotas de outros paises em [illegible]mento da exportação cubana. Diz por exemplo que o [illegible] mais beneficiado foi o Brasil, cuja cota de exportação [illegible] car aumentou 37% (pagina [illegible] livro Cuba — Tomas [illegible]

FOLHA DE SÃO PAULO, 4 DE FEVEREIRO DE 1963

PCdoB em Goiás

A poeira baixou, os ânimos se esfriaram e as engrenagens do conflito pararam de ranger por alguns instantes. Pude, então, retornar a Goiânia. Mas minha vida havia sofrido uma reviravolta desde o incidente com as Ligas. Eu deixara de ser um estudante anônimo, outro dentre tantos aos quais coube viver em tempos difíceis, e que corajosamente enfrentavam o cotidiano e lutavam pela liberdade sitiada. Agora meu nome sibilava em bocas perigosas, ligado a adjetivos tais como "guerrilheiro", "subversivo", "radical". Ainda era estudante, e nunca deixaria de ser, mas a proteção do anonimato havia se dissipado.

Voltei a Goiânia com o intuito de retomar a vida comum. Não tinha mais emprego, sustentava-me parcamente com a ajuda de meu irmão Erlan e de amigos. Fui morar numa singela hospedaria, o Hotel Guanabara e pensar duas vezes antes de sair à rua. Para completar, fui procurado pelo amigo Mário Roriz então vice-chefe do gabinete do governador Mauro Borges para alertar-me de que, sem querer, ouvira uma conversa vasada do gabinete militar. Segundo ele, eu deveria sair de Goiânia por uma temporada, pois eles estavam tramando a minha morte. "A coisa é séria, vai embora imediatamente". Tomei um avião para o Rio de Janeiro, onde encontrei com o Carlos Araújo, militante do MRT que propôs me levar para Porto Alegre. Fomos em uma kombi dirigida por ele, em companhia do então deputado federal Mateus Schmidt. Para em caso de abordagem policial, ele, deputado, faria a minha defesa. Após passar uma temporada escondido em Porto Alegre, vivendo na casa de Afrânio Araújo, pai de Carlos Araújo[72], retornei a Goiânia, para recomeçar a vida, continuar a peleja. Era o princípio do meu aprendizado na arte da vida clandestina. Uma arte que se aprende para salvar a própria liberdade, além da vida.

Às vezes, ainda escutava notícias das Ligas Camponesas. Ouvia-as como se fossem uma realidade distante, um sonho do qual eu já acordara. Fiquei sabendo, por exemplo, de um companheiro condenado ao fuzilamento por ter se envolvido com uma moça num campo do Mato Grosso. Também soube que James Allen Luz e Hugo Brockes[73] fugiram desse campo, trocando armas antigas por dinheiro até chegarem a Goiânia. Mas a minha realidade já havia mudado. Eu tentava, sobretudo, voltar à vida normal. Sair com amigos, procurar um trabalho, quem sabe conhecer uma garota... Nessa época, a filha da dona do Hotel Guanabara se interessou por mim. O que ela teria visto naquele jovem inquilino meio arredio, meio ressabiado, eu não faço ideia. Só sei que Maria Aparecida Cardoso, a Cidinha, se tornaria minha companheira e desempenharia um papel muito importante em minha vida. Entretanto, eu não havia abdicado da vida de militância. É verdade que minha atitude

[72] Ex-marido da presidente Dilma Rousseff

[73] Escritor, publicitário, ex-militante de diversos movimentos de esquerda: das Ligas Camponesas, do Movimento Revolucionário Tiradentes (MRT), participante de campo de treinamento de guerrilha em Mato Grosso.

era mais comedida, mais cautelosa, pois tinha medo de estar "queimado", ou seja, sem prestígio político. Mas, se por fora tentava criar uma casca de normalidade, por dentro, mantinha o coração febrilmente ao ritmo da revolução.

Eu percebia que a fracassada experiência de Guerrilha havia sido um tiro no pé dos nossos principais ideais. Cuba, ao se ver envolvida, retirou o financiamento e o apoio aos campos. Mas eu acreditava que não fora esse o motivo do fracasso. Estava eivado pelo radicalismo e tinha convicção de que a culpa não era de Cuba, nem dos focos de guerrilha, mas sim da forma como a coisa toda tinha sido empreendida. Eu achava que Julião e Clodomir acreditavam e viviam na ilusão. A bagunça e a falta de preparo teriam sido culpadas pelo insucesso das Ligas. Hoje sei que, na realidade, havia muito mais coisa errada. O princípio fundamental estava errado!

Vários setores conservadores e direitistas da sociedade usaram daquilo tudo como uma justificativa para atacar o governo Goulart, os partidos de esquerda e a juventude militante. O prestígio dos jovens ia cedendo lugar ao medo. Um medo irracional, alimentado por forças que vinham de fora, que não se explicavam ou se apresentavam. A violência estava nas ideias, na patrulha de posicionamentos e de palavras. Mas nós, como tantos outros destinados a viver em tempos sombrios, não tínhamos medo. Tínhamos esperança. Esperança e a convicção ferrenha de que poderíamos salvar o mundo.

Só não dava para salvar o mundo de dentro do quarto. Resolvi que a cidade precisava me ver, e eu precisava vê-la. Havia me tornado conhecido e, ao sair à rua, algumas pessoas vinham falar comigo, enquanto outras se afastavam resmungando. Passei por um sufoco quando, tomando uma cerveja na antiga Fonte Expressa, fui interpelado por um oficial da Polícia Militar. Era o major Brasil Curi[74], com quem já havia me envolvido na época das Ligas, e ele imediatamente me deu voz de prisão. Insisti no diálogo, e ele recusou. Por sorte, eu estava na companhia de dois deputados estaduais, Cristovam do Espírito Santo e Edmar Rezende que, usando de sua imunidade, convenceram-no a me deixar ir. Logo em seguida, procurei o saudoso advogado Olavo Berquó[75] e consegui o meu primeiro *habeas corpus*. Passei a ter liberdade para ir e vir, mas sempre sob o olhar ambíguo das pessoas.

Ainda que eu não procurasse encrenca, sempre ela tinha a custosa mania de me encontrar por própria conta. Voltava, certa vez, ao meu quarto no Hotel Guanabara quando me deparei com ninguém menos que João Amazonas[76], líder e idealizador do Partido Comunista do Brasil. Nas vezes em que veio a Goiânia, Amazonas ficou hospedado comigo, em meu quarto, e juntos tínhamos longas conversas sobre a realidade da esquerda no país e as alternativas de mudança que se contraporiam à tempestade anunciada. Suas propostas afinavam com minha visão política, pois admitiam a hipótese da luta armada e de um processo revolucionário mais radical. Por isso, ele contava com minha adesão ao PCdoB.

O Partido Comunista do Brasil estava recém-criado. Ele surgira de uma cisão dentro do PCB, uma divisão política e ideológica que refletia desentendimentos maiores em âmbito internacional. O mundo comunista não era coeso e sempre

[74] Comandante de várias unidades da Polícia Militar de Goiás.

[75] Advogado, defensor de perseguidos políticos, participou de vários movimentos de esquerda em Goiás. Era ligado ao Partido Comunista Brasileiro (PCB).

[76] Paraense, importante comunista do Brasil, membro do comitê central do Partido Comunista Brasileiro (PCB), fundador do Partido Comunista do Brasil (PCdoB) e seu principal dirigente.

harmônico como talvez desse a entender para os de fora. Para o velho partidão, a saída possível naquele momento era apoiar o governo Goulart e contribuir para que ele avançasse politicamente. Já o PCdoB se aferrava a meios mais radicais. Para mim, ele representava uma alternativa mais à esquerda do que o PC Brasileiro. Por isso, seus dirigentes se interessavam por companheiros como eu, que já tinham experiência de radicalização com as Ligas.

Fundamos o Partido Comunista do Brasil em Goiás e quase todos os integrantes eram oriundos do Movimento das Ligas Camponesas e do Movimento Estudantil: James Allen Luz, José Jaime (Goucho), Gerson Parreira, Joaquim Jaime, Genésio Borges, Erlan de Castro, Marcantonio Delacorte, Élio Cabral de Souza, Neso Natal, Bricio Cordeiro, Nelson Cordeiro, Joaquina Ramos de Castro (minha mãe) e Divino Ferreira (morto na guerrilha do Araguaia) e outros companheiros.

Também foram recrutados quadros da Polop, um movimento universitário-operário de grande influência em certos setores sociais, principalmente na intelectualidade. Um grupo muito representativo desses militantes havia chegado a Goiás graças ao governo de Mauro Borges. Eram técnicos e engenheiros trazidos para trabalhar na Metago, empresa goiana de mineração. Quase todos egressos da Fundação Getúlio Vargas do Rio de Janeiro, de São Paulo ou Minas Gerais, a maioria era militante da Polop e acreditava nas lutas por transformações, na revolução e na Democracia. Entre eles, destaco Piragibe de Castro Alves[77], Guido Rocha[78], Juarez Guimarães de Brito, Ma-

[77] Importante dirigente da Política Operária (POLOP), participou de importantes funções no Governo Mauro Borges, foi preso e perseguido pela ditadura.

[78] Mineiro, fundador e dirigente da Política Operária (POLOP), participou do Governo Mauro Borges, foi preso, perseguido pela ditadura, participou da resistência em várias organizações, asilou-se no Chile, onde também foi preso pelos agentes da ditadura chilena.

ria do Carmo Brito, Cleuler Loiola[79] e Eveline Paper Singer[80]. Logo de início, interessei-me por Eveline, uma mulher determinada, envolta em um charme especial. Tivemos um curto e intenso relacionamento, temperado no fogo da militância política. Muita coisa bonita rolou durante nossa relação; eram tempos de luta e de amor.

O núcleo local da Polop era composto por Cristiano Rodrigues Teixeira, Valterli Leite Guedes, Rafton Leão, Sônia Tomé, Daniel Ângelo, Ismael Bizuca, Luis Antero, ente outros. Por todos os lados, procurávamos unir forças, angariar recursos, aglomerar simpatizantes à causa revolucionária. Fiquei responsável por conduzir o início da organização do PCdoB em Goiás, e mantinha contato constante com Dinéias Fernandes de Aguiar[81], dirigente do partido em Brasília. Éramos um grupo pequeno, ainda, e procurávamos sobretudo reforçar nossas bases. Tínhamos convicção de que nossa proposta era a mais válida para o Brasil. Uma convicção inabalável, que fazia de nós *"os verdadeiros salvadores da pátria"*. É claro que não nos chamávamos assim em voz alta, mas era assim que agíamos, assim que nos portávamos e nos comportávamos.

Se a esquerda brasileira procurava engrossar suas fileiras em âmbito nacional, não era diferente com a direita. O governo reformista de Goulart, democrático e com propostas de reformas estruturais, era o repositório do ódio dos setores mais conservadores, compostos fundamentalmente pela União

[79] Goiano, intelectual, de família tradicional de Goiás, militante da Política Operária (POLOP), participou do Governo Mauro Borges, preso e perseguido pela ditadura.

[80] De origem francesa, Intelectual, com participação política em São Paulo, membro histórico da Política Operária (POLOP), participou do Governo Mauro Borges; foi presa e perseguida pela ditadura, terminou por asilar-se na França, seu país de origem.

[81] Militante comunista em Brasília, fundador e dirigente do Partido Comunista do Brasil (PCdoB), tinha influência em vários setores de esquerda em Goiás.

Democrática Nacional (a UDN), que tinha líderes importantes, como: Carlos Lacerda, Antônio Carlos Magalhães e Magalhães Pinto. Entre eles, cultivava-se a concepção de um liberalismo direitista e o intuito de impô-lo ao país. As primeiras manifestações desse grupo ocorreram no início da década de 1950, nas tentativas de derrubar o governo Vargas e, depois, de impedir a posse de Kubitschek. Sempre estiveram ligados a uma corrente de militares conservadores e muitos desses passaram pelos quartéis de elite norte-americanos.

Militares e políticos conservadores confabulavam nos quartéis e nos palácios para tramar um golpe de Estado. Varguistas, membros do PTB, simpatizantes de Goulart, abriam comícios em nome de reformas de base de difícil execução, mas de grande apelo popular. Comunistas do PCB discutiam o reformismo soviético e a alternativa criada pela Guerra Fria. Radicais e idealistas tentavam unir militantes em nome da luta armada pelo interior do país. As peças do jogo iam se definindo e se posicionando. Todos sonhavam em salvar o mundo; todos tinham certeza de seu caminho. Como águas afluindo para aumentar caudalosos rios, todos acabariam por desaguar num sombrio mar de chumbo.

Primeiros Anos de Chumbo

A revolta dos sargentos

As conquistas democráticas brasileiras são muito difíceis. Por exemplo, o voto feminino só foi aceito na década de 30, com a constituinte de Getúlio Vargas. A primeira deputada mulher eleita no Brasil esteve viva até pouco tempo atrás[82]. Todo o processo de avanço da sociedade brasileira é muito lento e cheio de complicações; dá-se um passo e retrocede-se dez. Há sempre muita briga por baixo dos panos, muito jogo de interesses e também muito desinteresse velado. O Brasil é um gigante que caminha a passos lentos e bêbados. E então, quando se conquista alguma coisa, logo ela se consolida de forma a se tornar conservadora. As leis trabalhistas são um exemplo, assim como tantas outras leis, o Código Civil só foi reformado recentemente, superado durante décadas. Uma vez criadas, nunca mais mudam, não se adaptam aos novos tempos. Permanecem fossilizadas. Dessa forma, várias questões cruciais são resolvidas de modo provisório e vão resistindo intactas aos anos. Há o temor de que mexer nelas seria gerar retrocesso.

---

[82] Carlota Pereira de Queirós foi a primeira mulher deputada federal eleita no Brasil. Médica, escritora, pedagoga.

O mundo militar, com seu conservadorismo, mantinha vivas práticas e regras ancestrais, cujas justificativas já se haviam perdido nos séculos e na poeira. Era, talvez, o setor mais avesso às transformações dentro da sociedade brasileira. É sabido que, no início do século passado, ainda se usava a chibata como punição na Marinha. Uma barbaridade que resistiu a toda tentativa de evolução e motivou a sanguinária revolta comandada por João Cândido Felisberto[83] em 1910.

Mais de meio século depois, em 1963, a chibata não era mais usada, mas outros regulamentos absurdos permaneciam inalterados. Dentro da realidade da República, por exemplo, o voto democrático era vetado a boa parte do corpo militar, incluindo aí sargentos, praças e soldados rasos. O que levou os sargentos a se insurgirem foi exatamente essa causa legítima: o direito de votar e ser votado. Mas os oficiais viam como subversão, como quebra de hierarquia, qualquer tentativa de mudança das regras. Assim, o que poderia ter sido um embate apenas político teve que se radicalizar. Com o apoio dos movimentos sociais da época, alguns sargentos se elegeram deputados federais e defenderam a criação de uma lei que desse direitos democráticos a todos os militares. A lei estava para ser votada no Congresso Nacional, mas o clima era tumultuado; queriam cassar os mandatos dos sargentos e puni-los por crime militar. Quando o projeto de lei não foi votado, surgiu o momento de conflito.

O movimento dos sargentos protestava contra a essência da disciplina e da hierarquia do sistema vigente na época. Eles questionaram o comando, a estrutura, tudo o que era considerado

[83] João Cândido Felisberto foi um militar da Marinha brasileira que se revoltou contra o regime das chibatas e ficou conhecido como Almirante Negro.

arbitrário nos regulamentos militares. Fazer isso naquele contexto, naquelas circunstâncias, era como atiçar uma fera enjaulada. Era brincar com fogo, e como brincar com fogo era nossa especialidade, logo fomos contatados! Os companheiros de Brasília requisitaram que eu recrutasse militantes em Goiás para atuar junto aos sargentos na capital. E, mais uma vez, lá estava eu, reunindo forças para peitar as injustiças.

Recrutamos uma quantidade expressiva de pessoas e fomos a Brasília. Lá já havia um grupo ligado ao PCdoB, e outro ligado diretamente ao sargento Antônio de Paula Prestes[84], o sargento Prestes, líder mais radical do movimento. Nossa missão: tomar os principais quartéis, a começar pelo quartel da Aeronáutica, e depois os ministérios militares. Havia ainda a Vila Militar e o Batalhão da Guarda Presidencial, que seriam trabalho para os companheiros da Marinha e do Exército. O grupo que recrutei não era de militares. Eram, em sua maioria, jovens originários das Ligas Camponesas e alguns líderes estudantis. Mesmo assim, foram-nos dadas armas e participação ativa no plano. A coisa toda parecia uma grande aventura de cinema. Entusiasmados, cheios de voluntariedade e alegria, não tínhamos a mínima noção do perigo do que nos propúnhamos a fazer.

A noite estava bastante escura e quente. Nós nos movíamos em silêncio, com passos sorrateiros. As armas coladas ao corpo pesavam, e batiam seu metal contra nossos braços, mas a adrenalina fazia tudo parecer leve. Gestos de comando partiam dos líderes e faziam o grupo se mover em uníssono, como um cardume de peixes. Diante de nós, o aeroporto de Brasília,

[84] Sargento da Aeronáutica, líder de sua categoria, lutava pelo direito dos sargentos votarem e terem direitos de ser candidatos a cargos eletivos, liderou o chamado Movimento dos Sargentos.

onde ficava o quartel da Aeronáutica. Era hora do combate! Preparamos nossa entrada e, com o gesto de comando, apressamos o passo e demos grito de invasão.

Mas foi só. Não houve combate nem nada. Os militares plantonistas foram pegos com as calças nas mãos. Eram poucos, estavam despreparados, e foram facilmente rendidos ou se entregaram. Soubemos até que o ministro Hermes Lima[85], do Supremo Tribunal Eleitoral, conhecido por defender ideias democráticas e liberais, chegou preso de pijamas, aos bocejos. Mesmo assim, aquilo foi uma festa! Se os outros passos do plano fossem tão fáceis, poderíamos tomar o país inteiro! A tomada do quartel da Aeronáutica entusiasmou principalmente a nós, jovens civis loucos por uma aventurazinha insossa.

Mas quando o movimento chegou ao Ministério da Guerra, a resistência começou. Tiros, rusgas e gritos de ordem podiam ser ouvidos pela noite de Brasília. Em uma reunião no quartel recém-tomado, o sargento Prestes discutia com o grupo se era hora de se render ou resistir. Passando os olhos por seu destacamento de militares revoltosos, ele de repente se deparou com aquele bando de rapazinhos trêmulos, suando frio, amontoados num canto. Então disse que os civis deveriam sair imediatamente, não podiam correr o risco de ser massacrados ou presos. Nós já tínhamos conseguido o que queríamos, que era participar do protesto – assim, o que era pra ser um movimento mais amplo e significativo passou a ser apenas um protesto superbacana. E lá pelas tantas, com a noite polvilhada de tiros, tudo o que nós queríamos mesmo era cair fora! Fomos colocados em jipes militares e enviados

[85] Ex-Ministro do Supremo Tribunal Eleitoral (STE), homem de ideias liberais.

para a rodoviária. Alguns de nós, num gesto infantil, levaram as armas dos militares rendidos e tivemos depois que nos livrar daquele trambolho.

A revolta dos sargentos causou imensa repercussão, mas, felizmente, os civis não foram citados. A manobra de retirada deu certo. Tais acontecimentos, como outros que avançavam sobre o país, influenciaram na radicalização do processo contra João Goulart. Seu governo era acusado de falta de autoridade. Em uma conversa bastante direta, Almino Afonso, ministro do Trabalho e líder do governo, afirmou-me que a atuação dos setores mais radicais servia de justificativa para os ataques da extrema-direita. Com gestos impensados e ações isoladas, nós estaríamos "botando lenha" em uma fogueira já muito quente. Eu ouvi com atenção esse aviso de Almino. Ele tinha vindo até mim como companheiro e falado francamente. Sempre tentei manter a seguinte postura: ser radical, sim; participar, sim, mas dialogar sempre que possível. Então passei a ficar mais atento às posições políticas que defendia e aos desdobramentos que podiam decorrer delas.

Em Goiás, minha imagem também não andava das melhores. Já havia o escândalo das Ligas, a minha prisão e ainda o fato de Carlos Lacerda, então governador do Rio e representante maior de certos setores da direita, ter me nominado diretamente como "primo do Fidel". Tudo isso colaborava para que eu fosse visto como um perigo ambulante, quase um homem-bomba. Tornei-me um bode expiatório para denegrir a imagem do governo de Mauro Borges.

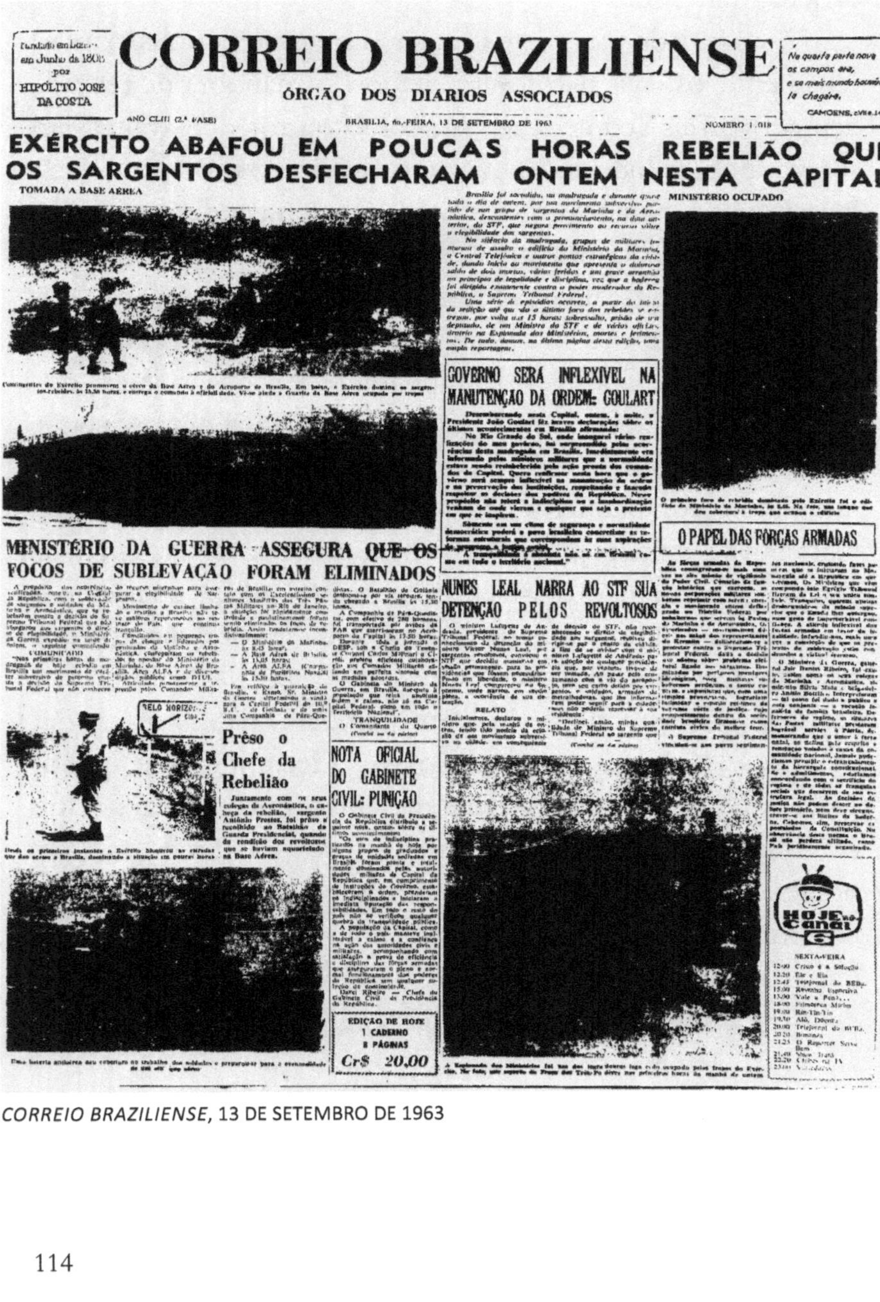

Fundado em Londres em Junho de 1808 por HIPÓLITO JOSÉ DA COSTA

CORREIO BRAZILIENSE

ÓRGÃO DOS DIÁRIOS ASSOCIADOS

Na quarta parte nova os campos ara, e se mais mundo houvera lá chegára. CAMOENS, c.VII e.14

ANO CLIII (2.ª FASE) — BRASÍLIA, 6a.-FEIRA, 13 DE SETEMBRO DE 1963 — NÚMERO 1.018

EXÉRCITO ABAFOU EM POUCAS HORAS REBELIÃO QUE OS SARGENTOS DESFECHARAM ONTEM NESTA CAPITAL

TOMADA A BASE AÉREA

MINISTÉRIO OCUPADO

GOVERNO SERÁ INFLEXÍVEL NA MANUTENÇÃO DA ORDEM: GOULART

O PAPEL DAS FORÇAS ARMADAS

MINISTÉRIO DA GUERRA ASSEGURA QUE OS FOCOS DE SUBLEVAÇÃO FORAM ELIMINADOS

COMUNICADO

NUNES LEAL NARRA AO STF SUA DETENÇÃO PELOS REVOLTOSOS

RELATO

Prêso o Chefe da Rebelião

NOTA OFICIAL DO GABINETE CIVIL: PUNIÇÃO

TRANQUILIDADE

EDIÇÃO DE HOJE 1 CADERNO 8 PÁGINAS Cr$ 20,00

HOJE no Canal 6

CORREIO BRAZILIENSE, 13 DE SETEMBRO DE 1963

O Popular

Totalmente esmagada pelo exercito a rebelião dos 400 sargentos da marinha e da aeronautica

A NOSSA CONTRIBUIÇÃO —

SITUAÇÃO MELHORA NO PARANÁ MAS SE AGRAVA EM SÃO PAULO

INALTERADA A ORDEM EM GOIANIA

DEMONSTRAÇÃO DE IMPLEMENTOS AGRICOLAS

VENDEDORES (AS)

O POPULAR, 13 DE SETEMBRO DE 1963

Ribeiro da Costa: há algo de indefinível por trás da rebelião

Deputado testemunhou a rebelião

Prontidão

O ESTADO DE SÃO PAULO, 13 DE SETEMBRO DE 1963

Cem rebeldes trazidos para o Rio e metidos em fortalez

A CAMINHO DO RIO

Inquérito iniciado

A LONGA ESPERA

Revoltosos partem de Brasília

Dirigentes do CGT articulam greve geral contra o Govêrno

Exército prende doi líderes em São Paulo

FMP arrecadará fundo para ajudar sargento

Deturpada emenda qu dá eleição a sargent

JORNAL DO BRASIL, 14 DE SETEMBRO DE 1963

Um tiro no escuro

O ano era 1964. O cenário, Goiânia adormecida. Da janela de um quarto de pensão, olhei receoso para a madrugada que se estendia sobre a avenida Marechal Floriano. Alguns anos depois, aquela avenida solitária seria chamada de Anhanguera, em homenagem a um dos maiores embusteiros da história goiana. Mas eu nem suspeitava disso – toda a minha atenção e cada músculo de meu corpo se ocupavam na espreita por militares. Meu nome constava nas listas dos subversivos mais procurados do país. A avenida, porém, permanecia deserta. Foi inteligente ter escolhido aquela pensão discreta, chamada Pensão Amazonas, ao invés de voltar para algum outro local mais conhecido.

Sentado sobre a cama, o companheiro Pinóquio – Sebastião Tavares de Morais – também não pregara o olho. Havia terminado de checar sua mala improvisada – um pouco de roupa, um pouco de comida, quase nada mais – e mantinha-se inquieto. Esperávamos a hora do ônibus noturno para Caiapônia, mas não podíamos nos dar ao luxo de aparecer em nenhum local público. De lá, tentaríamos cruzar o país e pedir asilo político na Bolívia. De repente, um movimento na rua. Aguço os olhos, faço sinal para Pinóquio, que se levanta e fica perto da porta. Mas não é nada; um cachorro vira-lata surge despreocupado, com o rabo abanando para as sombras da calçada.

Voltamos a nos sentar. Eu tirei da cintura uma arma e a coloquei sobre meu colo. Era uma pistola velha, o parabelo alemão, resquício da revolta dos sargentos. Se tentassem me prender, que não contassem com uma rendição pacífica – eu resistiria! Pinóquio olhou a arma com certa reverência – nem eu, nem ele sabíamos de fato como manejar aquele trambolho. Guerrilheiros subversivos, assim nos chamavam as donas de casa, leitoras da revista *O Cruzeiro*. Guerrilheiros comunistas e subversivos! – bradavam os militares de pijama, fazendo tremular seus bigodes! Mas eu segurava o parabelo como se nunca houvesse tocado em uma arma antes. Comecei a recarregá-la e, quando estava prestes a colocar uma bala na agulha, a arma disparou sozinha. Barulho! Estampido alto e estridente de uma arma de nove milímetros num quarto fechado. Pinóquio e eu pulamos de susto, os corações saindo pelas testas. Ato contínuo, ouvimos passos no corredor. Batem à porta; era o senhorio da pensão e mais um ou dois inquilinos. Eles presenciam a cena patética de dois jovens assustados, mais brancos que bonecos de cera, tentando dar explicações confusas sobre ter um foguete, um rojão de festa junina, dentro do quarto ou qualquer outra história tão ou mais absurda. Mas o ano era 1964. Histórias absurdas eram a regra.

Longe dali, em alguma mesa repleta de iguarias finas e bebidas, um grupo de militares brindava à revolução. Eles tinham conquistado a revolução deles, antes que nós sequer concordássemos sobre a nossa. Nas casernas do país, oficiais e soldados rasos recebiam ordens e mais ordens – ordens a torto e a direito. Nunca os militares trabalharam tanto quanto naqueles dias em que se empenhavam na peleja contra o que para eles era uma secreta e perigosa legião de comunistas a ser desbaratada, perseguida e eliminada. Era necessário manter a revolução e salvar a pátria. Mauro Borges, então governador de Goiás, reunia-se com Carlos Lacerda, Adhemar de Barros[86], Ildo Meneghetti[87] e outras autoridades para formar uma espécie de comando civil e escolher, junto ao comando militar, quem seria o novo dirigente do país. Enquanto isso, no Sul, Brizola tentava convencer Jango a resistir. Mas era inútil; acabaram ambos exilados no Uruguai. Ninguém esperava aquele triunfo tão imediato das forças golpistas, e a grande pátria brasileira, mais uma vez, assistiu incauta quando, da noite para o dia, seus rumos foram definidos por um pequeno grupo.

No primeiro momento, a ordem foi dispersar. Escondamse, fujam, disfarcem-se! Se você tem algum passado de militância, se pertence a algum partido de esquerda, se já foi chamado de subversivo ou tem livros de Che Guevara na estante de casa; se você é estudante e tem cabelos longos, é melhor correr! Precisávamos nos ocultar para pensar, para decidir que caminho seguir. Em Goiás, eu e muitos outros nos desapontamos quando Mauro Borges aderiu ao golpe. Estávamos preparados para resistir – ou melhor, achávamos que estávamos. Nossa experiência com resistência consistia em algumas bravatas que deram certo e um punhado de tiros dados para o alto. Mesmo apoiando o golpe desde o início, Mauro Borges seria deposto e atropelado pelo movimento direitista. Sobrou-me fugir e

[86] Ex Governador de São Paulo, acusado por vários atos de corrupção, um dos líderes do Golpe de Estado de 1964.

[87] Governador do Rio Grande do Sul, um dos líderes do Golpe de Estado de 1964.

esperar. Havia a noção de que o golpe duraria pouco – talvez menos que seis meses. Seria apenas um momento transitório. E eu decidi que esperaria a poeira baixar. Bem longe das vistas da autoridade.

Quanto ao indiciado[88]

Tarzan de Castro, brasileiro, solteiro, 26 anos de idade, filho de Elpídio Ramos de Castro e Joaquina Ramos de Castro, residente à Rua 51, s/nº, nesta capital.

O indiciado exerceu até poucos dias a função de Oficial de Gabinete do Palácio do Governo. É responsável pela participação do grupo de treinamentos de guerrilha de Dianápolis e Rio da Conceição sob o Comando e orientação de Francisco Julião, Clodomir de Morais e outros, fato este confesso pelo indiciado às fls. 467 e seguintes. É comunista. É subversivo. É agitador. Este comportamento ideológico data dos tempos do colégio do indiciado, que, sempre participou de todos os movimentos realizados em Goiânia, sendo responsável pela participação direta e indireta nas greves estudantis e na distribuição de inúmeros boletins, manifestos, panfletos, etc. aos estudantes e povo em geral, no sentido de subverter e agitar a ordem pública.

Naquela época, meu irmão Darlan de Castro possuía uma fazendinha em Piranhas, no então distrito de Arenópolis. Era uma sede rústica, à beira de um córrego. Um lugar bastante afastado, de difícil acesso e com bons pontos para esconderijo. Eu cheguei à casa principal, mas fiquei com preguiça de descer até um dos ranchos embrenhados na mata, onde ficaria mais seguro. Optei por dormir na sede, onde

[88] Esse trecho pertence ao relatório do Inquérito Policial Militar (IPM) instalado em Goiás logo após o golpe de 1964. Seu objetivo era indiciar os principais acusados de subversão no Estado. Em 1979, o relatório foi publicado integralmente pelo jornal *Cinco de Março*, que serviu de fonte para a pesquisa do presente livro.

dispunha de energia elétrica e de um radinho com o qual me manteria informado. A paz não durou três dias. Na terceira manhã, eu ainda estava na cama quando escutei apitos e passos. Uma voz berrou do lado de fora: "Tarzan de Castro, a casa está cercada! Você está preso!"

O tempo havia se fechado sobre minha cabeça. Aquela foi uma das prisões mais difíceis para mim. Primeiro porque estávamos num lugar muito ermo e distante. Não havia estrada que levasse diretamente a Goiânia, nem ponte sobre o rio Caiapó. Os policiais empreenderam comigo uma verdadeira odisseia, de jipe, passando por Piranhas, Caiapônia e Jataí. Foram dois dias de uma viagem cansativa na companhia dos meus algozes. Não havia assunto nem clima, não havia simpatia mútua e, principalmente, não havia asfalto. Num gesto isolado de caridade – feito muito a contragosto – pude passar escoltado na casa dos meus pais, em Jataí, para avisar que estava bem. E depois, cheguei preso a Goiânia.

Arquivo pessoal de Tarzan de Castro

BASTIDORES DA R

Achados em Goiá

LUIZ RODRIGUES

O pouco que se sabe sobre os arquivos secretos do Dops em Goiás, na montagem do quebra-cabeça por parte dos ex-militantes da esquerda, indica fortes suspeitas de que até mesmo aqui no cerrado do Centro-Oeste brasileiro, o FBI também dava algum tipo de apoio. Foram encontrados nos arquivos da Polícia Técnica, farto material sigiloso do FBI datado de outubro de 1.969, orientando legistas e outros profissionais sobre as mais modernas técnicas de dactiloscopia.

A utilização desse método para descobrir de forma mais eficiente a ação dos militantes e seus responsáveis, em Goiás foi uma constante. A Polícia não dispensava nada. Qualquer material suspeito quanto a sua origem era estudado detalhadamente. Estilhaços do coquetel molotov, bisnagas de spray, capas de cadernos dos estudantes do Lyceu de Goiânia, panfletos, enfim, qualquer coisa que pudesse ter passado pelas mãos das esquerdas. O Grêmio Félix de Bulhões, no Lyceu de Goiânia, segundo os militantes de esquerda, foi muitas vezes invadido pela Polícia. Uma prova disso é que nos arquivos da Polícia Técnica, há farto material que indica essa invasão. Os arquivos tem fotos do interior do grêmio como frases dos estudantes colocadas no mural, cadernos, e outros elementos.

O Grêmio Félix de Bulhões era o foco de maior agitação entre os militantes. Era o grêmio mais combati-

FBI Director J. Edgar Hoover Sets the Record Straight

Parte dos papéis do FBI em arquivos goianos

DIÁRIO DA MANHÃ, JANEIRO DE 1992

Primeiras lições de tortura em Goiás

Fui levado à Casa de Detenção para me encontrar com o secretário de Segurança Pública, Rivadávia Xavier Nunes. Nós dois já nos conhecíamos desde minha participação como assessor no governo de Mauro Borges. Ele me recebeu pessoalmente em sua sala. Sentamo-nos frente a frente e o cumprimentei. Rivadávia era o mesmo, mas sua postura diferia muito – surgira-lhe no olhar um brilho estranho. Ele me disse que, preso, eu sentiria na pele o que acontece com comunistas. Afirmou que eu ficaria muito tempo no "pau da goiaba" e queria ver se eu também era "cagão". Num tom de ironia que beirava o escárnio, narrou a triste cena de outro preso – um cidadão muito conhecido cujo nome prefiro não revelar – que havia se borrado diante do interrogatório. Eu mantive a calma, pois seguia a regra de nunca afrontar quem me prendesse. Não aceitava confronto pessoal com o agressor porque as questões pelas quais lutava não eram pessoais. Mas disse-lhe que estava surpreso porque havíamos sido colegas de governo, trabalhado juntos e foi só o tempo mudar para ele mudar também.

Nunca mais consegui me sentir bem, próximo a esse indivíduo. Mesmo depois, quando ele foi chefe jurídico da Assembleia Legislativa de Goiás, e eu, deputado, a minha impressão manteve-se péssima. O que se pode esperar de alguém que, quando se vê na posse do "direito" de usar a força, humilha as pessoas que eram seus colegas? Se ele pôde fazer isso com pessoas que conhecia, com as quais convivia em tons de coleguismo, com que crueldade não trataria simples desconhecidos? Depois de 64, muitos políticos, cidadãos, líderes, trabalhadores e policiais mudariam suas posturas radicalmente. Era como se a violência instituída servisse de desculpa ou incentivo para que os cordeiros se revelassem lobos. Metidos em posições de poder ou imbuídos de um falso sentimento de amor à pátria, tantos brasileiros se transformaram em algozes, em delatores e perseguidores, em juízes da vida alheia. Afinal, o exemplo vinha de cima! Assim como o governo suspendia a liberdade e os direitos básicos, muitos cidadãos consideraram válido suspender o respeito, a tolerância, a prudência. E, hoje, mudados os tempos, eles retomaram a postura anterior, como se nada houvesse acontecido.

O governo de Mauro Borges não fazia o fichamento de comunistas e esquerdistas. O DOPS já existia, mas sua política ainda não era repressiva. Com o golpe, foi necessário realizar uma espécie de mutirão para apresentar serviço aos fiscais da ditadura[89]. O delegado Jurandir Rodovalho[90] esteve envolvido nessa nova tarefa. Assim, éramos fichados, e nossos dados enviados a Brasília. As prisões em massa começaram – qualquer suspeito de atividade subversiva precisava ter seu nome, sua

[89] Em edição de 13 de janeiro de 1992, o jornal *Diário da Manhã* publicou a matéria Achados em Goiás papéis do FBI, em que relata a descoberta de documentos do FBI nos arquivos do DOPS de Goiás. Os agentes goianos contariam com apoio internacional em seu trabalho de "fichamento", vigilância e perseguição.

[90] Ex-delegado do Departamento Política Social (DOPS) durante o Governo Mauro Borges.

foto e seu paradeiro descritos para o serviço de inteligência militar. Fomos todos enviados para o Centro Penitenciário de Atividades Industriais do Estado de Goiás – o Cepaigo.

A maior parte dos presos políticos acabou por conseguir liberação. Seus nomes, porém, permaneciam marcados nas listas da ditadura. Muitos jovens, estudantes, trabalhadores rurais ou proletários, pequenos comerciantes ou simples arruaceiros, entravam e saíam, enquanto eu permanecia preso. Um recado transmitido por Paulo Borges, irmão do governador, ao meu irmão Erlan explicava que eu deveria continuar na cadeia porque o governo militar me considerava um dos maiores agitadores de Goiás. Ao final, eu era o único preso político no Cepaigo. Estranha distinção a minha, mas que me permitia algumas pequenas regalias como, por exemplo, receber visitas íntimas mais amiúde. E foi nessa época de angústias que meu namoro com Maria Aparecida, a Cida, se firmou. Nós dois nos encontrávamos na capela improvisada existente no primeiro andar do prédio administrativo do Cepaigo. Atrás do altar, com a bênção do silêncio e a graça da escuridão, as tensões eram aliviadas, os problemas sublimados, a dureza dos dias amenizada por momentos de amor. Bendito altar que camuflou nossas transas clandestinas.

Enquanto isso, os militares criaram a Comissão Geral de Investigações – CGI – e nomearam um coronel do Exército para dirigi-la em Goiás. Seu objetivo oculto era incriminar o governador. O primeiro chefe da CGI foi o coronel Avani Arrochelas[91], e depois Danilo da Cunha[92]. Até então, eu estava nas

[91] Coronel do Exército, chefe do Inquérito Policial Militar (IPM) que investigou os atos (subversivos) cometidos por políticos, trabalhadores, estudantes, intelectuais e outros em Goiás, durante o período que antecedeu o Golpe de 1964.

[92] Ex-secretário de Segurança Pública, Coronel do Exército, participou da intervenção militar em Goiás, foi um grande repressor dos movimentos de contestação à ditadura em Goiás.

mãos da comissão de investigação instituída pelo próprio Mauro Borges. Com a CGI, eu deixei de ser assunto de polícia para me tornar assunto de segurança nacional. Em um dia fatídico, os jipes do Exército estacionaram à porta do Cepaigo, e fui informado de que seria transferido. Perguntas simples como para onde eu iria ou por que me transferiam eram recebidas com silêncio ou grosseria.

No quartel, fui colocado numa cela minúscula, um lugar muito calorento e fétido. Eu me senti dentro de uma privada. Quando chegou a noite, dois homens me algemaram e cobriram meu rosto com um saco. Recordo-me de que eram os sargentos Guido Ferro e Thompson[93]. Curiosas ironias do destino: um tinha nome de metal, o outro de revólver. Demos uma volta pelas redondezas do quartel. Naquela época, não havia ainda o bairro Jardim Guanabara, e a vila militar era isolada da cidade por terrenos baldios e matas. O lugar ideal para se iniciar uma escola de tortura.

Ainda encapuzado e algemado, fui submetido a interrogatório. Conseguia perceber a existência de dois grupos na sala: um que formulava as perguntas e outro que as aplicava. Mais tarde, saberia se tratar de uma equipe de torturadores do Rio de Janeiro que viera ensinar seus colegas goianos a delicada arte da tortura. Ou seja, para melhorar minha situação, além de preso, eu era cobaia de testes.

Num primeiro momento, os interrogadores me elogiaram; disseram que eu era alguém de valor, uma pessoa inteligente, e que aquela seria a chance de mostrar essa inteligência. Afirmaram que havia sido o governador Mauro Borges

---

[93] Os dois sargentos foram acusados de intensa repressão e participação nas torturas a presos políticos ocorridas no batalhão do Exército, antigo 10º BC.

quem me mandara prender e assim me mantinha. O meu amigo Mauro Borges, com quem eu havia trabalhado, era o responsável pela minha prisão. Diante dessas afirmações, eu não pude fazer outra coisa senão sorrir. Eles então abriram o jogo – queriam que eu confessasse que os campos de guerrilha eram comandados por Mauro Borges. Eu ri. Não poderia fazer tal acusação. Contei que ele tinha inclusive me afastado do cargo ao saber de meu envolvimento com as Ligas Camponesas. Mas os interrogadores tinham uma meta fixa e não me deixariam ir sem colocar suas palavras na minha boca. Queriam incriminar o governador do Estado.

A barra pesou

Eu sentia as cordas apertando meus pulsos, e o saco preto atrapalhava minha respiração. Não conseguia atinar o lugar onde estava, se era uma sala ou um corredor, mas podia sentir a presença dos militares. E as vozes vinham até mim muito nítidas, marcantes. Ordenaram que eu tirasse os sapatos e as roupas. Então, eu tive certeza de que a coisa ia de mal a pior. Começaram a me esmurrar, mirando a barriga e o rosto. As perguntas se intercalavam aos murros. Depois, às pauladas. Depois, aos choques, numa gradação de dor e insultos. Davam choques nos pés e nos cantos do corpo. Xingavam-me de filho da puta e insistiam para que eu culpasse Mauro Borges pelos campos de guerrilha. Suas vozes ecoavam em minha mente com muita clareza – talvez como um último recurso de lucidez do corpo. Durante as torturas, sempre escutava duas vozes familiares, cujos donos já haviam me interrogado em outras circunstâncias: eram do oficial capitão Aníbal Coutinho[94] e do tenente Marcos Fleury[95]. Eles não faziam o interrogatório diretamente, mas formulavam as perguntas para os torturadores. Eles desempenhariam muitas outras funções durante a ditadura, e eu tive a oportunidade de denunciá-los posteriormente.

Eu consegui resistir ao primeiro, ao segundo dia de tortura e eles continuaram. Diziam que eu era um babaca, um idiota, porque Mauro havia me "fodido", e eu continuava segurando a barra dele. Eu insistia que aquela história não tinha lógica, que ninguém acreditaria nela. Os militares foram, em alguns momentos, ainda mais objetivos: para que o suplício acabasse, bastava que eu dissesse o que eles queriam. Havia uma grande farsa montada, um complô para derrubar Mauro Borges. Segundo a versão estrambótica criada pelos militares, ele teria ligações com a espionagem internacional da Polônia, e estaria envolvido com o contrabando de areia monazítica ou de urânio de Goiás através desse país até a China, onde ela seria utilizada na confecção de armamento atômico.

Por causa dessa premissa digna de filmes de James Bond, muitos foram torturados em Goiás. Famílias de origem polonesa que residiam no Estado tiveram que sofrer, graças a uma farsa absurda. Homens como o Dr. Simão Kussobudsky, médico tradicional conhecido no interior e que prestou importante papel na fundação da Faculdade de Medicina, e o Sr. Pawez (Paulo) Gutko, professor de Inglês, poliglota e culto. Esses eram os perigosíssimos espiões poloneses, segundo a

[94] Coronel do Exército, um dos principais repressores no sistema ditatorial, atuava nos diversos Inquéritos Policial Militar (IPMs) instaurados à época, perseguia duramente os pretensos adversários da ditadura.

[95] Tornou-se capitão do Exército, famoso por perseguições e torturas aplicadas contra os resistentes da ditadura em Goiás.

inteligência militar. O Dr. Simão sofreu muito, pois era um intelectual, uma pessoa muito educada e sensível que foi submetida a torturas bárbaras. Quanto a Paulo Gutko, soube que lhe introduziram um prego quente no ânus, levando-o à loucura dentro da cela. Ele comia e passava merda na cabeça. Não havia coisa mais horrorosa.

Além deles, o escritor Hugo Brockes e o advogado João Zacariotti também foram torturados nos quartéis da vila militar. Eram esquerdistas e compunham o núcleo mais próximo a Mauro Borges. Imagino que por isso tenham sofrido mais nas mãos dos repressores. Mas, como as torturas não surtiram o efeito esperado, os militares desistiram. Em determinada madrugada, fomos visitados em nossas celas pelo coronel Danilo da Cunha. Estávamos acabados, moídos; quando ele se aproximou com uma varinha longa nas mãos, achamos que as torturas recomeçariam. Mas não. Com toda a frieza do mundo, o coronel afirmou que tinha um aviso muito importante a fazer: nós devíamos nos esquecer do que acontecera ali, para o bem de nossa saúde física e mental. Eu o olhei por entre as barras da cela e até quis perguntar: que saúde física e mental? Esquecer as feridas, o corpo inchado e roxo, a humilhação psicológica, o simples desrespeito a tudo que de mais sagrado um homem possui? Feita a ameaça, no mesmo tom com que daria uma ordem, o coronel Danilo se retirou. Fomos então levados a um camburão e rodaram conosco pela rodovia.

Uma camionete com o motor quente

Nosso destino era Brasília. Lá, ficamos presos no Batalhão da Guarda Presidencial, o BGP. Entre nós, surgiu o consenso de que era necessário expor as barbaridades vividas em Goiás. A tortura não era uma prática disseminada nas Forças Armadas como um todo. Ela acontecia nos porões, à surdina, algumas vezes à revelia de boa parte dos militares. Principalmente, ela era escondida dos segmentos organizados da sociedade e da maioria dos simpatizantes do golpe. Em Brasília, precisávamos escancarar o que estava acontecendo.

Todos nós havíamos sido muito machucados, mas tanto o Dr. Simão quanto o Sr. Paulo apresentavam hematomas mais visíveis devido à cor da pele. Ambos de origem polonesa, sua tez branca realçava violentamente os vergões roxos e vermelhos da tortura. O próprio corpo se tornava uma triste, mas eloquente evidência de que a liberdade corria risco no Brasil. Com algum custo, convencemos o Dr. Simão a sair apenas de short no banho de sol do quartel. Ele vacilou, mas acabou por aceitar. Então, no meio do pátio, entre prisioneiros vestindo monótonos uniformes, eis que surge a macabra, a assustadora, imagem de um homem torturado. Foi um choque que logo se espalhou para fora do quartel. Os militares tiveram que chamar a imprensa para desfazer o suposto mal-entendido e explicar que as coisas não eram o que pareciam. A entrada de jornalistas no quartel foi uma chance de ouro para nós. Escrevi um bilhete denunciando as torturas e consegui fazê-lo chegar ao jornalista Marco Aurélio, da sucursal do *Correio da Manhã*. Eu coloquei o papel em seu bolso, e ele o publicou na íntegra. Foi um auê.

A ditadura dava seus primeiros passos, ainda não existiam dispositivos efetivos como o Ato Institucional nº 5. Por isso, minha denúncia foi estampada integralmente num dos maiores jornais da época. Fui xingado de filho da puta e mandado direto para a solitária, sob a ordem expressa: "Agora você vai ficar sem sol até se arrepender do que fez!". Mas a denúncia surtiu efeito. O senador Pedro Ludovico, pai de Mauro Borges, subiu à tribuna do Senado para chamar a atenção do país em relação aos atos de tortura. Essa denúncia hoje está publicada no livro *O Golpe em Goiás*:

> *"Declaro ao jornal Correio da Manhã que fui prêso no dia 18 (dezoito) de abril de 1964 pela polícia goiana, numa fazenda do interior de Goiás. Depois de vários dias de prisão, fiquei sabendo que a mesma se deu em vista de um processo onde somos um dos indiciados, como participantes em movimentos de guerrilhas, na cidade de Dianápolis [...]"* [96]

Enquanto isso, tudo acontecia em Brasília, fiquei sabendo que em Goiás alguns militantes do PCdoB organizavam uma nova tentativa de investida armada. O plano era invadir o Tiro de Guerra de Anápolis, unidade do Exército que estocava armamento e, segundo as informações, não era muito vigiada. Como ainda era dirigente do PCdoB, eu recebia muitas visitas e discutia política dentro mesmo do coração do inimigo. Eu

---

[96] A declaração de Tarzan de Castro foi publicada no *Correio da Manhã* do dia 24 de outubro de 1964. O texto integral pode ser encontrado no livro *O Golpe em Goiás*, de Mauro Borges, 2ª Ed. Editora UCG.

e os outros presos concordamos com a ação, e vivemos momentos de grande expectativa. Neso Natal[97] e Delmiro Vieira[98] comandaram o assalto que, no fim das contas, foi um sucesso e um fracasso. Sucesso porque atingiu seus objetivos; não houve resistência e as armas foram roubadas. Fracasso porque eram armas antigas, velhos fuzis de ferrolho, cuja manutenção e ocultação representariam um transtorno. Além disso, o assalto causou grande repercussão e, naquele momento, atitudes assim reforçavam a conspiração contra Mauro Borges.

Muitas vezes, supostos golpes contra a ditadura acabaram por se tornar pontos a favor dela. Criava-se um quadro favorável para a intervenção em Goiás. A imagem de Mauro Borges estava muito marcada, e seus inimigos internos angariavam apoio dos militares, das alas conservadoras, e de todo o aparato que sustentava o regime ditatorial. Mauro chegou a entrar com um pedido de *habeas corpus*, mas a intervenção foi inevitável.

Ao mesmo tempo, minha mãe Joaquina Ramos de Castro, chamada por mim carinhosamente de "baiana", também procurava advogados para interceder em minha causa. A corajosa baiana foi até o Rio de Janeiro e a São Paulo para contatar profissionais que atuavam em defesa dos presos políticos da ditadura, como Sobral Pinto, Arnaldo Süssekind e Modesto da Silveira. Eles conseguiram me libertar formalmente da prisão em Brasília, mas os militares tinham outros planos para mim. Era recorrente a tática de, uma vez libertado o preso num ponto, eles criarem uma nova prisão em outra localidade, para manter o indivíduo sempre preso. Assim, eu sairia de Brasília direto para a prisão em Juiz de Fora. Mas se a ditadura tinha lá suas táticas, nós também tínhamos as nossas!

---

[97] Militante do Movimento Estudantil do Partido Comunista Brasileiro (PCB), das Ligas Camponesas, foi preso e torturado pelos militares.

[98] Membro fundador do Partido Comunista do Brasil (PCdoB), atuou também nas Ligas Camponesas.

Era o dia da liberação. Ouvi rangerem as portas de ferro e caminhei até a calçada. O céu infinito de Brasília era um manifesto azul contra toda forma de repressão – nada podia encarcerar aquele céu. Poucos metros abaixo da entrada, um carro da polícia estava estacionado. Dois policiais me assistiram acender um cigarro. Eu sabia que eles me seguiriam, que se manteriam à espreita até a hora de me prender novamente e me enviar para Minas Gerais. Acendi o cigarro. Do outro lado da rua, uma camionete Rural Willys com os motores quentes e a porta entreaberta. Dentro do veículo, com o seu motorista, meu irmão Erlan de Castro e o poeta e escritor José Godoy Garcia[99] me fitavam fixamente. Eu não podia pensar muito. Lancei um olhar preocupado para o carro de polícia e, num átimo, cruzei correndo a rua e me joguei dentro da camionete. Os policiais só tiveram tempo de se exaltar e ligar o carro. Mas nós já tínhamos arrancado e ganhando distância pelas superquadras de Brasília. Eles vieram em nosso encalço, sem ligar as sirenes. Mas nós fizemos várias manobras, corremos em ziguezague, e conseguimos despistá-los. Ainda tonto, com o estômago embrulhado, encontrei com a companheira Cleide de Almeida[100] em frente ao colégio Elefante Branco. Troquei a camisa de cor forte que usava por uma mais discreta e, abraçando a companheira, saímos de lá como um casal de namorados. Logo depois, outro grupo de companheiros me colocou em novo carro e rumamos para o apartamento do deputado Sérgio Magalhães[101]. Foi uma operação relâmpago, muito bem-planejada e executada. Eu havia fugido das mãos da justiça militar e estava livre. O deputado Sérgio tinha imunidade parlamentar, o que me possibilitou passar uma temporada relativamente segura em seu apartamento, até que o partido me providenciasse viagem clandestina para São Paulo.

---

99 Goiano, poeta, escritor ligado ao PCB, participava intensamente de Movimentos Populares em Goiás e posteriormente em Brasília, onde é reconhecido como um dos principais intelectuais brasilienses.

100 Militante do Movimento Estudantil (M.E.) e do Partido Comunista do Brasil (PCdoB) em Brasília.

101 Ex-deputado federal pernambucano e deputado federal pelo estado do Rio de Janeiro, de esquerda.

A vida clandestina

Já disse antes que viver na clandestinidade é uma arte. Possui os mesmos princípios do malabarismo e do teatro: equilibrar as pontas e fingir ser quem não é. É como se qualquer lugar pudesse ser nossa casa e, ao mesmo tempo, nenhum lugar realmente fosse. Tínhamos que nos preparar para nos sentirmos bem em espeluncas mal-cheirosas, em barracões, pensões e hotéis baratos. E sempre com a expectativa de deixá-los a qualquer instante. Vizinhos eram inimigos – a moça bonita que olhava da janela, o padeiro simpático do fim da rua, as velhinhas fofoqueiras em suas cadeiras de varanda. Uma pessoa que parasse à porta, ou que descansasse debaixo de uma árvore na calçada, um funcionário de telefonia, um vendedor ambulante – todos eram potenciais agentes da repressão.

Principalmente, viver na clandestinidade era se acostumar a não atender mais pelo nome com que, desde a infância, fomos chamados. Nosso nome se tornava também nosso inimigo. Fugimos dele como da polícia. Ouvi-lo da boca dos outros fazia arrepiar os cabelos e apressar os passos. Ele nos persegue e nos marca – é uma cicatriz que deixamos escondida por baixo da roupa. Se um militante soubesse o nome real de um companheiro, o risco de revelá-lo em sessões de tortura era enorme.

Eu precisava de um nome de guerra, de documentação falsa. Naquela época, era fácil tirar carteira de identidade nova. Goiânia já tinha 200 mil habitantes, mas talvez menos de 50 mil pessoas andassem com o documento – por isso havia a política de facilitar sua aquisição nos órgãos públicos. A minha carteira original era de número 44.174. Debaixo da foto, o nome exótico: Tarzan Teodoreto de Castro. Como me livrar de um nome desses? Como não ser perseguido por ele? Recordei-me dos dias de infância em Jataí, quando precisava enfrentar a garotada do colégio por causa desse nome. Todos queriam bater em mim – afinal, dar uma surra no Tarzan era a última glória!

Aos doze anos, fui sozinho ao cartório para dar um fim naquele suplício. Eles me informaram que era possível mudar meu nome, mas apenas com autorização dos meus pais. Voltei para casa arrasado, pois sabia que minha mãe não permitiria a mudança. Em sua mocidade, minha mãe havia sido uma leitora voraz, mas que vivia sob o rigor religioso de seu irmão Cirilo. Ele só lhe permitia ler obras da paróquia. Certa vez, porém, Cirilo aceitou que um tal Sr. João Zaiden, homem que ele admirava, oferecesse alguma outra leitura aos seus irmãos. Assim, minha mãe pôde ler as aventuras de Tarzan, de Edgar Rice Burroughs. O personagem se tornou seu herói para toda a vida e ela prometeu que seu primeiro filho teria esse nome. Quando lhe disse que queria mudá-lo, a mulher forte e decidida que nos criara nos rincões do Brasil olhou-me com olhos melindrosos e, sem dizer palavra, trancou-se no quarto para chorar por três dias como uma menina. A partir daquele momento, eu prometi a mim mesmo que ficaria velhinho de bengala aguentando o nome Tarzan. Iria aprender a achá-lo bonito, a achá-lo o mais fantástico dos nomes.

Dar uma surra no Tarzan ainda significava a glória. Mas já não eram mais os meninos do colégio que estavam atrás de mim. Eu voltava ao cartório para mudar meu nome, dessa vez contra a própria vontade. Agarrava-me a ele como a uma lembrança de dias menos cinzentos. A ditadura não deveria ter tido o direito de ferir assim a liberdade de um ser humano – de forçá-lo a esconder sua história, seu nome. Ninguém deveria ter esse direito. Na minha vida de clandestinidade, fui Sérgios e Antônios, mas nunca deixei de ser Tarzan de Castro. Mesmo quando tive que negar, disfarçar e camuflar minha identidade e minhas origens, foi apenas pela esperança de poder bradá-las em tempos melhores.

Os companheiros conseguiram me transferir para São Paulo, onde reencontrei a Cida. Juntos, ficamos escondidos na residência de um casal de simpatizantes do PCdoB. Sair era perigoso, trabalhar era complicado, o simples ato de passear pelo bairro poderia trazer risco a todos. Ou seja, éramos um casal de namorados impelidos a longos dias de ócio, com direito a cama e comida gratuita. O que mais poderíamos querer? Passávamos tardes quentes entre os lençóis, recuperando o atraso de meses na prisão. Tantos foram os ruídos, os gemidos, as risadas abafadas, os barulhos, que as filhas dos donos da casa, assustadas, nos denunciaram à direção do partido. O moralismo reinava entre muitos militantes da época; para eles, a esquerda devia ser assexuada. Comunistas que se prezassem deviam ser barbudos, sujos e neuróticos. Afinal, todas as energias haveriam de estar canalizadas para a revolução, como demonstrava o exemplo de Luiz Carlos Prestes, grande líder comunista brasileiro, que declarou ter se casado virgem. Curiosa e paradoxal aproximação entre os modos de vida dos supostos comunistas e dos seus supostos inimigos, os católicos direitistas.

Acusados de "só pensar em sexo", tivemos que sair de nosso primeiro esconderijo e nos mudar para a Vila Guilherme. Na época, tratava-se de um brejo, um bairro longínquo de São Paulo. Ali, deixei crescer meu bigode e fui, lentamente, recomeçando as atividades políticas. Mas também não durou muito. Certo dia, eu voltava para o apartamento quando escutei chamarem meu nome verdadeiro. Uma senhora achegou-se a mim e, a mão em meu ombro, perguntou-me se eu me recordava dela, da época do Colégio Liceu. Eu neguei até a morte. Falei que se tratava de um engano e, mesmo que o reconhecimento fosse evidente, bati o pé e me esquivei da pobre senhora. Mas meu nome havia me reencontrado e, junto com ele, logo viriam os militares. Tive que comunicar o fato à direção do partido e eles mandaram desmanchar o aparelho e me tirar dali. Dessa vez, o recurso foi extremo: fugindo do meu nome, saí de São Paulo para o Rio e, do Rio, fui parar na China!

Viagem à China

A lógica da Guerra Fria estimulava os polos capitalista e socialista a investir na propagação de suas visões do mundo. Ideologias eram distribuídas como fardas de exército, sonhos como munição de metralhadoras, explicações da realidade como bandeiras de luta – as batalhas mentais se espalhavam pela superfície do planeta e, não poucas vezes, transcendiam o campo das ideias para resvalar em conflitos verdadeiros. Em poucos momentos da história humana, percebeu-se com tanta clareza que ideias e ideais eram os verdadeiros motores da ação humana. Por isso, partidos esquerdistas do Brasil eram convidados a receber cursos político-militares em países comunistas como a China. Em 1966, aceitei um desses convites e me juntei a uma delegação de companheiros rumo ao fantástico país do extremo-oriente. O que eu sabia da China? Havia lido alguns livros sobre o comunismo chinês, mas, no geral, pensava naquela nação como um enorme espaço delimitado pela grande muralha, recheado de pessoinhas com olhos puxados e uniformes cáqui. Não fazia ideia de como aquela viagem mudaria profundamente minha compreensão das lutas e da realidade do mundo.

Despesas pagas pelo Partido Comunista chinês, malas prontas, documentos falsos no bolso. Eu me despediria mais uma vez do Brasil, a pátria que tanto me queria ver pelas costas. Diferente da ida a Cuba, aquele não seria um passeio estudantil. Eu era um procurado da justiça militar, vivendo clandestinamente e prestes a empreender uma viagem muito suspeita. Passar pela vistoria no aeroporto do Rio de Janeiro talvez não fosse tão simples...

No entanto, os funcionários do aeroporto, os seguranças e passageiros sequer desconfiaram daquele homem de boa aparência, cabelos claros, terno bem-cortado, um verdadeiro *businessman* numa viagem de negócios genuinamente capitalista. Era um período em que só pessoas de alto poder aquisitivo faziam viagens internacionais, e aquele homem deveria mesmo ser um desses poucos privilegiados. Mal sabiam eles que, por baixo do bigode clareado, da peruca de cabelos lisos, do terno emprestado e da afetação cultivada em anos de teatro, estava Tarzan de Castro, moreno do Mato Grosso, filho de baiana, criança de Goiás, membro do PCdoB, numa odisseia revolucionária.

A operação cinematográfica realizada para me colocar dentro do avião sem gerar suspeitas deu certo. Disfarçado, em sigilo, eu ia rumo à China. Pedi uma dose dupla de *whisky* à aeromoça e contemplei o Atlântico da janela do avião. Era a primeira vez que o cruzava no sentido oeste-leste. Benditas aulas de teatro que me fizeram atuar como o *businessman* acima de qualquer suspeita! Enquanto saboreava o *whisky* com gosto de vitória, recordei-me do grêmio estudantil em Jataí e das peças que encenávamos sob a direção de um tal João do DNER[102]. Sorri ao me recordar das matinês dançantes no centro da cidade quando um outro Tarzan, mais jovem, mais simples, menos desconfiado, dançava bolero com a bochecha colada nas bochechas das mocinhas. Eu sonhava em ser ator, diretor de cinema ou de teatro. Lia tudo o que podia sobre esses assuntos, e participava de alma e coração

[102] Carioca, funcionário do antigo Departamento Nacional de Estradas de Rodagem (DNER), teatrólogo, lotado em Jataí na década de 1950.

das apresentações teatrais. Mesmo na época do Liceu, não me afastei do palco. Agora, num avião rumo a Zurique, milhas e milhas distante daquela Jataí de minha infância, eu passava os dedos sobre o bigode tingido e ajeitava na cabeça a peruca. A vida me cobrava ser ator fora dos palcos. E, no fim das contas, talvez não houvesse tanta diferença assim entre viver e encenar.

Em Zurique, peguei um trem até Genebra, onde um companheiro chinês me encontraria. Eu deveria esperá-lo no dia seguinte, vestindo determinada roupa, em determinada rua. Na hora combinada, ele apareceria, e eu deveria revelar a senha. Caso qualquer uma dessas diretrizes falhasse, eu deveria determinadamente dar no pé. Como estava adiantado, teria tempo de fazer o reconhecimento do terreno, rever os preparativos e evitar qualquer imprevisto. Tudo estava metodicamente planejado, mas parece que o organismo humano não se submete tão fácil assim à ditadura da razão. Se a cabeça impõe, a barriga revoluciona. Eu cheguei a Genebra com uma diarreia terrível.

Portanto, meu primeiro destino foi o banheiro da estação ferroviária. Aliviadas as tensões internas, pude sair com ar vitorioso pelas ruas da bela cidade suíça. Procurei um hotelzinho para vencer a noite, próximo ao ponto de encontro combinado, e passei em revista os pequenos e charmosos restaurantes que ofereciam cheiro bom e portas abertas. Meu francês era sofrível, mas consegui pedir um prato de espaguete e uma garrafa minúscula de vinho. Aprazia-me o ambiente acolhedor de Genebra, e a sensação agradável de ter chegado em paz, livre e saciado! Era uma pequena, mas importante conquista. Pedi a conta e, de repente, percebi um vazio no lado direito da calça. Onde estava minha bolsinha com o passaporte, a passagem e todo o dinheiro? Apalpei-me uma vez, duas vezes, sentindo que o chão se abria. Não estava comigo! Parei, tentei me acalmar e refletir. O primeiro pensamento foi o de que havia sido roubado. Logo em seguida, porém, veio a imagem da bolsa largada no chão do banheiro da estação ferroviária. A essa altura, alguém já a teria encontrado e levado tudo. Precisava voltar correndo até lá!

Na Suíça, era assim, e acho que ainda é: ninguém daria um golpe numa conta de pizza ou espaguete. As pessoas compram o jornal e elas mesmas pegam o troco no caixa. Se eu não podia pagar a comida, provavelmente chamariam a polícia e adeus, China! Então, quando a garçonete se descuidou, eu escapei do restaurante e apertei o passo rua abaixo, atento a possíveis perseguidores, mas ninguém deu por minha falta. Chegando à rodoviária, fui direto ao balcão de informações. Seguiu-se um diálogo nervoso, quase incompreensível – eu gesticulava e repetia: "Mademoiselle, je, je, je..." e a recepcionista me olhava atônita, com vontade sincera de ajudar, como se tentasse decifrar o choro de uma criança. Quando apontei, ela exclamou: "Ah... un sac rouge?". "Oui, oui!". Ela pegou a bolsa e disse algo como: C'est le cette bourse?", e eu: "Oui, oui!". Ela me entregou a bolsa: "Voila, monsieur" – e eu imediatamente chequei seu conteúdo. Estava tudo lá, intacto! O alívio foi tremendo. Pensei em voltar ao restaurante e pagar a conta, mas, depois, avaliei que isso poderia ser perigoso. E se já tivessem chamado a polícia? E foi assim que deixei para trás um calote em terras suíças.

Alguns dias depois, eu embarcava em uma empresa aérea paquistanesa. Fizemos escala em Karachi, grande cidade do Paquistão, e em Daka, no Paquistão Oriental (hoje Bangladesh). Naquele momento, esses países estavam em guerra com a Índia e, por isso, o avião traçou um caminho alternativo, fugindo do espaço aéreo hindu. O clima estava um tanto tenso. Em pleno voo, exigiu-se o recolhimento dos passaportes, que só foram devolvidos em Xangai. Achei aquilo estranho, e até tentei argumentar, mas insistiram que esse era o procedimento em tempos de guerra. De uma forma ou de outra, depois da epopeia de quase uma semana de viagem, finalmente pisei em solo chinês.

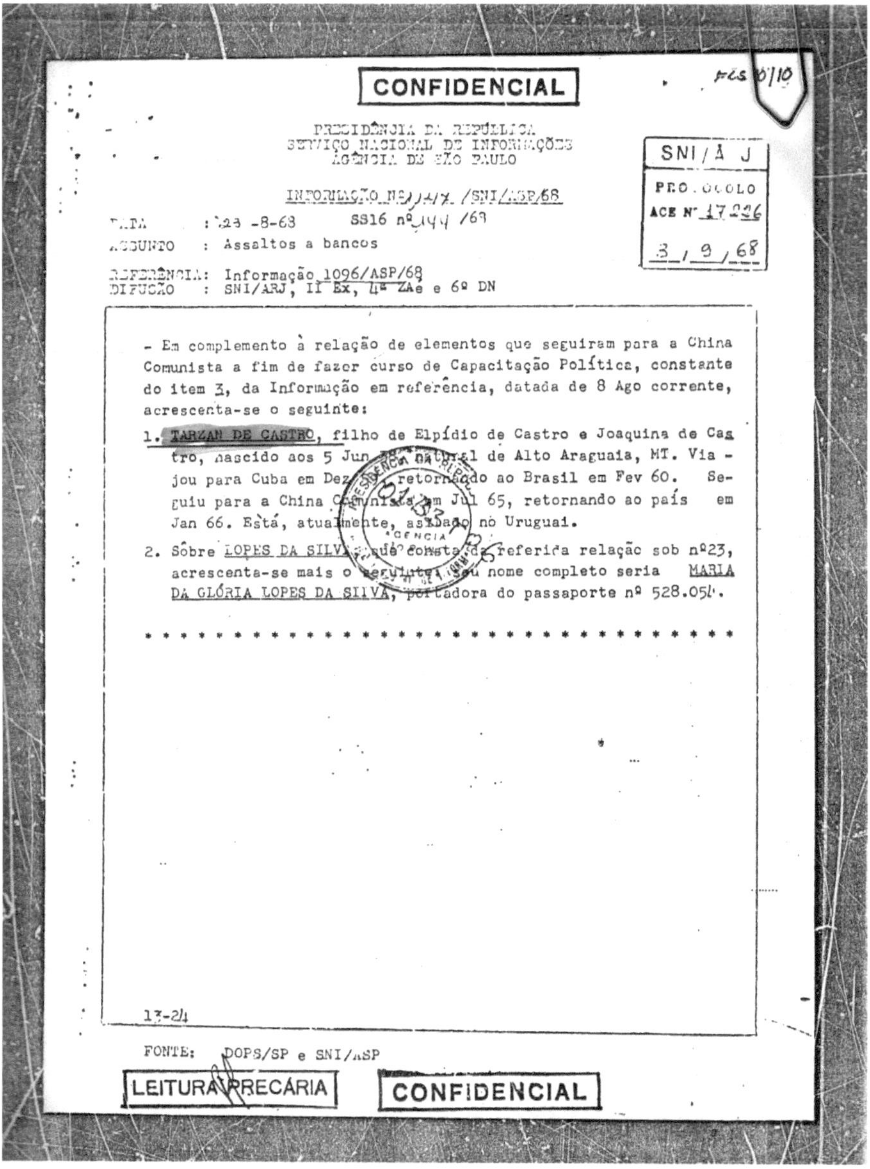

CONFIDENCIAL

PRESIDÊNCIA DA REPÚBLICA
SERVIÇO NACIONAL DE INFORMAÇÕES
AGÊNCIA DE SÃO PAULO

SNI / A J
PROTOCOLO
ACE Nº 17226
3 / 9 / 68

INFORMAÇÃO Nº 1147 /SNI/ASP/68

DATA : 23-8-68 SS16 nº 144 /68
ASSUNTO : Assaltos a bancos
REFERÊNCIA: Informação 1096/ASP/68
DIFUSÃO : SNI/ARJ, II Ex, 4ª ZAe e 6º DN

- Em complemento à relação de elementos que seguiram para a China Comunista a fim de fazer curso de Capacitação Política, constante do item 3, da Informação em referência, datada de 8 Ago corrente, acrescenta-se o seguinte:

1. TARZAN DE CASTRO, filho de Elpídio de Castro e Joaquina de Castro, nascido aos 5 Jun [illegible], natural de Alto Araguaia, MT. Viajou para Cuba em Dez [illegible], retornando ao Brasil em Fev 60. Seguiu para a China Comunista em Jul 65, retornando ao país em Jan 66. Está, atualmente, asilado no Uruguai.

2. Sôbre LOPES DA SILVA, que consta da referida relação sob nº23, acrescenta-se mais o seguinte: seu nome completo seria MARIA DA GLÓRIA LOPES DA SILVA, portadora do passaporte nº 528.054.

* *

13-24

FONTE: DOPS/SP e SNI/ASP

LEITURA PRECÁRIA

CONFIDENCIAL

DOCUMENTO OFICIAL DO SERVIÇO NACIONAL DE INFORMAÇÃO (SNI), 3 DE SETEMBRO DE 1968

Arquivo pessoal de Tarzan de Castro

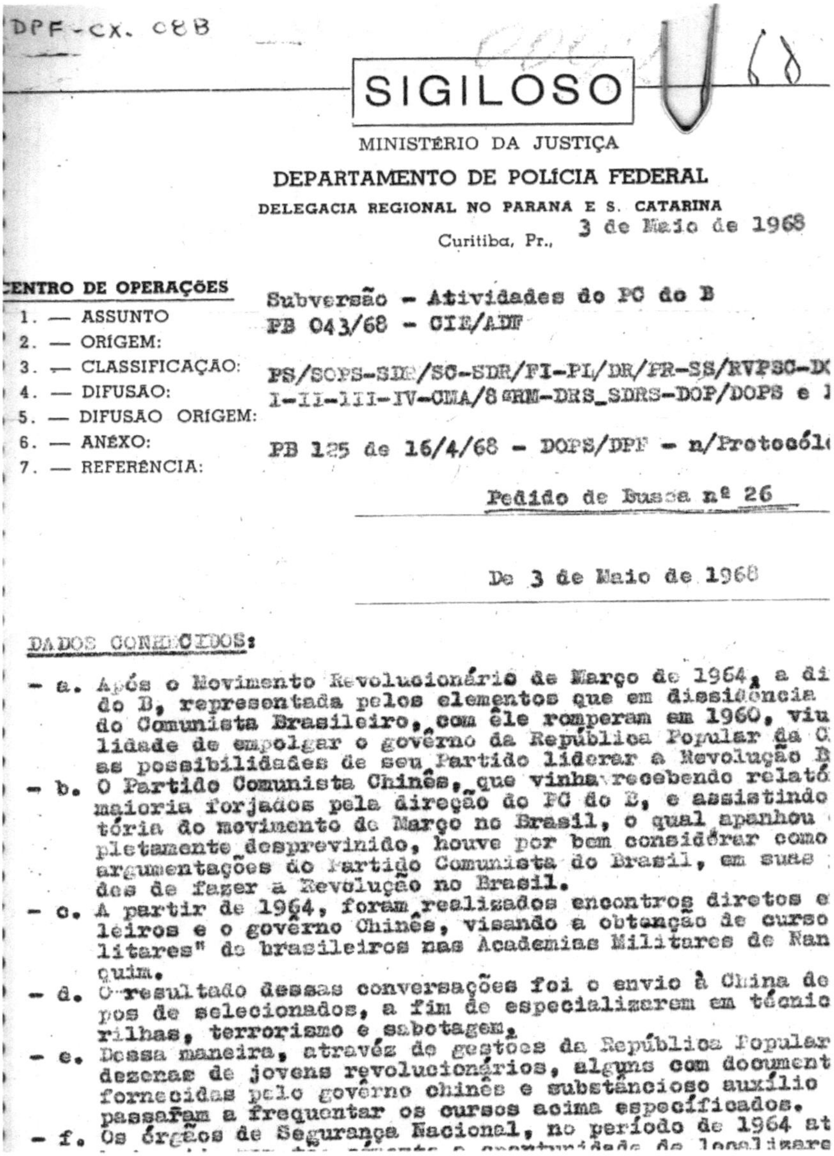

DPF-CX. 088

SIGILOSO

68

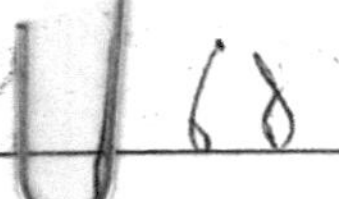

MINISTÉRIO DA JUSTIÇA

DEPARTAMENTO DE POLÍCIA FEDERAL

DELEGACIA REGIONAL NO PARANÁ E S. CATARINA

Curitiba, Pr., 3 de Maio de 1968

CENTRO DE OPERAÇÕES

1. — ASSUNTO: Subversão - Atividades do PC do B
2. — ORÍGEM: PB 043/68 - CIE/ADF
3. — CLASSIFICAÇÃO:
4. — DIFUSÃO: PS/SOPS-SDR/SC-SDR/PI-PL/DR/PR-SS/RVPSC-D
5. — DIFUSÃO ORÍGEM: I-II-III-IV-CMA/8 ªRM-DRS_SDRS-DOP/DOPS e
6. — ANEXO:
7. — REFERÊNCIA: PB 125 de 16/4/68 - DOPS/DPF - n/Protocol

Pedido de Busca nº 26

De 3 de Maio de 1968

DADOS CONHECIDOS:

- a. Após o Movimento Revolucionário de Março de 1964, a di do B, representada pelos elementos que em dissidência do Comunista Brasileiro, com êle romperam em 1960, viu lidade de empolgar o govêrno da República Popular da C as possibilidades de seu Partido liderar a Revolução B
- b. O Partido Comunista Chinês, que vinha recebendo relató maioria forjados pela direção do PC do B, e assistindo tória do movimento de Março no Brasil, o qual apanhou pletamente desprevinido, houve por bem considérar como argumentações do Partido Comunista do Brasil, em suas des de fazer a Revolução no Brasil.
- c. A partir de 1964, foram realizados encontros diretos e leiros e o govêrno Chinês, visando a obtenção de curso litares" de brasileiros nas Academias Militares de Nan quim.
- d. O resultado dessas conversações foi o envio à China de pos de selecionados, a fim de especializarem em técnic rilhas, terrorismo e sabotagem.
- e. Dessa maneira, através de gestões da República Popular dezenas de jovens revolucionários, alguns com document fornecidas pelo govêrno chinês e substâncioso auxílio passaram a frequentar os cursos acima específicados.
- f. Os órgãos de Segurança Nacional, no período de 1964 at

DOCUMENTO OFICIAL DO SERVIÇO NACIONAL DE INFORMAÇÃO (SNI), 3 DE SETEMBRO DE 1968.

A China de Mao

Pequim, 1966. Sentávamos ao redor de um camarada chinês. Ele nos observava pacientemente, o sorriso pequeno, o uniforme impecável. Quando o intérprete, enfim, chegou, o chinês fez uma reverência e preencheu a sala com a sonoridade exótica do mandarim. O intérprete, que era de Macau e cujo português parecia uma mistura de galego com carioca, ouvia e nos revelava o teor daquelas sílabas cantadas.

– Há muito tempo, a grandiosa China esteve vítima de uma terrível praga de pardais. Milhões de aves assolavam o campo, destruíam as lavouras, enegreciam o céu. Quando voavam, o barulho de suas asas era tão forte que as pessoas não conseguiam escutar umas às outras, nem dormir, nem trabalhar, nem cantar. Mas um dia, o povo decidiu dar um basta naquela situação. Combinaram que todos gritariam ao mesmo tempo, em uma só voz. De tal modo fizeram – cada chinês com sua pequena contribuição – os velhos, as crianças, as mulheres e os homens, os estudantes e os camponeses, e tamanha foi a força de suas vozes em uníssono, que os pássaros, aterrorizados, voaram sem pouso até se cansar e morrer. Uma chuva de pardais mortos coroou a vitória da grande China contra mais uma adversidade.

O camarada terminou a lenda com outra reverência, e eu olhei para fora, tentando ver a China inteira através da janela. Por mais que o pensamento voasse pelas maravilhas daquela nação – sua grande muralha, as tumbas de milhares de anos, os palácios e templos, sua sabedoria e seu extremismo – ele sempre pousava mais além; lá depois do oceano, nas terras quentes e verdes do meu país. Eu pensava no Brasil. Pensava no Brasil e em seus pardais.

Em 1966, pelos cantões da China, a multidão levantava acima das cabeças um pequeno livro vermelho. Nas escolas, nas repartições públicas, nos mercados, nas paredes das casas, o quadro de Mao vigiava com seu quase sorriso. Era o início da Revolução Cultural, o polêmico movimento que tingiria de vermelho tanto o céu quanto o chão daquele país inexplicável. E lá estávamos nós, no meio de tudo; uma delegação de dez brasileiros como convidados de honra dos dirigentes do Partido Comunista. Para nós, a viagem avivava a possibilidade de um futuro socialista no Brasil; para eles, talvez representasse a esperança de contar com aliados nas terras do hemisfério sul. De todo modo, fomos muito bem-recebidos; nós, os camaradas brasileiros.

Nossa permanência na China teve sua porções de trabalho e de turismo. Pudemos conhecer muitos lugares, mas, principalmente, aquela foi uma experiência de aprendizagem. Os chineses nos ofereceram um curso intensivo dividido em duas etapas: a primeira, em Pequim, seria de conteúdo político-teórico; a segunda, em Nanquim, de técnica militar. Em Pequim, reencontrei-me com meus companheiros de PCdoB, com o

Gerson Parreira[103], o Élio Cabral[104] e outros. Juntos, tomamos lição das revoluções mundiais, da história do movimento comunista e o papel da China no jogo global. Aprendemos sobre a guerra revolucionária chinesa e o contexto histórico do país antes e após o surgimento do Partido Comunista.

Tomamos contato com muitas realidades desconhecidas para os brasileiros, como, por exemplo, as agruras da invasão da China pelo Japão. Essa é uma parte da história que o ocidente ignora e que, em muitos momentos, se assemelhou em barbaridade e crueldade aos ditames do nazismo alemão. Xangai foi bombardeada pela aviação japonesa, milhares de inocentes morreram. Conta-se que, ao chegarem às casas chinesas, os oficiais japoneses iam até o típico jardim e matavam a tiros as carpas, ordenando às mães da família que as assassem para os soldados. Também havia a prostituição forçada de mulheres chinesas, a rapina do ouro dos monumentos históricos, as depredações, humilhações de toda índole. Nutria-se verdadeiro ódio contra o domínio japonês e um grande sentimento de nação se formava a partir dele. Esse sentimento de povo era muito citado e demonstrado pelos chineses. Ele permeava todas as discussões, as exposições e as ideologias que nos foram apresentadas.

Em uma tarde, avisaram-nos que receberíamos uma visita especial. Durante o almoço, ninguém mais, ninguém menos que Zhou Enlai, o primeiro-ministro da China, veio nos fazer companhia. Era um homem fantástico, que deu mostras de conhecer muitos detalhes do Brasil. Falamos sobre Minas Gerais, Rio de Janeiro, São Paulo, a Amazônia e a pobreza no Nordes-

[103] Militante do Partido Comunista do Brasil (PCdoB), das Ligas Camponesas, escritor, perseguido pela ditadura.

[104] Líder do Movimento Estudantil (M.E.), militante das Ligas Camponesas do Partido Comunista do Brasil (PCdoB) e dirigente da Ala Vermelha do Partido Comunista do Brasil (PCdoB).

te. Recordo-me muito bem de suas palavras, e penso que elas sintetizam o espírito que os chineses tentavam nos transmitir. Zhou Enlai disse:

– Estejam sempre ao lado do povo. Interpretem os seus verdadeiros sentimentos, nunca queiram substituí-los pelo que vocês pensam, ou querem que eles façam. Nunca cometam esse erro essencial. Os países em desenvolvimento podem e devem criar um mundo mais justo e humano. Ganhem a maioria da população, principalmente os trabalhadores, para as ideias revolucionárias.

Em resumo, a essência do ensinamento chinês em Pequim foi a compreensão de que a guerra revolucionária é um produto de um processo específico da China. As suas características históricas, sociais, econômicas e políticas criaram as condições para a luta do Partido Comunista e do povo chinês. Em linguagem marxista, chega-se a um momento em que as contradições e o conflito entre o novo e o velho são irreconciliáveis – são absolutas e a sociedade como um todo participa da revolução, fazendo nascer alternativas, organização, partidos fortes, massas mobilizadas. Nesse sentido, o Partido Comunista precisa ser um verdadeiro representante das massas, seu porta-voz e sintetizador de seus desejos. Ou seja, as massas estão preparadas para ir à luta junto ao partido em todos os níveis da sociedade.

Para haver um processo revolucionário e, de fato, uma transformação, o desejo não pode ser apenas subjetivo, mas objetivo. As contradições são reais, elas se expressam no modo de produção e na dominação de classes. A experiência chinesa tocou profundamente meu ponto de vista e dos outros companheiros. Percebi que, no Brasil, tinha ido à "guerra" sem conhecimento científico da realidade. Tinha me envolvido com as Ligas Camponesas, com o movimento dos sargentos, mais por entusiasmo juvenil que por coerência a um verdadeiro anseio das massas.

Essa foi minha grande lição: a forma como conduzíamos o processo revolucionário no Brasil estava errada. Já estávamos sendo radicais sem antes termos sido racionais. Pregávamos desde já a saída pela luta armada sem conhecer o que era o Brasil e quem eram os brasileiros. Ora, a prova disso é que estávamos na China fazendo um curso militar! Não estávamos ali para aprender a fritar bolinhos!

Em Nanquim, durante o curso militar, conhecemos muito sobre a história do Exército Popular e a luta de guerrilha. Estudamos a guerra de posição, a guerra convencional, pois devíamos conhecer bem nosso inimigo. Aprendemos a chamada engenharia militar, que se resumia a erguer e destruir pontes, construir ou demolir obstáculos, atacar tanques, carregar cartucho, fazer bala. Ensinavam, ainda, elementos de fundição elementar – fundir o ferro para fazer cascos de granadas, minas ou morteiros – e como misturar carvão e adubo para formar explosivo. Também nesses momentos ouvíamos muito sobre o povo. Era uma coisa repetitiva, mas muito natural. Os camaradas explicavam que nosso maior trunfo era a colaboração popular. O inimigo não sabe o que fazer porque é o povo que nos protege, pois sabe que nós o representamos. Diziam que, se fôssemos atacar as forças inimigas lotadas em um vilarejo, tínhamos que contar com a colaboração até dos cachorros. Nas palavras de Mao, o guerrilheiro é o peixe e a água o seu elemento natural. A água era o povo. Eu não podia deixar de me recordar da experiência em Dianápolis! Não me esquecia dos olhares tortos, das portas fechadas a ferrolho, do medo que o povo tinha dos jovens revolucionários. Não havia empatia, não havia cumplicidade. Éramos peixes fora da água.

FOLHA DE S. PAULO

ANO XLVIII — I CADERNO — SÃO PAULO, 5.ª-FEIRA, 21 DE NOVEMBRO DE 1968 — N.º 14.403

China prepara brasileiros para fazerem guerrilha em nosso país — I

Edson Flosi

Dezoito brasileiros aprenderam a fazer a guerra de guerrilha na Academia Militar de Pequim, na China Comunista, em dois cursos que duraram cinco meses cada um, em 1965 e 1966. Dois dos guerrilheiros — Gerson Alves Parreira e Tarzan de Castro — chegaram a ser presos, no Brasil, depois do primeiro curso, mas fugiram da cadeia.

Não há notícias sobre novos cursos de guerrilha a brasileiros, na Academia Militar de Pequim, em 1967 e este ano. A idade dos dezoito brasileiros varia de 21 a 48 anos.

Eles são filiados do Partido Comunista do Brasil (linha chinesa). Estão todos identificados e todos foragidos. Eles são: oito estudantes, três bancarios, dois comerciarios, um medico, um jornalista, um mecanico, um metalurgico e um marceneiro.

Alguns foram vistos quando entravam ou saiam da China Comunista e é provavel que a CIA (Serviço de Inteligencia dos EUA) tenha colaborado com as autoridades brasileiras para sua identificação.

Alguns deles viajaram para a China Comunista e voltaram para o Brasil sob falsa identidade. O DOPS tem a fotografia de todos eles com exceção de cinco: Roberto Carlos de Figueiredo: 27 anos, estudante, nasceu em Bezerros (PE). Derly José de Carvalho: 30 anos, metalurgico, nasceu em São Paulo (SP). Helio Ramires Garcia: 25 anos, bancario, nasceu em Belo Horizonte (MG). Ari Olgin da Silva: 48 anos, jornalista, nasceu em Porto Alegre (RS). Diniz Gomes Cabral Filho: 31 anos, estudante, nasceu em Recife (PE).

Dos dezoito que treinaram a guerrilha seis são gauchos, quatro paulistas, três goianos, três pernambucanos, um carioca e um mineiro.

Autoridades militares e civis têm interesse na prisão destes homens porque acham que eles constituem serio perigo à Segurança Nacional.

1

1 — José Vieira da Silva Jr. 21 anos. Estudante. Nasceu no Rio de Janeiro (GB).
2 — Paulo Assunção Gomes. 32 anos. Bancario. Nasceu em Uruguaiana (RGS).
3 — José Humberto Branco. 34 anos. Mecanico. Nasceu em Porto Alegre (RGS).
4 — Gerson Alves Parreira. 26 anos. Estudante. Nasceu em Edeia (GO).
5 — João Carlos Haas Sobrinho. 27 anos. Medico. Nasceu em Porto Alegre (RGS).
6 — Micheas Gomes de Almeida. 30 anos. Marceneiro. Nasceu em Bragança (SP).
7 — Divino Ferreira de Sousa. 26 anos. Comerciario. Nasceu em Caldas Novas (GO).
8 — Miguel Pereira dos Santos. 25 anos. Bancario. Nasceu em Recife (PE).
9 — Helio Cabral de Sousa. 32 anos. Estudante. Nasceu em Goiania (GO).
10 — Amaro Luís de Carvalho. 34 anos. Comerciario. Nasceu em Porto Alegre (RGS).
11 — Manoel Luís Vieira de Sousa Coelho. 28 anos. Estudante. Nasceu em Pelotas (RGS).
12 — Edgard de Almeida Martins. 39 anos. Estudante. [illegible]
13 — Tarzan de Castro. 26 anos. Estudante. Nasceu em São Paulo (SP).

Como se fez a longa viagem de Goiás à China de Mao Tsé-tung

Em fins de 1965, Exercito, Marinha e Aeronautica receberam esta informação: "Dez brasileiros treinam guerrilha, desde junho, na Academia Militar de Pequim, na China Comunista".

A noticia, mantida em sigilo, seria confirmada meses depois: efetivamente, dez brasileiros haviam aprendido, em cinco meses, na Academia Militar de Pequim, a tecnica da guerra de guerrilha.

Aos poucos, as informações vão se estendendo e, em janeiro de 1966, o DOPS de São Paulo é avisado de que três dos dez — Ari Olgin da Silva, José Humberto Bronca e Helio Ramires Garcia — deixaram a China Comunista, via Suíça, em dezembro de 1965.

Em abril de 1966, uma informação menciona outro guerrilheiro: Amaro Luís de Carvalho, que militou bastante tempo no Partido Comunista do Brasil, em Pernambuco, acaba de regressar da China.

No Paquistão

Em maio de 1966, outra informação: Helio Cabral de Sousa — um dos dez — passou por Karachi, no Paquistão, em maio de 1965, com destino a Shangai e Pequim.

Um a um, eles são todos identificados. Falta saber como e por que foram aprender a fazer guerrilha na China Comunista. E o que se fica sabendo quando, em setembro [illegible], são presos Tarzan de Castro e Gerson Alves Parreira.

Ambos confessam tudo durante um inquerito. Seus depoimentos, somados aos resultados das investigações, apresentam às autoridades um quadro geral do curso de guerra de guerrilha ministrado pelos chineses ao grupo de dez brasileiros.

O inquerito avoluma-se. Muitas pessoas, ligadas ao movimento comunista, especialmente no Brasil Centro-Oeste, são presas e interrogadas. Os outros guerrilheiros, entretanto, embora identificados, não são localizados pelo Exercito, Marinha e Aeronautica e pela Policia Politica de todo o país.

A viagem

Resumos do inquerito são distribuidos pelo Exercito às principais autoridades militares e policiais brasileiras. Nestes resumos e numa serie de relatorios e informações está toda a historia dos dezoito homens que foram aprender a fazer guerrilhas e que, por motivos de segurança, viajaram em grupos separados do Brasil à China Comunista. Eis como três deles — Gerson Alves Parreira, Ari Olgin da Silva e Helio Ramires Garcia — fizeram a longa viagem:

«Para a sua viagem à China Comunista Gerson Alves Parreira seguiu o seguinte canal: partiu de Goiania, em Goiás, no inicio do mês de junho de 1965, a convite do PC do B, de que recebeu 130 mil cruzeiros velhos para as despesas iniciais.

«Passou por São Paulo e foi para a Guanabara, onde se encontrou com Ari Olgin da Silva e Helio Ramires Garcia e recebeu 700 mil cruzeiros velhos e mais 20 dolares para viajar por via aérea. O grupo desembarcou em Zurique e seguiu para Berna, na Suíça, onde, na Embaixada da China Comunista, recebeu os vistos nos passaportes e mais 240 francos suíços.»

«Para chegar a Pequim, na China Comunista, o grupo fez este caminho: Genebra (Suíça), Cairo (Egito), Dharhan, Karachi e Daca (Paquistão), Cantão, Changai e Pequim (China).»

A guerrilha

Na Academia Militar de Pequim — segundo os depoimentos dos guerrilheiros presos e as informações — Gerson Alves Parreira, Ari Olgin da Silva e Helio Ramires Garcia unem-se aos outros sete brasileiros que já estão lá: José Humberto Bronca, Paulo Assunção Gomes, Miguel Pereira dos Santos, Tarzan de Castro, Helio Cabral de Sousa, Amaro Luís de Carvalho e Diniz Gomes Cabral Filho.

O curso de guerrilha na China Comunista [illegible] junho e termina em novembro de 1965. Eis o que Gerson Alves Parreira diz às autoridades sobre o curso de guerrilha:

«Durante a sua estada na China Comunista, onde foram estudar guerrilhas, os alunos estrangeiros usavam o mesmo uniforme dos soldados chineses da Milícia Popular. Durante os exercicios de tomada de postos militares os soldados chineses serviam de cobaias. O mapa do Brasil fora dividido em areas de guerrilhas, pelos proprios alunos, durante o curso.»

Neste mesmo resumo das declarações de Gerson Alves Parreira consta que "os guerrilheiros se capacitaram militar e politicamente, na Academia Militar de Pequim, onde aprenderam desde politica internacional até a guerra de guerrilha, com todas as suas artimanhas".

A volta

As investigações e os depoimentos dos presos revelam que, já concluido o curso de tecnica de guerrilha, na volta eles tambem viajaram em grupos separados. Gerson Alves Parreira sai da China Comunista junto com Paulo Assunção Gomes, Miguel Pereira dos Santos, Helio Ramires Garcia e José Humberto Bronca.

Em Paris, rumo ao Brasil, todos se separam. No seu depoimento, Gerson Alves Parreira confessa que "retornou ao Brasil, em janeiro de 1966, às expensas do governo da China Comunista, recebendo 600 dolares para a viagem".

No dia 21 de novembro de 1966, Gerson Alves Parreira e Tarzan de Castro fogem da Fortaleza de São João, no Estado da Guanabara.

Não se sabe, exatamente, onde estão os dez brasileiros que fizeram o curso de guerrilha na Academia Militar de Pequim, em 1965.

Consta que alguns deles estão exilados no Uruguai. Todos são procurados pelo Exercito, Marinha e Aeronautica e pelas Policias Politicas do país.

2

3

4

5

6

7

8

9

10

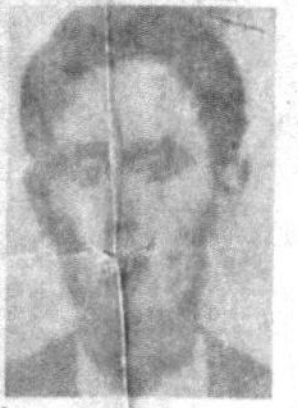

11

12

13

Enquanto dois fugiam na Guanabara, oito aprendiam em Pequim

Na mesma semana em que Gerson Alves Parreira e Tarzan de Castro fugiam, em novembro de 1966, da Fortaleza de São João, no Estado da Guanabara, uma nova informação corre na Policia: "Outro curso de guerrilha está sendo ministrado na Academia Militar de Pequim, na China Comunista, desta vez para oito brasileiros."

A Policia Politica de todo o país é acionada. Em novembro de 1966 a Policia fica sabendo que um grupo de brasileiros que esteve na China Comunista, realizando curso de capacitação politica e guerrilha, entre outros João Carlos Haas Sobrinho, Derly José de Carvalho e Divino Ferreira de Sousa, está para regressar.

Janeiro de 1967: — Varias pessoas, entre elas Edgard de Almeida Martins, Roberto Carlos de Figueredo, Micheas Gomes de Almeida e Manoel Luís Vieira de Sousa Coelho, "estão retornando [ao] Brasil, após realizarem curso de oito me[ses n]a China Comunista".

[Ig]ual

As autoridades [fic]am sabendo que o curso ministrado [em] 1966 fora igual, em tudo, ao de 1965. Co[mo o] primeiro, o segundo dura cinco meses — [de] junho a novembro — e é dado na Aca[demia] Militar de Pequim.

Apenas o núme[ro d]e alunos se altera: da primeira vez, [for]am-se dez e, da segunda, apenas oito.

A explicação: [Gers]on Alves Parreira confessa [te]r indica[do, p]ara uma viagem à China Comunista, [me]mbros do PC do B, Genesio Borges de [M]e Joaquim Thomaz Jaime. Estes dois, [en]tanto, não chegaram a viajar e o grupo, que deveria ser de dez, fica reduzido a oito.

Desta vez ninguem é preso, mas os oito são identificados: Edgard de Almeida Martins, Roberto Carlos de Figueiredo, Manoel Luís Vieira de Sousa Coelho, João Carlos Haas Sobrinho, Derly José de Carvalho, José Vieira da Silva Jr., Micheas Gomes de Almeida e Divino Ferreira de Sousa.

Informações

Eles começaram a chegar à China Comunista no inicio do ano. Sobre isso a policia fica sabendo que Divino Ferreira de Sousa foi visto na região de Karachi (Paquistão), em fevereiro de 1966, entrando na China Comunista.

Os oito, terminado seu curso de guerrilha, começam a deixar a China Comunista em dezembro: José Vieira da Silva Jr. chega a Paris, procedente de Shangai, no dia 3 de dezembro.

E, em 14 de fevereiro de 1967, fica-se sabendo que Edgard de Almeida Martins, procedente da China Comunista, vem de concluir curso de guerra de guerrilha naquele país. Em fins de janeiro ultimo, Edgard de Almeida Martins foi visto em Paris, quando tentava conseguir lugar em companhia de transporte, com destino ao Brasil. Como os demais companheiros, sua entrada no Brasil poderia dar-se através das Guianas.

Como os dez do primeiro curso, estes oito tecnicos em guerrilha estão desaparecidos. Muitos acham que eles estão no Uruguai; outros acreditam que estão no Brasil mesmo. Mas estão sendo procurados.

FOLHA DE SÃO PAULO, 21 DE NOVEMBRO DE 1968

Outras lições da China

Aqueles novos conceitos alargaram muito minha compreensão. Eu percebi várias falhas e imaturidades nas minhas posições anteriores e comecei, lentamente, a rever o caminho político e a postura revolucionária que deveria defender e seguir. Ao mesmo tempo, também experimentei as limitações do modelo chinês. Na militância política, se não observarmos com critério as coisas, acabamos nos aproximando da religiosidade, do ideologismo vulgar. Certa vez, em viagem pelo interior do país, surgiu uma discussão acalorada quando afirmei que, na China, até para partir uma melancia é necessário usar o pensamento do camarada Mao. O companheiro Luiz Amaro de Carvalho, apelidado de Capivara, reagiu de forma desconcertante. Com a respiração alterada, os olhos vidrados, ele me apontou o dedo em riste e me acusou de desrespeito ao grande líder chinês. Eu, muito sabiamente, parti para a ignorância e nos engalfinhamos aos tapas na frente das autoridades chinesas. Minha reação foi péssima e o Capivara, descabelado e vermelho, jurou-me de morte, gritando que "em cara que mamãe beijou, cabra safado nenhum põe a mão". A reconciliação se mostrou um processo difícil, mediado pelo Élio Cabral. No fim, aprendi o grande mal que o culto à personalidade pode fazer, mesmo entre pessoas que se julgam politizadas.

Tive a oportunidade de cumprimentar pessoalmente a Mao Tse Tung. Ele nos recebeu no Congresso Nacional, mas foi um encontro rápido, oficial, com um aperto de mão e uma saudação singela. Quem de fato me impressionou, e deixou-se ficar mais tempo ao nosso redor, foi Zhou Enlai, o primeiro-ministro chinês. Além de suas palavras inspiradoras e de seu posicionamento, recordo-me ainda de uma cena que se gravou fielmente em minha memória. Os chineses gostam muito de circo; essa arte está mais desenvolvida lá do que no Brasil. Assistimos várias apresentações circenses na companhia dos camaradas orientais, que se deliciavam com os números mais ousados e perigosos. Um deles era a demonstração com aros de fogo: no extenso salão, meninas pulavam e dançavam entre círculos flamejantes. Muitas eram crianças, os corpinhos finos embebedados em suor e maquiagem. Uma chinesinha minúscula pulou para dentro do aro de fogo e, sem conseguir alcançá-lo, caiu no chão. Ficamos todos comovidos com o tombo quando, de repente, percebi que Zhou Enlai havia se aproximado dela. Ele a pegou no colo, beijou-lhe a testa e disse que aquilo acontecia, que eram coisas da vida. Nunca esqueci esse lindo gesto vindo de um homem tão poderoso e tão pressionado. Já com Mao, o contato foi mais rápido e protocolar. Sua imagem, porém, estava em todos os cantos e era fácil, talvez fácil demais, idolatrá-lo.

Faz mal à saúde

Um ponto complicado da estadia na China foi a questão sexual. Durante o curso de Pequim, ficamos em regime de internato. Éramos um grupo de jovens, quase todos na base dos vinte e poucos anos, ou seja, com os hormônios em queima de estoque. E a China nos parecia um grande convento a céu aberto! Quando, por acaso, acontecia de ser uma mulher a nos servir a comida ou arrumar os alojamentos, nós logo nos engraçávamos com ela. Os chineses percebiam e, no outro dia, mandavam um homem! No verão, o calor era intenso, e muitos de nós preferíamos dormir nus. Pela noite, algum bendito camarada aparecia e nos cobria o ventre com toalhas. A explicação era a de que essa parte do nosso corpo não podia ficar exposta, pois, segundo a tradição chinesa, seria prejudicial à saúde.

Certos intérpretes do marxismo defendiam que toda a energia da juventude deveria ser direcionada à revolução. Na China, esse posicionamento era muito apreciado e transformava em máxima a ideia de que os homens deviam se casar virgens aos 28 anos, e as mulheres, aos 25. Contribuía também com o clima de convento o fato de que a cultura chinesa já era, tradicionalmente, menos libidinosa que a brasileira. Em outra oportunidade, enquanto viajávamos pelo campo, topamos com mulheres camponesas que trabalhavam sem camisa, assim como os homens. Se suassem e se sentissem encaloradas, elas deixavam os dorsos nus e os seios livres sem que isso fosse considerado imoral, ou despertasse a cobiça nos olhos masculinos. Mas, para nós, com nossa moral e a sexualidade à flor da pele, as coisas não se resolviam de modo tão simples e equilibrado. O sexo encenava importante papel em nossas vidas e em nossos pensamentos. E, diante daquele patrulhamento celibatário, restava-nos o apelo e o consolo da masturbação.

Um belo dia, um determinado dirigente brasileiro do partido nos convocou para uma reunião urgente no refeitório da Academia Militar. A convocação estava restrita aos brasileiros do PCdoB. Chegamos, sentamos formalmente e um camarada do PCdoB (um dos chefes da delegação), iniciou seu discurso com uma bela introdução. Ele ressaltou a importância ideológica de Mao, Lênin, Stalin, e até do brasileiro João Amazonas. Depois, mudando de tom e de olhar, afirmou que estávamos ali reunidos para tratar de um assunto muito sério. Nós prendemos a respiração: o que teria acontecido?

O dirigente brasileiro, agora alternando as falas, disse que foram detectados sintomas de baixo nível ideológico entre certos companheiros ali presentes. Era necessário tomar medidas urgentes, caso contrário, a missão poderia sucumbir. A palavra voltou ao primeiro camarada que, num tom enérgico, solene, com ares revolucionários, confessou estar abalado com a postura de um companheiro em específico – havia-se chegado a um patamar intolerável, degradante...

Ele então narrou que, dias atrás, ao entrar no banheiro coletivo, deparou-se, chocado, com porções de esperma distribuídas pelo chão, pela banheira, por todos os lados. Aquilo era absolutamente inadmissível! Com que energia moral os companheiros brasileiros pretendiam liderar a revolução, com que mãos pretendiam segurar firmemente bandeiras e armas? Naquele momento, eu me levantei e pedi a palavra. Ecoou no ambiente um silêncio respeitoso, provavelmente à espera de concordância ou de um pedido de desculpas.

Mas eu, oscilando entre os tons irado e irônico, disse que não tinha dado a volta ao planeta, enfrentado ditaduras e perseguições, vencido distâncias e adversidades para, finalmente, chegar à maior Academia Militar do mundo para discutir a punheta de alguém. Dito isso, pedi que fizessem bom proveito da reunião e me retirei. A reunião não teve mais continuidade e, sem planejar, acabei salvando do vexame o companheiro masturbador!

Após o término do curso, voltamos a Pequim e pudemos aproveitar um pouco da China na condição de turistas. O governo chinês foi muito generoso com os camaradas brasileiros. Ficamos em um hotel espetacular, chamado Grande Hotel de Pequim. Tudo era belo, tudo era "finesse chinesa"! A comida maravilhosa, a arquitetura impressionava, a China se desdobrava em suas faces mais coloridas e misteriosas. Éramos sempre acompanhados por intérpretes talentosos. Alguns vindos de Macau e, por isso, falantes da língua portuguesa; outros falavam francês ou espanhol. Um intérprete brincava que a burguesia mundial gostava de três coisas: da casa francesa, da comida chinesa e da mulher japonesa. Da primeira, apreciavam o conforto, da segunda, a exuberância, e da terceira, a total submissão.

Foi-nos fretado um vagão especial de trem no qual fazíamos longas viagens pelo território chinês. Conhecemos particularidades sobre a Grande Marcha, fomos até Yenan, onde o Exército Popular ficou instalado em cavernas. Visitamos o deserto de Gobi, a Mongólia, os campos infinitos de arroz. Conhecemos cidades incríveis como Xangai e Cantão. Em uma madrugada de muito calor, os chineses nos levaram a um bairro de Xangai, onde as pessoas dormiam sobre esteiras na rua.

Não havia roubos ou agressões, e elas fugiam do calor abafado de suas casas. Achei fantástica aquela sensação de segurança compartilhada pela comunidade.

É claro que não deixamos de alcançar a Grande Muralha, e também visitamos as tumbas dos imperadores chineses. Circundados por verdadeiros palácios subterrâneos, essas figuras ilustres apodreciam em meio a salões imensos, portões de granito ou madeira, e os corpos de flautistas e súditos que eram enterrados ainda vivos junto a seus senhores. A cultura e a história chinesas são muito marcantes, são provas de uma extraordinária civilização.

Retorno espetacular

A experiência na China foi fantástica, mas há sempre um momento em que é necessário voltar para casa. O coração nos chama de volta, como se houvesse partido antes de nós. Ouvíamos as notícias sobre o Brasil cada vez com mais interesse; ficávamos preocupados com a situação política, as reviravoltas da ditadura, o bem-estar de parentes e amigos. Com o fim do curso, porém, os chineses nos comunicaram que não tinham condições de oferecer um retorno seguro. Estavam em contato com o PCdoB e, segundo eles, a CIA tinha ciência da nossa presença em terras comunistas e passava informações aos serviços de inteligência da ditadura. Voltar pelas vias normais seria cair na arapuca dos militares.

Mas nossa permanência já durava mais de um ano, e a saudade fazia parecer muito mais. Só pensávamos em ir para casa, em pisar novamente o chão brasileiro e falar do que aprendemos, viver na pele a realidade de nossos pais, mães, irmãos, amigos. Se eu soubesse como essa simples vontade tantas vezes me seria proibida, teria voltado bem antes. Mas o governo chinês não se sentia capaz de garantir a segurança mínima para a viagem. Era muito perigoso.

Então, Élio Cabral, Amaro Luiz de Carvalho (o Capivara), Gerson Parreira e eu tivemos uma ideia.

E se nos mandassem para a Europa e, de lá, seguíssemos para algum país que fizesse fronteira com o Brasil? Os aeroportos nacionais certamente estavam muito bem-vigiados, mas as fronteiras terrestres eram, antes como agora, vastas extensões de ermo desassistido. Assim, desembarcando nos arredores do país, poderíamos entrar clandestinamente. Os chineses resistiram um pouco, pediram um tempo para pensar, mas autorizaram o plano. Forneceram passagens para Paris e uma soma relevante em dinheiro para cobrir hospedagem e despesas eventuais. Seria uma missão ousada, e nem todos os companheiros brasileiros toparam se arriscar. Mas Gerson, Élio, Amaro e eu estávamos decididos a apostar nossa sorte naquela nova aventura. Rumamos, então, para a França.

Na primeira vez em que pus os pés em Paris, quase não conseguia andar. Meu joelho esquerdo parecia um melão de tão inchado. Alguns dias antes, ainda na China, tentei patinar em um lago congelado e levei um tombo espetacular. Foi a minha triunfal despedida da grande nação chinesa. Viajei para a Europa com o joelho lesionado e, uma vez na França, receava procurar ajuda portando documentos falsos. Mas a dor era tão grande que mandei a precaução às favas e procurei um médico; ele conseguiu me ajudar e pude continuar viagem. Naqueles dias, a França era apenas uma escala na jornada rumo ao Brasil. Um país que, com generosidade, me acolheria mais tarde e no qual eu aprenderia tanto, mas que sempre, em toda circunstância, representaria grande distância da minha terra. Estar na França sempre significou estar a um passo do Brasil.

Discretamente, meu grupo foi atrás de informações sobre possíveis embarques para a América do Sul. Entretanto, as agências de viagem exigiam visto, e nós não o possuíamos. Foi um banho de água fria. Era praticamente impossível chegar a qualquer país sul-americano sem o visto, nem mesmo para o Brasil, ainda que fôssemos brasileiros. O que fazer? Nosso dinheiro minguava, nossa condição era de clandestinidade, e nossa pátria nos esperava com um sorriso na boca e um porrete atrás das costas!

Depois de muito perambular, de muitos cigarros consumidos pela angústia, de várias tentativas frustradas, descobrimos que um certo voo da companhia holandesa KLM em direção ao Suriname não exigia visto. Era uma brecha, talvez a única! À época, o Suriname era uma colônia holandesa; o tal voo saía de Amsterdam e parava em Portugal antes de cruzar o Atlântico. Em Amsterdam, obviamente, era exigido o visto. Mas, se conseguíssemos pegar o avião em Portugal, poderíamos entrar como passageiros vindos da Holanda. A coisa ficava um pouco mais complicada pelo fato de Portugal viver, então, sob a batuta de ferro da ditadura salazarista. Todos os movimentos precisavam ser muito bem-calculados, pois a prisão nos espreitava em terras brasileiras ou estrangeiras. A ideia, portanto, seria escolher um voo que não exigisse descida para a estação de passageiros do aeroporto de Lisboa. Ficaríamos no transbordo, na área internacional, e dali subiríamos imediatamente para o voo holandês.

Corremos o risco; seguimos estritamente o plano e, sem pensar duas vezes, descemos em Lisboa para logo em seguida subir no voo da KLM. Quando vi novamente o Atlântico emoldurado pela janelinha do avião, saudei-o como a um velho amigo. Em silêncio, para não dar nas vistas dos passageiros, meu pequeno grupo comemorou aquela angustiante vitória com sorrisos e apertos de mão. Ainda não sabíamos se chegaríamos bem ao Brasil, mas a maior parte do percurso já estava feita! Voltávamos à América do Sul, ao Ocidente, ao calor dos trópicos. Nenhuma grandiosa civilização do passado, nenhum projeto colossal de nação, nenhuma biblioteca repleta de história e ideais, nada se comparava ao sublime gosto do sol a resvalar pelo verdor cheio de esperança da América do Sul.

Não existe pecado do lado de baixo do Equador

Paramaribo era uma possessão holandesa encravada na carne da América do Sul. Estávamos muito ao norte das fronteiras do Brasil, mas aquela cidade resplandecia como um pedaço de casa. Seu perfume, seu odor, sua gente, tudo chegava a nós como algo mais familiar, menos exótico que a antiquíssima cultura oriental. Resolvemos nos apresentar como antropólogos e pesquisadores da Universidade de São Paulo.

Desembarcamos ansiosos, mas muito empolgados com o retorno. Assim, nossa primeiríssima atitude em solo americano foi, digamos, uma experiência antropológica. Ora, depois de mais de um ano acumulando hormônios, desejos, fantasias, não haveria melhor forma de comemoração para nosso retorno que pesquisar cientificamente as raças femininas do Suriname! Era inimaginável que jovens da nossa idade ficassem tanto tempo sem sexo. Naquelas circunstâncias, prudência, segurança e mesmo ideologia ficavam em segundo plano. Só pensávamos nas mulheres: negras, amarelas, brancas, morenas, loiras. Encontramos um hotel e pedimos ao porteiro para que nos viabilizasse contato com determinada quantidade de mulheres. O hotel, como qualquer hotel de luxo no mundo, era bastante liberal. Isso de hotel familiar é coisa de pobre – quanto mais estrelas o estabelecimento tem, menos restrições faz aos caprichos de seus hóspedes. Assim, comemoramos nossa vitória com vinte e quatro horas de festa intensa!

Refeitos, aliviados, serenos, pudemos então planejar nossa entrada no Brasil. A fronteira do Suriname, na época chamado Guiana Holandesa, era de difícil acesso. Como verdadeiros antropólogos, nós nos informamos sobre as condições da região, a existência de tribos, de garimpos, estradas e rios. A conclusão foi de que seria melhor nos deslocarmos até a cidade de Caiena, na Guiana Francesa. A partir dali, poderíamos descer até uma cidadezinha de nome Saint Georges[105] que desenvolvia intensa atividade com o Oiapoque, já em terras brasileiras. Para viajantes clandestinos como nós, Saint Georges representava a chave de entrada para o Brasil.

Foi necessário alugar um avião para se alcançar a cidade. Do alto, viam-se o rio Oiapoque, a floresta maciça como um colchão verde de plumas e as poucas, singelas, casas de Saint Georges. Lá se falava o patuá, mistura de francês com línguas africanas e indígenas, e a tez das peles era mais escura. Resolvemos nos hospedar em uma pensão bem-estruturada, grande e ampla – que, depois descobrimos, pertencia ao Sr. Jean, um homem muito influente naquelas localidades. Esse senhor exerceria um papel fundamental em nossos planos. Mas, primeiro, ele nos passou um tremendo sufoco.

Éramos estrangeiros numa cidade pequena, e decidimos não sair muito da pensão e não dar muita margem para assunto. Passávamos as horas entre estratégias e cálculos, tentando definir um plano de ação. Mas os olhos do Capivara fugiam

[105] Saint-Georges-de-l'Oyapock – Guiana Francesa

até o decote de uma moça muito bonita, atendente da pensão. Ela passava e perdíamos os olhos do nosso companheiro. Não deu em outra; a atração foi recíproca, os dois se engraçaram, se entenderam e lá iam engatando um namorico tropical. Por sorte, um funcionário percebeu o que acontecia e nos chamou a um canto. Disse que a moça era bonita mesmo, mas tinha dono. Ela era a favorita do Sr. Jean, e mexer com ele seria muita imprudência. O homem era poderoso, envolvia-se com o contrabando de produtos brasileiros nas redondezas. Na posse dessa informação, tomamos duas atitudes imediatas: a primeira, amarrar olhos e mãos do companheiro Capivara; a segunda, mudar a estratégia e nos aproximar do Sr. Jean.

Assim, os pesquisadores da USP se transformaram em "comerciantes ilegais de café". Com muita cautela, nós iniciamos uma prosa com o Sr. Jean e nos apresentamos como donos de um barco de mercadorias que fazia o trajeto entre o Amapá e as Guianas. Mas confessamos, em tom de sigilo, que passávamos por um problema. Tínhamos por intenção subir o rio Oiapoque e chegar à cidade de Oiapoque, mas não conhecíamos bem o trajeto e as regras do jogo naquela região. O Sr. Jean se empolgou com a possibilidade de negócios e resolveu nos ajudar. Prometeu-nos um encontro com alguns amigos para o dia seguinte.

No dia seguinte, estávamos muito tensos. A empreitada era arriscada – ninguém sabia quase nada de café, de Amapá, de contrabando. Ao chegarmos ao encontro, um frio aterrorizante cortou minha espinha. Estacamos como gatos eriçados. Junto ao Sr. Jean, sentavam-se uns dois ou três militares brasileiros. Uma cilada?! Mas, mantendo a calma em níveis extremos, aproximamo-nos e nos apresentamos. Descobrimos que os militares eram mesmo amigos do Sr. Jean e desconheciam completamente nossa identidade. Eles foram muito amigáveis e se predispuseram a nos levar até o Oiapoque, para que conhecêssemos o caminho. E foi desse modo tão inusitado que nós, perseguidos e procurados pela ditadura militar, entramos livremente em terras nacionais de carona nas balsas do Exército Brasileiro.

Em Oiapoque, nossa estratégia de sobrevivência foi a de nos expor ao máximo. Afinal, quem não deve, não teme. O Brasil é um país gigantesco e, até hoje, a comunicação entre suas partes mais distantes ocorre lentamente. Ali, no extremo-norte, éramos comerciantes de café, ou pesquisadores, vindos das Guianas e sem nenhuma relação com comunismo, militância política, essas tramoias das grandes e longínquas cidades. Assim que chegamos, fomos à prefeitura e fizemos amizade com os próprios militares.

No fim do Brasil, encontrei uma cidade pitoresca. Acossados por florestas infinitas, riscados por fronteiras artificiais que ninguém sabia ao certo onde estavam, perdidos entre línguas e rios, os brasileiros do Oiapoque só falavam da solidão. O velho militar com quem Élio Cabral fez amizade e que o convidava continuamente para jogar sinuca no quartel; o promotor alagoano bem-apessoado e intelectual de província, para quem aquilo ali era "o cu do mundo"; a senhora um tanto tristonha que dirigia uma mistura de cabaré com restaurante de família. Pessoas que viviam na distância, no longínquo, na solidão verde e úmida do norte.

Os militares do Oiapoque nos ajudaram sempre que puderam. Naquele lugar, as rixas políticas do Brasil soavam apenas como ecos distantes, fábulas ou lendas que talvez fossem verdade. Um avião nos levaria a Macapá, mas ele só passava uma vez por semana. Era um velho Douglas DC-3, muito em moda à época. Quando ele chegou, fomos ao aeroporto na caçamba de um jipe militar. Em nossas malas, havia um peso extra: dezenas de cartas, encomendas, recados, bilhetes que os militares de Oiapoque nos confiaram para que remetêssemos. E isso, nós fizemos. Postamos algumas encomendas em Macapá, outras em Belém; tudo foi enviado. Tenho certeza de que, na época, mães, pais, irmãos e esposas receberam notícias queridas do extremo e solitário norte; um intervalo de aproximação em meio ao isolamento. Para nós, porém, era a hora da separação. Cada um tomou seu rumo. Era perigoso ficarmos juntos e, dali para frente, os riscos aumentariam. Eu observei meus companheiros se despedirem e desaparecerem. Meu destino agora era Belém e, de lá, São Paulo. Estava em casa, mas ainda não estava livre. A luta sequer começara.

Prisões, Tortura e Esperança

O sapato chinês

Ele morava no interior de São Paulo e vendia livros. Antes, tentara a sorte com a venda de fotografias, mas o negócio não vingou. Agora vendia livros. Saía com sua pastinha debaixo do braço, a pé, e ia de casa em casa, de loja em loja, oferecendo umas coleções ridículas chamadas "A História do Brasil em Jornal". Os tempos eram difíceis. Certa vez, um advogado generoso o puxou pela gola e disse: "Não vou comprar essa porcaria. Você é um vendedor bem-apresentável, tem estrutura para vender produto melhor. Vá vender enciclopédias, obras de arte, qualquer outra coisa e desista desse lixo". Ele sorriu. Meneou a cabeça em sinal de concordância, agradeceu ao advogado e foi embora. Apertou a pastinha debaixo do braço, sem apertar o passo. Continuou vendendo as mesmas coleções ridículas. Seu nome era Sérgio. Não, seu nome era Antônio. Ou talvez Sérgio.

Às vezes, ele tinha a impressão de que alguém o perseguia. Olhava para a rua, da janela de seu quartinho, e suspeitava vultos atrás dos postes, das árvores, nas praças. Não era de muita conversa, não tinha muitos amigos. Mas, vez ou outra, algum estranho o cumprimentava na rua como se fossem velhos conhecidos. Ele desconversava, ignorava, passava reto. Depois, trancava os ferrolhos da porta e não conseguia dormir.

Um dia, acordou gripado. Por sorte, era domingo, e a pastinha cochilava num canto do quarto. Sérgio, ou talvez Antônio, tinha pouca mobília e nenhum remédio em casa. Desceu para a rua e foi atrás de uma aspirina. No caminho, tomou um café com leite, comprou um exemplar do Estadão. Caminhava sem nenhuma pressa, espirrando um pouco, os olhos semiabertos. A gripe, o domingo, o calor, tudo convidava ao recolhimento. Ao cruzar uma esquina, quatro homens surgiram do nada e o jogaram no chão. Depois o enfiaram num carro que partiu em disparada. Assustado, Sérgio – ou talvez Antônio – perguntou o que estava acontecendo. Eles o mandaram calar a boca e o chamaram de subversivo comunista.

Chegaram a uma delegacia em Mirassol. O delegado, com ares de poucos amigos, olhou para Sérgio, ou Antônio, e disse: "Nós já estávamos atrás de você há muito tempo. Quando retornou da China?". O pobre homem ficou surpreso. Nunca estivera na China. Mas o delegado insistiu. Chamou-o de agente comunista, afirmou que ele havia feito um curso de guerrilha naquele país longínquo. Sérgio, ou talvez Antônio, tentou se acalmar e afirmou ser apenas um vendedor ambulante, vindo de Corumbá, que vivia em paz com a lei de Deus e dos homens. Aquilo era tudo um grande mal-entendido. O policial riu, mas o delegado, ainda sério, perguntou:

– Se é assim... Corumbá fica do lado de cá ou de lá do rio?

– Do lado de lá – respondeu o vendedor de livros.

– É mentira! Não fica do outro lado coisíssima nenhuma! – esbravejou o delegado, levantando-se. Então parou. Seus olhos vislumbraram algo no chão. Fitou com insistência os pés de Antônio. – Que sapato esquisito – murmurou. – Tragam-me uma marreta – disse o delegado aos policiais.

Sérgio foi obrigado a tirar os sapatos e os colocar sobre a mesa. Com a marreta, começaram a arrebentar o estranho calçado, até que só sobrasse a sola. Em suas partes internas, riscados no couro, podia-se ver diversos símbolos exóticos, traços e pontos ininteligíveis – ideogramas chineses em puro mandarim. O sapato estava repleto deles. O delegado sorriu vitorioso. À sua frente, o pobre vendedor de livros parecia outra pessoa. Respirava profundamente, os olhos faiscando como os de uma fera acuada. Seu nome não era Sérgio, nem Antônio. Era Tarzan de Castro.

Assim me descobriram em São Paulo, depois de ter retornado da China. Eu havia conseguido permanecer um tempo na clandestinidade, disfarçado de vendedor ambulante em São José do Rio Preto. As lideranças do PCdoB me designaram para cuidar da região composta por São José, Jales, Mirassol, Olímpia, Fernandópolis, Votuporanga e outras cidades. Quando a polícia conseguiu me encontrar, eu usava uns sapatos adquiridos na China. Havia raspado os ideogramas da parte externa e da palmilha, mas não sabia dos que estavam ocultos dentro do calçado. Para os policiais, aquilo foi prova mais que suficiente de quem eu era. Há mesmo certa poesia no fato de que meus pés levavam marcas dos caminhos que percorreram. Mas também de descaminhos, a poesia se constrói. Acabei preso. Descobri que os militares tinham muitas informações sobre o grupo que esteve na China e sobre aqueles que foram depois de nós. Possuíam fotos, nomes verdadeiros e falsos, itinerários, localização de aparelhos. Recordei-me imediatamente do recolhimento dos passaportes em pleno voo sobre o Paquistão. Alguém de fora alimentava a ditadura com essa natureza de informação.

Durante o interrogatório, tentei criar um álibi que não prejudicasse nenhum outro companheiro. Eu tinha um encontro com o Lincoln Oest, dirigente do partido, dali a 15 dias. Precisava segurar a barra durante esse tempo. Quando eu não aparecesse no encontro, o companheiro entenderia que eu havia sido capturado e tomaria as providências necessárias. Assim, admiti ter ido à China e contei por alto sobre algumas operações em Goiás, sempre afirmando que o movimento era pequeno, quase inexpressivo. Os policiais me enviaram para o DOPS de São Paulo. Ali, os interrogatórios continuariam e o nível de pressão aumentaria.

No DOPS, permaneci na solitária, isolado do mundo e sem direito a me comunicar sequer com meus familiares. Saía da cela apenas para a sala de interrogatório – já havia decorado esse caminho, tantas eram as vezes que me submetiam a séries e mais séries de perguntas. Certo dia, outra vez na sala de interrogatório, deparei-me com um interrogador novo – era um homem de pele muito clara, bem-apessoado, portando uma grande pasta. O guarda nos deixou a sós, e o homem, sorrindo, falou que seu nome era Mr. Robert. Agente da Cia.

Mister Robert?

Eu sequer me movi na cadeira. Aquilo tinha um quê de surreal. Com seu sotaque acentuado e suas palavras macias, Mr. Robert disse-me que tinha uma proposta a fazer. Começou por afirmar que eu era um jovem de futuro, que poderia viver bem e muito, e contribuir com a sociedade. A juventude latino-americana era promissora, movida por uma energia grandiosa e por intensa vontade de fazer o bem. Mas ela estava sendo iludida. Aqueles jovens que foram à China preocupavam muito a Mr. Robert, pois lá se distorcia a verdade; mentia-se sobre o verdadeiro papel dos EUA na América Latina, sobre os valores defendidos pelos norte-americanos. Assim, muitos jovens acabavam se envolvendo em situações complicadas, como a minha.

Mr. Robert me olhou diretamente, o sorriso sumiu do rosto, mas o tom calmo se manteve. Ele disse que minhas opções eram poucas. Eu estava marcado pelo Exército Brasileiro, que me considerava um inimigo muito perigoso. Infelizmente, a minha decisão seria de vida ou morte. Ninguém sabia da minha prisão, os militares me levariam aonde quisessem e me eliminariam sem deixar rastros. Minha vida, naquele momento, valia pouco ou nada. Mas ele estava ali para oferecer uma esperança. Eu franzi o cenho, intrigado, e Mr. Robert continuou: gostaria que eu trabalhasse para a CIA. Pagariam minha transferência para os Estados Unidos, onde eu teria um trabalho político condizente com meu nível. Com minha facilidade de expressão e visão ampla, eu faria conferências nas Faculdades, falaria com estudantes latino-americanos. Poderia esclarecê-los sobre os equívocos do antiamericanismo e os perigos de se enveredar naquelas trilhas perigosas e ilusórias.

O americano abriu o jogo sem ressalvas. Nada mais havia de oculto, e eu, surpreso, permaneci um tempo calado. Depois, expliquei a Mr. Robert que não tinha condições de aceitar aquela proposta, pois não ficaria bem comigo mesmo. Ele insistiu, argumentou que era um absurdo o que se fazia com a juventude brasileira, que queriam tomar nossa cultura de assalto, com valores totalmente diferentes dos nossos. Interessante como ele acusava os comunistas do mesmo que os comunistas acusavam os EUA. Ao perceber que eu me mantinha impassível, Mr. Robson pareceu mudar de ânimo. Disse friamente que lamentava muito, pois meu fim poderia ser trágico. Nossa conversa terminava ali, ele falou, levantando-se. Eu também me levantei.

Ao vê-lo desaparecer pela porta, pus-me a pensar no que acabara de ocorrer. Estava chocado, não tanto pela proposta, mas, principalmente, por ter sido interrogado por um norte-americano, confessadamente da CIA, dentro de uma delegacia de polícia brasileira, na principal cidade do país. Depois soube que muitas outras pessoas passaram pela mesma situação; era um evento corriqueiro. E, nos discursos oficiais, nos programas de TV e de rádio, nas matérias de revista, defendíamos um nacionalismo tupiniquim e paroquiano. Falávamos sobre um Brasil para os brasileiros! Bradávamos – os pulmões cheios – à soberania nacional, ao orgulho de ser da terra! O gol do Pelé, o ame-o ou deixe-o, o impávido colosso. E, enquanto isso, no interior das delegacias e dos quartéis, quantos Mrs. Roberts agiam sob a vista conivente dos nacionalistas tupiniquins?

Arquivo pessoal de Tarzan de Castro

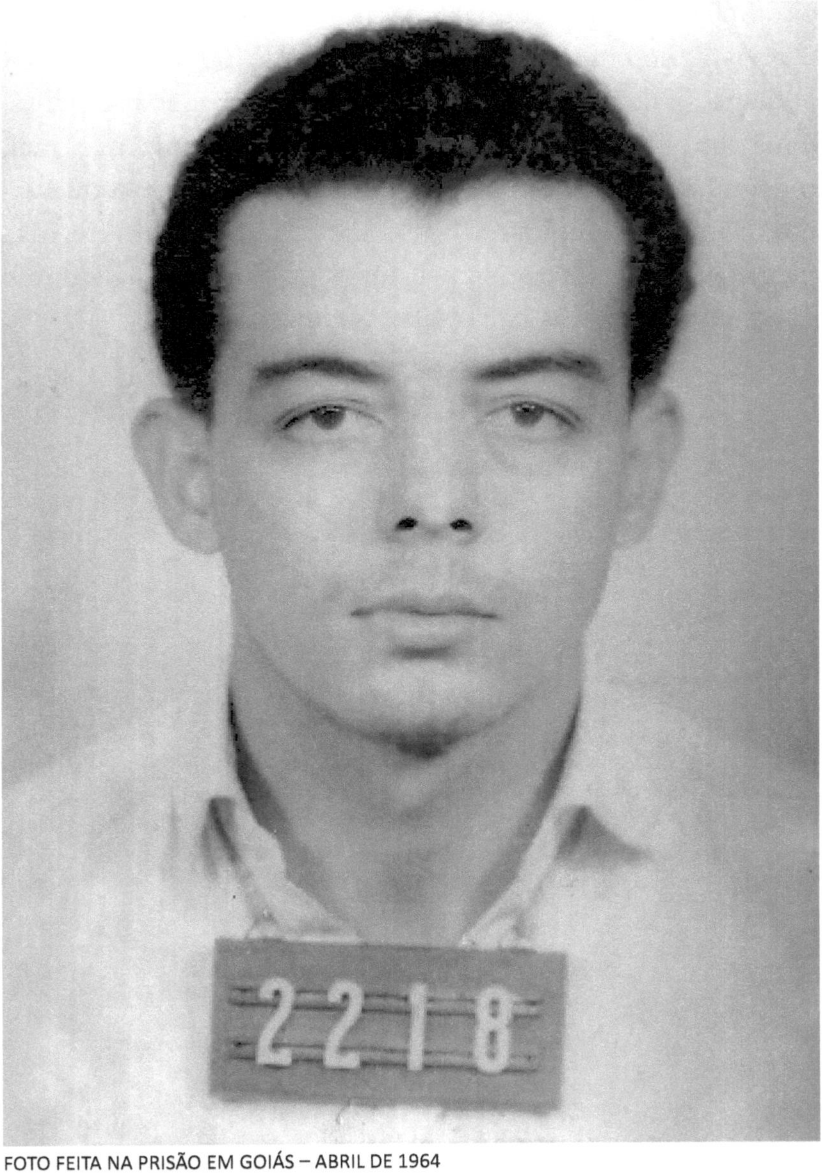

FOTO FEITA NA PRISÃO EM GOIÁS – ABRIL DE 1964

A mãe vence o fuzil

Aquilo que o agente norte-americano disse começava a se cumprir. Eu fui entregue às mãos do Exército e transferido do DOPS paulista. A viagem até o Rio de Janeiro fez-se longa, inquieta. Pensava que, a qualquer momento, alguém me arrastaria a um canto e meteria uma bala na minha nuca. Já havia perdido a conta dos dias que ficara preso, sem nenhum tipo de contato com o mundo exterior. Eu era um dos muitos desaparecidos nos meandros da ditadura. Nutria uma esperança apenas; quando estava no DOPS, trancado em uma solitária toda coberta de ferro. De repente, ouvi um alvoroço de pessoas cantando palavras de ordem, eram estudantes que tinham sido presos durante um congresso da UNE no interior de São Paulo em Ibiúna.

Eram dezenas de estudantes presos naquela delegacia, o tumulto era muito grande. Os estudantes presos manifestavam-se gritando palavras de ordem e cantando música de Geraldo Vandré. Ao perceber a agitação dos estudantes, senti que podia de alguma maneira entrar em contato com algum deles, mesmo estando em uma solitária.

Pus-me a chutar a porta da solitária da prisão, tentando chamar a atenção do grupo. Algumas pessoas me ouviram e me perguntaram quem eu era. Sou Tarzan de Castro – disse-lhes – sou estudante e estou há muito tempo preso. Fui raptado em São José do Rio Preto, e ninguém sabe da minha prisão. Estou com medo de ser morto pelos policiais. Houve ruídos do outro lado, e um pedaço de papel e um lápis surgiram por baixo da porta. Eu escrevi tudo que disse e devolvi aos manifestantes. Mais tarde, descobriria que quem liderou aquele movimento na prisão foi Aloysio Nunes Ferreira[106], então presidente do centro acadêmico da Faculdade de Direito do Largo de São Francisco. Eles prometeram denunciar o que estava acontecendo, assim que fossem liberados da prisão provisória. E assim foi feito. Eu torcia, principalmente, para que minhas palavras atravessassem o país e chegassem aos corações aflitos de minha mãe, meu pai, dos meus familiares. Os versos do Vandré lentamente esmaeceram, sem deixar nenhuma marca sobre a superfície indiferente da cela. A esperança, porém, impregnava meus olhos de luz.

Agora, no caminho para o Rio de Janeiro, pensava se minhas palavras haviam chegado a algum lugar. Mas eu não sabia sequer para onde me levavam e todo gesto brusco dos militares, toda interrupção de percurso, todo cochicho entre soldados, tinha-os pelo derradeiro. Também não fazia ideia de que, lá fora, havia uma força muito especial movendo as engrenagens a meu favor. Uma força protetora, cálida e infinita, capaz

[106] Militante do Movimento Estudantil (M.E.), da Aliança Libertadora Nacional (ALN), Partido Comunista Brasileiro (PCB), perseguido pela ditadura, asilou-se na França. Ex-deputado, ex-ministro da Justiça e Casa Civil da Presidência da República, atual senador por São Paulo.

de peitar inimigos mil vezes maiores que ela sem pestanejar. Ela transgredia as distâncias físicas, as limitações financeiras e materiais, as diferenças ideológicas, mobilizava a opinião do povo, intimidava as elites sem feri-las – Esse poder tremendo que é a força de uma mãe em busca de seu filho.

> *D. Joaquina Ramos de Castro, mãe do líder universitário Tarzan de Castro, fez, ontem, em prantos, um novo apelo às autoridades para que digam, ao menos, onde está o corpo do rapaz, ou desmintam os boatos de que ele teria sido morto a coronhadas em Juiz de Fora [...] a 9 de setembro ele estava no DOPS de São Paulo. Foi transferido e desapareceu nos cárceres do Governo. A família, que não tem recursos, já gastou mais de Cr$ 2 milhões tentando encontrá-lo (Jornal Última Hora – Edição Nacional – Rio de Janeiro, terça-feira, 4 de outubro de 1966 – nº 1979).*

Estava tarde, mas eu podia ver a linha do oceano pontilhada de luzes. Seguíamos a costa por uma região alta. O cheiro do mar carioca se misturava ao do meu suor. Quão injusto ter os olhos cheios de mar e o coração seco. Então, vi ao longe a silhueta de uma construção. Suas formas rígidas, antigas, se estendiam pela sombra como a couraça de um animal extinto – Entravamos na Fortaleza de São João.

> *Vizinhos da Fortaleza de São João informaram à reportagem de UH terem ouvido, de um Sargento, a notícia de que "o preso de São Paulo havia chegado ontem". A suspeita é de que Tarzan, transferido para o Rio, dia 19 de setembro, segundo comunicado recebido pelos seus familiares, estivesse detido em outra repartição*

e anteontem transferido para a Fortaleza (Jornal Última Hora – Edição Nacional – Rio de Janeiro, terça-feira, 4 de outubro de 1966 – nº 1979).

Percebi que amanhecera pela réstia de luz a amainar o escuro da cela. O ar fedia a umidade e peixe, os barulhos do mundo lá fora ecoavam como se eu ainda dormisse. Pus-me a divagar sobre a necessidade humana de construir fortalezas, de arranhar a liberdade com esses torreões, essas muralhas e portões; essa necessidade de isolar os transgressores, os que discordam. Um guarda apareceu e me ordenou que o seguisse. É agora, pensei. Fomos por corredores escuros, subimos escadas, ele às minhas costas, arma em punho. Eu olhava as paredes e me perguntava qual delas seria manchada de sangue. Então, abriu-se diante de mim uma saleta iluminada – num canto, sentada rigidamente, a figura velha, cansada, mas viva, muito viva, de Joaquina Ramos de Castro. Minha mãe, a "baiana".

A mãe pôde ver o filho por uma hora e cinco minutos, após 72 dias de espera. Desse período, 69 dias foram de total incerteza: ninguém sabia onde estava Tarzan de Castro. Mas, graças a um movimento de opinião pública que mobilizou a Imprensa e setores católicos, a Sra. Joaquina Ramos de Castro conseguiu ontem entrar no Forte de São João para o clímax emocional de um reencontro que os regulamentos militares tornaram inacessível aos jornalistas. Clímax que se deve àquela corrente de homens de boa vontade, empenhados na missão humanitária de descobrir o rapaz, e agora se movimenta para libertá-lo (Jornal Hora H, Rio de Janeiro, outubro de 1966).

Meu nome Tarzan

Joaquina Ramos de Castro, minha mãe, era uma baiana formidável. Retirante, nasceu em Correntina e chegou a Alto Araguaia, Mato Grosso, aos nove anos de idade. Seu pai morreu no caminho, e os irmãos passaram a ser responsabilidade de tio Cirilo Pereira da Silva, pessoa de muito fervor religioso. Casou-se com meu pai Elpídio de Castro, goiano de Rio Verde, e teve 11 filhos.

Devo a minha mãe esse nome pitoresco de Tarzan, personagem pelo qual ela tinha admiração e, principalmente, o nome, que a atraía muito. Minha mãe tinha grande consciência política e sempre me acompanhou em minha trajetória. Uma grande companheira, incentivadora, que amava a luta popular e se tornou militante do PCdoB em Goiás. Esteve comigo no Uruguai, no Chile, na França, em Portugal e na Argentina. Entre nós, não havia limites nem segredos. Compreendia facilmente as questões e seus desdobramentos, era uma espécie de psicóloga da humanidade. Faleceu em 2001, em Goiânia, e viveu para dar uma lição de vida e amar a liberdade. Autodidata impressionante, não possuía nenhuma cultura acadêmica, mas adorava ler e escrever. Recordo-me de um verso escrito por ela, a respeito do rio Arrojado, que passa pela Correntina de sua meninice: *"No arrojo e no rebojo do Arrojado, volto à minha infância a nado"*. Nunca me esqueço desse verso. Penso que todos têm um rio na vida; e quem não tem deveria tê-lo. Nasci à beira do Araguaia e, até hoje, quando volto ao rio, retorno à minha infância como num passe de mágica. Por isso, acho fantástico o verso de minha mãe. Apenas uma pessoa assim, tão aguerrida e tão sincera, poderia ter enfrentado a ditadura militar e conseguido mover a sociedade ao meu redor. Ela, meu pai e meus irmãos, foram a jornais, fizeram campanhas em igrejas, elencaram bons advogados. Por isso, sempre disse à minha mãe que ela me deu a vida três vezes: uma quando me pariu e outras duas quando não deixou que me matassem nos porões da ditadura.

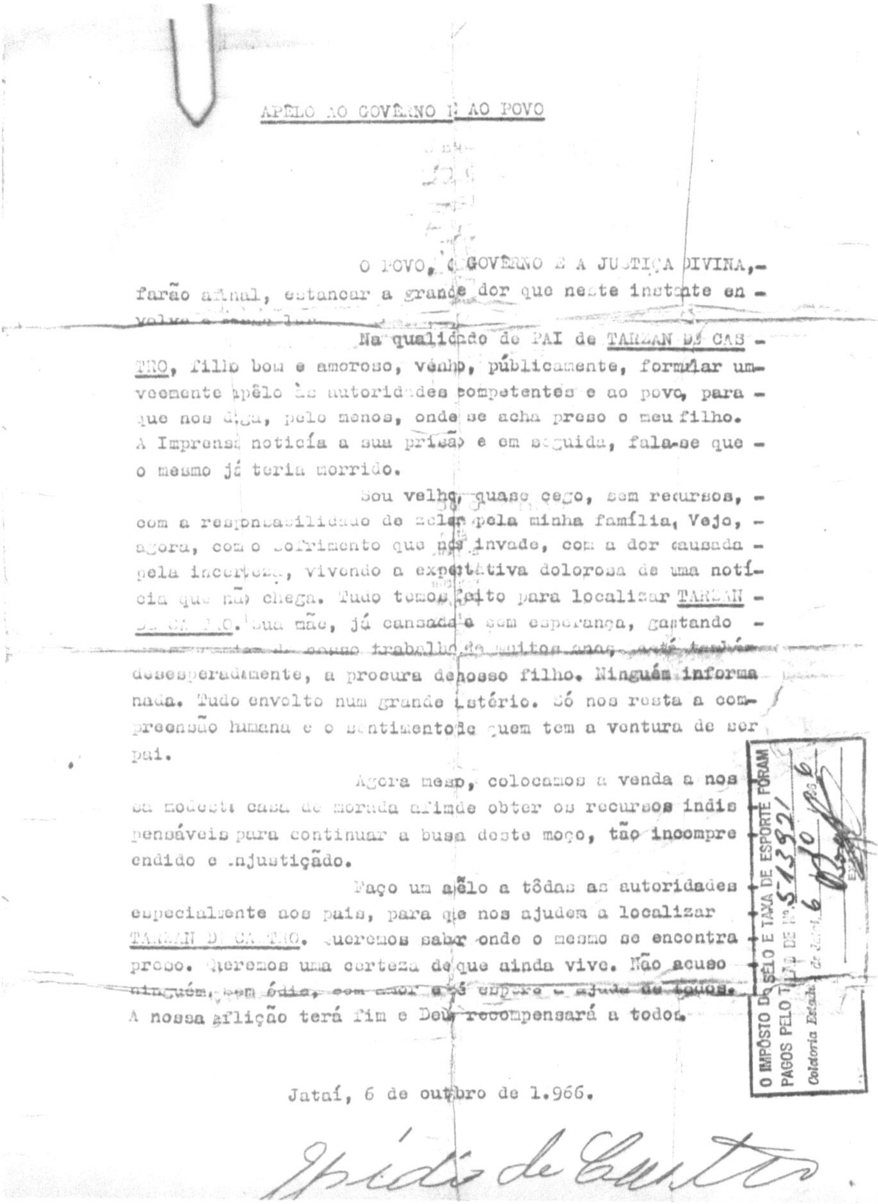

APÊLO AO GOVÊRNO E AO POVO

O POVO, O GOVÊRNO E A JUSTIÇA DIVINA, farão afinal, estancar a grande dor que neste instante envolve [illegible]

Na qualidade de PAI de TARZAN DE CASTRO, filho bom e amoroso, venho, públicamente, formular um veemente apêlo às autoridades competentes e ao povo, para que nos diga, pelo menos, onde se acha preso o meu filho. A Imprensa noticía a sua prisão e em seguida, fala-se que o mesmo já teria morrido.

Sou velho, quase cego, sem recursos, com a responsabilidade de zelar pela minha família, Vejo, agora, com o sofrimento que nos invade, com a dor causada pela incerteza, vivendo a expectativa dolorosa de uma notícia que não chega. Tudo temos feito para localizar TARZAN DE CASTRO. Sua mãe, já cansada e sem esperança, gastando [illegible] de nosso trabalho de muitos anos, está também desesperadamente, a procura de nosso filho. Ninguém informa nada. Tudo envolto num grande mistério. Só nos resta a compreensão humana e o sentimento de quem tem a ventura de ser pai.

Agora mesmo, colocamos a venda a nossa modesta casa de morada afim de obter os recursos indispensáveis para continuar a busca deste moço, tão incompreendido e injustiçado.

Faço um apêlo a tôdas as autoridades especialmente aos pais, para que nos ajudem a localizar TARZAN DE CASTRO. Queremos saber onde o mesmo se encontra preso. Queremos uma certeza de que ainda vive. Não acuso ninguém, sem ódio, com amor e só espero a ajuda de todos. A nossa aflição terá fim e Deus recompensará a todos.

O IMPÔSTO DO SÊLO E TAXA DE ESPORTE FORAM PAGOS PELO TALÃO DE Nº 513921 6/10/1966
Coletoria Estadual de Jataí

Jataí, 6 de outubro de 1.966.

Elpídio de Castro

CARTA ESCRITA POR ELPÍDIO DE CASTRO, PAI DE TARZAN, EM BUSCA DE INFORMAÇÕES SOBRE O PARADEIRO DO FILHO. DOCUMENTO – ARQUIVO DA DITADURA

Arquivo pessoal de Joaquina Ramos de Castro, mãe de Tarzan

TARZAN

HORA H

Após as Torturas, Talvez a Morte

D. Joaquina Ramos de Castro, mãe do líder universitário Tarzan de Castro, fêz, ontem, em prantos, um nôvo apêlo às autoridades para que digam, ao menos, onde está o corpo do rapaz, ou desmintam os boatos de que êle teria sido morto a coronhadas em Juiz de Fora. Um dos irmãos de Tarzan disse a UH que, logo depois do movimento militar de abril de 1964, êle estêve prêso porque trabalhava com o Governador Mauro Borges; no 10.º Batalhão de Caçadores, torturaram-no com brasas de charuto, pancadas nos rins e choques elétricos. Mais tarde, Tarzan foi prêso de nôvo em São José do Rio Prêto, onde passava as férias; a 9 de setembro passado, êle estava na DOPS de São Paulo. Foi transferido e desapareceu nos cárceres do Govêrno. A família, que não têm recursos, já gastou mais de Cr$ 2 milhões, tentando encontrá-lo. (Fotos da Sucursal de São Paulo)

Última Hora

EDIÇÃO NACIONAL

ANO XVI — Rio, Têrça-Feira, 4 de Outubro de 1966 — N.º 1.979 — CR$ 300

JORNAL *ÚLTIMA HORA*, RIO DE JANEIRO, 4 DE OUTUBRO DE 1966

Arquivo pessoal de Joaquina Ramos de Castro, mãe de Tarzan

BUSCA DRAMÁTICA A TARZÃ PRISIONEIRO

A Advogada Anina Alcântara compareceu ontem inùtilmente à Fortaleza de São João (foto), na Urca, à procura do líder universitário Tarzã de Castro, desaparecido desde o dia 3 de agôsto: o Major Oscar da Silva, a quem foi entregue o estudante, recusou-se a recebê-la. A advogada retornou ontem mesmo a São Paulo, mas volta ao Rio segunda-feira, para impetrar habeas-corpus. (Leia na segunda páginas)

JORNAL *ÚLTIMA HORA*, RIO DE JANEIRO, 4 DE OUTUBRO DE 1966

Arquivo pessoal de Joaquina Ramos de Castro, mãe de Tarzan

HORA H

Outubro Rio 1966

Por Uma Hora e Cinco Minutos

A mãe pôde ver o filho por uma hora e cinco minutos, após 72 dias de espera. Dêsse período, 69 dias foram de total incerteza: ninguém sabia onde estava Tarzã de Castro. Mas, graças a um movimento de opinião pública que mobilizou a Imprensa e setores católicos, a Sra. Joaquina Ramos de Castro [illegible] ontem [illegible] de São João [illegible] (Foto de Alcyr de Barros)

ALERTA QUANDO SE MATAM AS SAUDADES

Tão logo a Sra. Joaquina Ramos de Castro penetrou na Fortaleza de São João, acompanhada da Advogada Anina Alcântara de Carvalho, os soldados armados de metralhadoras e fuzis ocuparam postos de defesa. Soaram toques no quartel: ao que se disse mais tarde, foi apenas um treinamento de rotina.

Enquanto essa movimentada rotina se desenrolava no pátio, a mãe do jovem Tarzã de Castro matava saudades nutridas pela incerteza sôbre o paradeiro do filho, prêso a 19 de setembro em São José do Rio Prêto e desde então mantido sob a responsabilidade do Major Oscar da Silva.

Outros dois estudantes — soube-se agora — estão detidos na Fortaleza: Luís Sabino Santana e Gérson Alves Correia. Não se sabe, ainda, em que IPM ou processo figuram os três rapazes; fonte oficiosa deixou escapar que Tarzã está implicado numa viagem ao exterior. O relatório do Major Oscar da Silva, que deverá esclarecer êsses pontos, foi remetido ontem ao Supremo Tribunal Militar, que, na próxima quarta-feira, deverá julgar habeas-corpus em favor de Tarzã e Luís Sabino, êste também de São Paulo.

Hoje pela manhã, os irmãos de Tarzã, Darlan e Erlan, poderão visitá-lo. Para tôda a família do rapaz prêso, êsses encontros parecem um autêntico milagre: corria, em Brasília e Goiânia, que êle não estava mais vivo. A longa busca, finalmente terminada agora, consumiu as reservas financeiras dos parentes. Em benefício de Tarzã, chegou a ser feita coleta na Igreja dos Dominicanos, em São Paulo.

JORNAL *ÚLTIMA HORA*, RIO DE JANEIRO, OUTUBRO DE 1966

Querido filho Tarzan

Cheguei em nossa casa dia 18 p.p. Encontrei ~~todo~~ o pessoal muito abatido. Via-se em cada rosto a marca do sofrimento de muitos dias, pois chegaram a preparar para ir a Goiânia esperar a chegada de seu corpo sem vida. ~~[illegible]~~ Faças uma idéia de tudo isto e veja que não foi brincadeira. ~~Mais tínhamos~~ temos fé, que não ~~haverá~~ pode passar mais, por dias tão amargos.

Tarzan o que mais me emocionou foi o número de mães que vieram me abraçar chorando e pedindo a Jesus que te proteja, e que te ponha logo em liberdade, ~~[illegible]~~ tive mais pena foi das velhinhas que reclamam por você, pois ~~[illegible]~~ deve lembrar que são ~~nossas~~ minhas grandes amigas, e que te conheceram ~~[illegible]~~ quando ~~[illegible]~~ eras criança. Não esquecem do que você foi para elas. Por isto meu filho, as lágrimas que eu choro são confortadas, pois você não é bom só para mim, pois que nunca chorei sozinha. Tenho confiança que não ~~[illegible]~~ há um coração que não sinta a tua bondade e tua gratidão. Todos esperam que seu habeas-corpo seja ~~(votado)~~ favorável, para que em breve ~~[illegible]~~ tenha a felicidade de rever-te ~~você~~ em casa ~~junto~~ ~~[illegible]~~ de ~~todos~~ da família. pois isto a ~~[illegible]~~ 4 anos! não acontece.

Querido filho Tarzan

Cheguei na nossa casa dia 18 p.p. Encontrei todo o pessoal muito abatido. Via-se em cada rosto a marca do sofrimento de muitos dias, pois chegaram a preparar para ir a Goiânia, esperar a chegada de seu corpo sem vida. Faças uma idéia de tudo isto e veja que não foi brincadeira mas temos fé, que não haveremos de passar mais por dias tão amargos.

Tarzan, o que mais me emocionou foi o número de mães que vieram me abraçar chorando, e pedindo a Jesus que te proteja, e que te ponha logo em liberdade. Tive mais pena foi das velhinhas que reclamam por você, pois deve lembrar que são minhas grandes amigas e que te conheceram quando era criança. Não esquecem do que você já foi para elas. Por isto, meu filho, as lágrimas que eu choro são confortadas pois você não é bom só para mim, porque nunca chorei sozinha. Tenho confiança que não há um coração que não sinta a tua bondade, e tua gratidão. Todos esperam que seu *habeas corpus* seja favorável, para que em breve tenhamos a felicidade de revê-lo em casa perto da família, pois isto há 4 anos não acontece.

Joaquina de Castro

FORTE DA LAGE

A Fortaleza da Laje

sor da disciplina".

"Habeas corpus"

O advogado Sobral Pinto impetrou "habeas corpus" em favor do estudante Tarzan de Castro, preso em São Paulo e removido, ao que se presume, para a Guanabara.

O ESTADO DE SÃO PAULO, 11 DE OUTUBRO DE 1966

"*No arrojo e no rebojo do Arrojado, volto à minha infância a nado*". Quem nasceu no coração do Brasil talvez tenha uma relação mais íntima com os rios do que com o mar. O mar se visita, ao mar se vai – há distância entre a casa e o mar. Por isso, toda aquela água salgada não me inspirava nenhuma familiaridade. Singrávamos a enseada carioca num barco de militares; eu estava novamente sendo transferido. Logo, foi possível ver uma ilhota semioculta pelas águas. Como um grande cachalote cinzento a emergir das ondas, a Fortaleza da Laje nem sempre era visível. Quando conseguia avistá-la, saudavam-me as bocas escuras dos canhões. É verdade que o mar oferece a sensação de amplitude, de liberdade, do desconhecido a ser desbravado. Mas ele também isola. Estar rodeado de mar por todos os lados é se tornar uma ilha.

Os franceses chamaram a pedra na entrada da baía de Guanabara de Rochedo de Ratier. Tentaram construir sobre ela um entreposto, mas o mar os enxotou. Entre os portugueses, o padre José de Anchieta já fazia referências àquele pequeno espaço inabitável, muito propício para a defesa da baía. Houve diversas tentativas de se erguer ali uma estrutura militar, mas a ilhota associava privilegiada localização geográfica à quase intragável condição de permanência. O Forte Tamandaré da Laje seria construído apenas no século XVIII, recebendo em sua história prisioneiros ilustres, tais como Bento Gonçalves e o poeta Olavo Bilac. No fim de 1966, os portões da fortaleza se abriam para recolher jovens estudantes contrários à ditadura. Entre eles, havia três goianos – James Allen Luz, Gerson Parreira e eu. Ficara ainda na Fortaleza de São João o famoso maestro goiano, Joaquim Jayme[107].

O comandante destacado para a ilha, naquela época, era o capitão Getúlio. Seus subordinados eram poucos – cinco ou seis soldados e um cabo ou sargento que revezavam turno. A fortaleza se assemelhava a uma grande pedra; havia as baterias de canhões do lado de fora e um cais. Todo o resto ficava dentro da pedra; celas, corredores, refeitório, tudo era fechado. Recordo-me, ainda, de uma longa escada de cordas que exigia boas condições físicas para se subir e descer. Quando a maré subia, o esgoto invadia as celas e alagava praticamente todos os recintos da fortaleza. Por isso, as pernas das camas eram muito altas, como as de beliche. Nós, pobres goianos desentendidos

---

[107] Maestro Goiano, perseguido pela ditadura, membro do Partido Comunista do Brasil (PCdoB), preso, asilou-se no Chile e na Alemanha

de mar, ficávamos apavorados quando a água suja e salgada inundava as acomodações.

A situação na ilha era muito complicada. Fora dela, porém, a coisa não era mais simples. Havia um Inquérito Político Militar (IPM) chefiado pelo major Oscar Silva e determinado pelo próprio general Artur Costa e Silva, então ministro da Guerra. Em decorrência desse inquérito, meus companheiros e eu éramos constantemente interrogados. Participava das investigações, o capitão Aníbal Coutinho, o mesmo algoz de 1964. Mas os interrogadores ignoravam que eu estava há tempos desinformado sobre o movimento esquerdista em Goiás. Realmente, não sabia as respostas para as perguntas que eles me faziam.

A comoção popular causada pelo meu desaparecimento amenizou o receio de morrer nas mãos dos militares – ainda não era época do AI-5, e a ditadura mantinha certas cautelas. Mas, de qualquer forma, estávamos isolados em uma ilha, tidos como elementos de alta periculosidade. No início, os guardas nos viam como superguerrilheiros treinados na China, capazes de transformar uma garrafa em bomba. Determinaram que nossos banhos de sol fossem separados. Cada um tinha uma hora de banho de sol por dia, sem nenhum contato com os outros companheiros.

No entanto, a rigidez inicial não durou muito. Estávamos todos enfurnados naquela ilha, convivendo diariamente, sem outra alternativa senão conhecer uns aos outros. Logo, os vilões se mostraram bem menos terríveis, e os mocinhos bem menos virtuosos do que gostariam de aparentar. Perpetramos uma política de aproximação com os soldados, ganhando-lhes a amizade e a confiança. Em pouco tempo, criava-se um clima fraterno entre presos e aprisionadores – certamente contrário às regras da disciplina militar e a algumas do simples bom-senso. Nós almoçávamos juntos, conversávamos como amigos e, junto a um sargento dado à pescaria, até pescávamos em alto-mar. Esses eram os melhores momentos, porque nos era permitido ficar fora o dia todo, pescando tainha, corvina e outros peixes. Mas, mesmo que a situação estivesse menos tensa, aquilo nunca seria uma colônia de férias. Estávamos presos, nossos direitos suspensos, nossos familiares aflitos. Com a falta de rigidez reinante, a ideia de fugir crescia em meus pensamentos.

A fuga da Fortaleza da Laje[108]

Jantávamos no refeitório da fortaleza, em um fim de dia abafado. Soldados e prisioneiros haviam tirado as camisas, as armas jaziam displicentemente sobre os bancos. Alguém que observasse de longe não suspeitaria se tratar de uma prisão, mas de um almoço de domingo. Entre uma piada e outra, James Allen, de súbito, disse que ali todos eram amigos e, por isso, poderiam fugir juntos. Inclusive os guardas. Ele continuou, num tom que variava entre o debochado e o sério: se conseguíssemos buscar asilo em alguma embaixada, é provável que vivêssemos muito melhor do que mantendo a vidinha submissa de guarda. Um dos soldados, chamado César Augusto de Oliveira Botelho, riu sem jeito e falou que não toparia aquilo de forma alguma; e que, se um dia fossem fugir, que lhe dessem uma coronhada na cabeça para que não o tivessem por cúmplice.

A conversa destrambelhou para novos gracejos e piadinhas, mas um dos soldados permanecia quieto. Seu nome: Francisco Dorismar Arrais, conhecido como cabo Arrais. Quando o assunto já estava para morrer, o cabo se manifestou

[108] A imprensa brasileira publicou uma série de reportagens sobre o caso, que atingiu escala internacional.

dizendo que, caso os prisioneiros quisessem fugir, ele não só ajudaria como iria junto.

Não parecia mentir, e o clima ficou acalorado. Eu interferi e disse que não era prudente o cabo brincar com essas coisas, pois os soldados poderiam acreditar. Para minha surpresa, ele insistiu, dizendo que tinha muita vontade de sair daquele lugar, e que não concordava com os rumos do país. Ele gostaria de estudar, ter outra vida, talvez uma bolsa de estudos no exterior. Eu mudei de assunto, prevendo tempestades.

À noite, quando éramos conduzidos às nossas celas, o cabo Arrais retomou o assunto com o Gerson. Deixou-o fora da cela para que ele viesse conversar comigo. Gerson me contou a história, afirmando que o cabo gostaria que eu acreditasse nele, pois achava que eu era o líder, chefe do grupo. Eu pedi ao Gerson que lhe enviasse um recado: queria que o cabo viesse falar comigo de madrugada. Ele veio, tirou-me da cela para conversarmos do lado de fora da fortaleza por considerar que era mais seguro, e deu todas as mostras de um homem decidido. Mas aquele era um projeto muito delicado e arriscado; poderia ser uma emboscada do cabo. Matar um prisioneiro em fuga é considerado legal. Durante a conversa, pensei na possibilidade de testar o cabo Arrais, exigindo que ele realizasse uma missão de prova.

A fortaleza abrigava poucos prisioneiros. Além de nós, recordo-me de um argelino, preso como agente de subversão internacional. Falando apenas francês, sem conseguir se comunicar, ele estava desesperado – chegava a comer terra das paredes. Certa vez, ele conseguiu nos contar que era apenas um turista, preso por engano ao visitar a fortaleza de São João. Vivia desde então uma situação surreal, que seria engraçada não fosse verdadeira. Decidi pedir ao cabo Arrais que ligasse de um orelhão para a embaixada argelina e contasse o que se passava com o argelino preso na Laje. Passados dois ou três dias, representantes da embaixada da Argélia chegaram à fortaleza e libertaram o preso. Aquilo nos deu maior confiança. O negócio era para valer e podíamos contar com o Arrais.

Assim, tínhamos já um plano de fuga e um agente infiltrado. O próximo passo era definir como cruzaríamos o mar até o continente. Pedi ao Arrais que encontrasse meu irmão Erlan na cidade e conseguisse dinheiro para comprar um barquinho na Mesbla. Mas Erlan Castro já havia voltado para Goiás e não poderia nos ajudar. Então, pensei numa segunda alternativa; tinha um amigo comerciante no Rio de Janeiro chamado Nenroud Leitão. Ele poderia me emprestar o dinheiro. Mais uma vez, o cabo Arrais foi incumbido de procurá-lo. Nenroud, porém, teve receio de se relacionar com a fuga e negou o empréstimo. Começamos a ficar desesperados. Mas o cabo nos apresentou uma terceira alternativa: ele namorava uma moça cujo irmão era pescador. Segundo Arrais, poderíamos pagar seu cunhado, chamado Alcineu Ferreiro Nascimento, para fazer o transporte. Inventamos que éramos contrabandistas de relógios e objetos caros e, na falta de dinheiro, prometi dar ao pescador um relógio que tinha comprado na Suíça. Pagaríamos algo equivalente a R$ 200,00 e o relógio, além da promessa de que, se tudo desse certo, o contrataríamos toda semana. Desse modo, conseguimos garantir o transporte para a liberdade. Todos os preparativos convergiam para 20 de novembro, a data definida para a fuga.

O dia 20 de novembro de 1966 arrastou-se lentamente. Todos tentávamos aparentar tranquilidade, mas era possível sentir algo como uma corrente elétrica passando pelos olhares e gestos. Eu observava os ponteiros do relógio suíço a cada minuto – havia polido e limpado para que tivesse uma aparência de novo. Seria nosso passaporte para longe daquela ilha. Mas, naquele momento, era praticamente um instrumento de tortura. As horas engatinhavam, os minutos se empilhavam – um mês inteiro se passou até chegar cinco e meia da tarde. Havíamos combinado esse horário para que a canoa se acercasse da ilha. Mas, dada a hora, nada de ele aparecer.

Até que, de tardezinha, quase coberta pela escuridão, eis que surge no horizonte uma pequena canoa amarela. O rapaz deveria fingir que pescava nas imediações até a hora combinada. Mas, ao invés disso, ele se aproximou diretamente do píer e inventou que não havia trazido água e estava com sede. O cabo Arrais o atendeu, deu-lhe um garrafão de água e, sigilosamente, disse-lhe para ficar por perto. Assim, tudo estava pronto e esperávamos apenas a hora combinada.

No refeitório, o jantar parecia transcorrer normalmente. Os soldados haviam largado as armas sobre os bancos, como sempre faziam. Não perceberam que nós havíamos nos sentado em lugares estratégicos. Conversávamos amenidades quando, ao sinal do cabo Arrais, pulamos sobre as armas e subjugamos a guarda. A ação não durou um minuto. Fomos francos com os soldados: afirmamos que íamos fugir e que o cabo Arrais nos acompanharia. Estávamos decididos a isso e, se alguém interferisse, poderia acabar morto. Resolvemos aterrorizá-los um pouco mais, alardeando nosso terrível treinamento na China e afirmando que eles não tinham ideia do que éramos capazes. Prendemos cada soldado numa cela e demos cobertor, travesseiro e comida para que passassem a noite. Fazendo uso dos nossos perigosíssimos "dotes terroristas", fingimos instalar bombas nos corredores, enquanto trancávamos todas as celas e jogávamos as armas no mar.

Fomos apresentados ao barqueiro como contrabandistas. Seguindo o combinado, apresentei-lhe o pacote de "contrabando" e o presenteei com o relógio suíço. O rapaz ficou muito alegre com o presente, achou mesmo que era um objeto novo. Disse-lhe ainda que, como chefe dos contrabandistas, estava satisfeito com aquele arranjo – não teríamos prejuízo e poderíamos contar com esse transporte semanalmente. Assim, o pescador pôs-se a remar a pequena embarcação e, lentamente, deixamos para trás a imensa sombra rochosa da Fortaleza da Laje. O oceano escuro bramia ao nosso redor, e recordo-me de gigantescas arraias, pareciam maiores que a própria embarcação, movendo-se para fora das águas e projetando ondas sobre nosso trajeto. O cheiro de sal e de mar impregnava as roupas e cabelos, e o constante vento marinho castigava os olhos. Em determinado momento, fomos surpreendidos por uma luz forte de farol, vinda de cima, como um foco na escuridão. De imediato, pensei se tratar de algum holofote da Marinha. Eles nos descobriram! A patrulha marítima havia nos alcançado! A solução era se jogar no mar, cada um por si, nadar até a praia ou até a morte. James Allen, ao me ver desesperado, mandou que eu deixasse de ser cagão; aquilo era apenas o farol de uma aeronave em pouso. Assim, lembrei-me de que, de fato, o aeroporto Santos Dummont ficava nas proximidades. Foi um alívio.

Desembarcamos no Aterro do Flamengo. O corpo dolorido, os sapatos nas mãos, senti a areia da praia entre os dedos, mas a sensação não me tranquilizou. Os militares poderiam estar nos esperando; tinham o respaldo da lei para nos matar sem maiores explicações. Agora precisávamos correr até uma embaixada, pedir asilo político. O pescador, de repente, exigiu dinheiro para comprar cigarros. Nós éramos presos fugidos, dinheiro não era algo que carregávamos. Por sorte, eu tinha uns trocados e ofereci. Ainda recomendei que comprasse da marca Kent, pois era cigarro muito bom e barato. O cabo Arrais confirmou que, no outro dia, pagaria o combinado e que o pobre homem nunca mais teria problemas com dinheiro. Agradecemos, e nos despedimos com um "até a próxima".

Era uma noite agradável de novembro, namorados se beijavam pela praia do Aterro do Flamengo. Por volta das vinte horas, um grupo maltrapilho passou despercebido pelos casais de apaixonados e chegou à rua. Ninguém percebeu que vinham do mar. Ninguém suspeitou que acabavam de empreender uma fuga espetacular do Forte Tamandaré da Laje. Vencida aquela etapa, nossas opções eram restritas: as embaixadas do México e da Argentina estavam perto, mas eram muito vigiadas. A do Uruguai ficava depois do Largo do Machado, num trajeto mais longo. Nosso tempo era curtíssimo, pois suspeitávamos de que logo os soldados presos na Fortaleza seriam encontrados e fariam um escândalo. Posteriormente, soubemos que eles fizeram uma fogueira com os colchões e chamaram a atenção da patrulha militar. A decisão foi correr para a embaixada Uruguaia.

Lá, ficamos às escondidas nas sombras até que o guarda se descuidasse. Então, pulamos o muro e entramos. Sem querer, o malote de "contrabando" que levávamos ficou para trás e James decidiu retornar para buscá-lo. Nessa empreitada, quase foi pego pelos vigias, mas conseguimos entrar e fomos recebidos com a notícia de que o embaixador não se encontrava. Tinha ido a uma festa militar da UNITAS, Tropas Unidas da América Latina, na Praça Mauá. Insistimos com o mordomo, Sr. Ilídio, para que entrasse em contato com o embaixador, pois nossa situação era crítica e poderia gerar um atrito internacional. Ele compreendeu a dimensão do problema e, instantes depois, chegava o embaixador do Uruguai, junto com o adido militar, numa farda de gala impecável, recém-saído da festa, mas muito ciente da gravidade do que acontecia.

Contamos nossa história, e o homem, apertando as mãos de nervosismo, disse que deveríamos esperar pelo outro dia. Ele nos levou para os fundos do prédio, e advertiu que não andássemos no pátio ou em locais de visibilidade. Depois nos deixou e se trancou em seu escritório. Eu me deitei na cama improvisada, e olhei para meus companheiros de fuga. Estávamos exaustos, sujos, inquietos. Havíamos escapado de uma rocha no meio do oceano e lá estávamos novamente ilhados, agora em um prédio, sem poder sair, sem poder sequer comemorar uma vitória. Passamos por tanta coisa, mas ainda tão longe da almejada liberdade!

Parecer sôbre o IPM do PC

Das Sucursais

RIO, 16 — O procurador-geral da Justiça Militar, sr. Eraldo Gueiros Leite, entregará ao STM, no proximo dia 21, o seu parecer sôbre o IPM do extinto Partido Comunista, do qual foi encarregado o coronel Ferdinando de Carvalho.

Com relação à prisão preventiva pedida para 108 dos indiciados, informou o procurador-geral que somente depois de decidida a competência do foro para julgá-los será a medida apreciada.

ADIAMENTO

O Superior Tribunal Militar adiou para a proxima quarta-feira, dia 23, o julgamento do "habeas corpus" impetrado a favor de Tarzan de Castro, ex-auxiliar do ex-governador Mauro Borges, de Goiás.

O impetrante foi preso em São Paulo e posteriormente transferido para a Fortaleza de São João, nesta Capital, e é acusado de atividades subversivas nos meios estudantis. Tarzan de Castro foi detido por apresentar-se com identidade falsa, tendo as autoridades do DOPS apurado que êle viajara à China Comunista com passaporte também falsificado.

Segundo a denúncia, o acusado recebeu instruções na China Comunista sôbre guerra de guerrilhas a serem desencadeadas no Brasil, com inicio na serra de Borborema, entre Pernambuco e Paraiba.

QUALIFICAÇAO

Foram qualificados hoje pelo Conselho Especial de Justiça da 2.a Auditoria da 1.a Região Militar 10 dos 39 implicados no IPM que apurou atividades subversivas no DCT.

Um dos implicados, o ex-coronel Dagoberto Rodrigues, ex-diretor daquele Departamento, encontra-se asilado no Uruguai e deverá ser interrogado por intermedio de carta rogatória, através da Embaixada do Brasil naquele pais.

Testemunha da defêsa

CURITIBA, 16 — Arrolado como testemunha de defesa do sr. Amaury Silva, ex-senador pelo Paraná e ex-ministro do Trabalho do govêrno do sr. João Goulart, atualmente no Uruguai, o prof. Bento Munhoz da Rocha Netto, ex-governador do Paraná, foi inquirido pelo Conselho Permanente de Justiça Militar da 5.a Auditoria de Guerra, no processo referente ao movimento subversivo no Sul. Já prestaram depoimentos, como testemunhas daquele ex-ministro, através de precatórias cumpridas em São Paulo, o bispo de Santo André e o general Amaury Kruel. Falta, apenas, o general Boris Bormiski, de Caxias do Sul, em audiência marcada para o dia 28.

O ESTADO DE SÃO PAULO, 17 DE NOVEMBRO DE 1966

HC para Tarzã será julgado só na 4.a-feira

RIO, 17 (DP) — O Superior Tri bunal Militar adiou para a próx ma 4.a feira, dia 23, o julgament do habeas-corpus em favor do sr Tarzã de Castro, ex-secretário d Educação do ex-governador Maur Borges, de Goiás.

Tarzã de Castro havia sido prês em São Paulo, em setembro últ mo e, posteriormente, transferid para a Fortaleza de São João, ne ta Capital, acusado de atividade subversivas nos meios estudantis.

O paciente foi detido em Sã Paulo, por falsa identidade, tend as autoridades do DOPS paulist apurado que êle viajara à Chin Comunista com passaporte fals Segundo a denúncia, Tarzã de Ca tro recebeu instruções na Chin sôbre guerra de guerrilhas, a se desencadeada no Brasil, com iníci na Serra de Borborema, situad entre Pernambuco e Paraiba.

O Superior Tribunal Militar, en sua sessão de hoje, negou habea corpus ao civil Geraldo Leal Ribei ro, incurso na Lei de Segurança Na cional.

JORNAL *ÚLTIMA HORA*, 17 DE NOVEMBRO D

Arquivo pessoal de Joaquina Ramos de Castro, mãe de Tarzan

Rio de Janeiro
Jornal Correio da manhã
22 / de novembro de 1966

ITAMARATI ANUNCIA A FUGA DE TARZAN

O Itamarati anunciou que quatro pessoas refugiaram-se, na [illegible] de [illegible], na embaixada do Uruguai, solicitando asilo político, [illegible] tratar-se de Tarzan de Castro, Gerson Ferreira e Jayme [illegible] Luz, não sendo fornecida a identidade do quarto asilado, que se supõe tratar-se de uma mulher.

Tarzan de Castro e seus companheiros encontravam-se presos, acusados de subversão, na guarnição de [illegible], sendo a fuga facilitada pelo cabo Arraes, que fêz encostar junto à fortaleza um barco que os conduziu à praia da Urca. Dali dirigiram-se à representação uruguaia.

O cabo Arraes, que também pediu asilo à embaixada do Uruguai, não teve condições políticas para justificar o seu pedido e julgado transgressor militar, foi devolvido às autoridades brasileiras.

Foi aberto rigoroso inquérito para apurar o autor intelectual da fuga, pois como se recorda, Tarzan de Castro e os demais acusados foram enquadrados em IPM por terem feito cursos de guerrilha na China Comunista, durante oito semanas. As autoridades policiais-militares acusam também os fugitivos de receber dinheiro do PC para aliciarem mais adesões, principalmente nos meios universitários.

Em S. Paulo, foram denunciados na 2.ª Auditoria de Guerra, vinte e um elementos, na maioria militares, acusados de empregarem resistência durante o movimento armado de abril de 1964, favorecendo o govêrno João Goulart. No inquérito figura também o jornalista Nelson Gatto.

Na próxima segunda-feira, será realizado no Teatro Maria Della Costa o Show da Fraternidade, cuja renda destina-se às famílias dos atingidos pelos Atos Institucionais.

Subversivos fogem e se asilam

Da Sucursal

RIO, 21 — O ex-secretario da Educação do governo Mauro Borges, de Goiás, Tarzan de Castro, juntamente com Gerson Alves Parreira e James Allen Luz, após fugirem da Fortaleza de Lajes, onde estavam presos sob a acusação de atos subversivos, solicitaram hoje asilo á embaixada do Uruguai.

A fuga, segundo informou uma fonte do Ministerio da Guerra, ocorreu ontem á noite e contou com a participação do cabo Arraes, de guarda no momento, o qual ajudou os fugitivos a remar um pequeno bote desde a Fortaleza, que ocupa toda uma ilhota na baia da Guanabara, exatamente na entrada da barra, até a praia.

Tarzã de Castro, que foi detido em São Paulo e depois enviado para o Rio, viajou á China Comunista onde fez curso de agitador. Quanto aos dois outros, fontes do Ministerio da Guerra informaram que não se trata de dirigentes estudantis, como a principio se noticiou, mas apenas de envolvidos em IPMs por atividades subversivas.

ASILO

Informações prestadas por um hospede da pensão "Rio-Lisboa", que fica diante da embaixada do Uruguai, esclareceram como se deu a entrada no predio.

A testemunha, que não quis identificar-se; contou que, ontem, á noite, quatro pessoas se aproximaram da embaixada e esperaram até que o soldado da Policia Militar, ali de guarda, se afastasse para então pular o muro e bater á porta. Como o embaixador estivesse ausente — conforme se apurou mais tarde — passaram o resto da noite nos jardins e de manhã lograram entrar no predio.

CABO

Ás primeiras horas da manhã de hoje, 10 agentes do Serviço Secreto do Exercito se instalaram, em grupos de 2 a 3, nas proximidades da embaixada. Ao meio dia, o cabo Arraes deixou o predio e foi preso. Foi levado para a Fortaleza de São João e colocado á disposição dos encarregados do inquerito sobre a fuga, que está sendo realizado por oficiais do Serviço de Informações do Exercito.

ITAMARATI

Até á noite de hoje nenhuma comunicação oficial foi feita pelo embaixador uruguaio ao Ministerio das Relações Exteriores. Tal fato, segundo a praxe diplomatica, indica que o governo do Uruguai ainda não se pronunciou sobre a concessão do asilo. Por outro lado, o episodio forçou o cancelamento de um jantar na embaixada, hoje, para o qual estava convidado o ministro Juracy Magalhães.

O ESTADO DE SÃO PAULO, 22 DE NOVEMBRO DE 1966

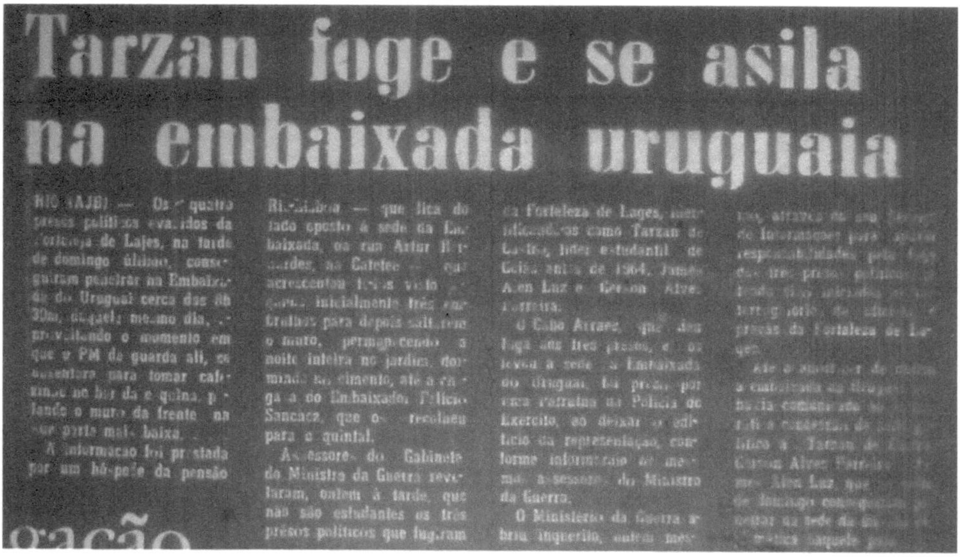

Tarzan foge e se asila na embaixada uruguaia

RIO (AJB) — Os quatro presos políticos evadidos da Fortaleza de Lajes, na tarde de domingo último, conseguiram penetrar na Embaixada do Uruguai cerca das 8h 30m, daquele mesmo dia, aproveitando o momento em que o PM de guarda ali, se ausentara para tomar cafezinho no bar da esquina, pulando o muro da frente na sua parte mais baixa.

A informação foi prestada por um hóspede da pensão [illegible] — que fica do lado oposto à sede da Embaixada, na rua Artur Bernardes, no Catete — que acrescentou terem visto [illegible] inicialmente três entrarem para depois saltarem o muro, permanecendo a noite inteira no jardim, dormindo no cimento, até a chegada do Embaixador Felício Sancaca, que os recolheu para o quintal.

Assessores do Gabinete do Ministro da Guerra revelaram, ontem à tarde, que não são estudantes os três presos políticos que fugiram da Fortaleza de Lages, identificados como Tarzan de Castro, líder estudantil de Goiás antes de 1964, [illegible] Alen Luz e Gerson Alves Ferreira.

O Cabo Arraes, que deu fuga aos três presos, e os levou à sede da Embaixada do Uruguai, foi preso por uma patrulha da Polícia do Exército, ao deixar o edifício da representação, conforme informaram os mesmos assessores do Ministro da Guerra.

O Ministério da Guerra abriu inquérito, outros mes[illegible] [illegible] de [illegible] para apurar responsabilidades pela fuga dos três presos políticos [illegible] [illegible] do [illegible] presos da Fortaleza de Lages.

[illegible]

O POPULAR, 22 DE NOVEMBRO DE 1966

Tarzã dominou guardas

Para fugirem da prisão na Fortaleza de Laje, Tarzã de Castro, James Alen Luz e Gérson Alves Parreira conquistaram para a sua causa o chefe da guarda, cabo Arrais, e com a ajuda dêste imobilizaram e depois trancaram seus carcereiros no xadrez, tomando em seguida o barco que os trouxe para o Continente.

A Embaixada do Uruguai, cujo asilo os três antigos presos e o cabo Arrais procuraram, fêz consultas ao Govêrno de Montevidéu, mas negou de plano proteção ao militar, sob a alegação de que o seu caso não se ajusta às normas do instituto do asilo político. O cabo foi prêso quando deixava a Embaixada. (Página 7)

JORNAL DO BRASIL, 22 DE NOVEMBRO DE 1966

Fugitivos de Laje dominaram a guarda com ajuda do

A AVENTURA

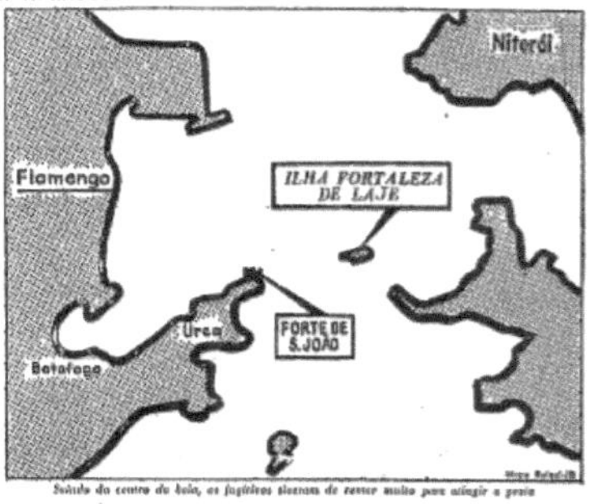

Saindo do centro da baía, os fugitivos tiveram de remar muito para atingir a praia

Como foi a fuga

O EXÍLIO

NO QUINTAL

SUBVERSIVO

VIGILÂNCIA

INFORMAÇÕES

A liderança de Tarzã de Castro

EUA CONDECORAM BRASILEIROS

Chega nôvo chefe da Brasil-EUA

Araripe em inspeção no RG do Sul

COLEGAS E AMIGOS

JORNAL DO BRASIL, 22 DE NOVEMBRO DE 1966

STM JULGARÁ HOJE HABEAS CORPUS DE

[redacted]

dido de habeas-corpus a favor do ex-secretário de Educação do govêrno Mauro Borges, professor Tarzan de Castro, que fugiu da Fortaleza de Lages ao lado de dois companheiros.

O relator será o ministro Grum Moss, que deverá considerar a matéria prejudicada, diante do acusado já encontrar-se em liberdade, asilado na Embaixada do Uruguai.

SEM SABER

Até ontem o Departamento Jurídico do Itamaraty ainda não tinha tomado conhecimento oficial da condição de asilados políticos de Tarzan de Castro, James Alen Luz e Gérson Alves Parreira, ao mesmo tempo que anunciava não ter recebido qualquer protocolo da Embaixada do Uruguai pedindo os salvo-condutos. O cabo Arraes, continua detido no Forte de São João.

DOPS

O diretor da Divisão de Ordem Política e Social declarou que a DOPS estive-

[redacted]

estava afeto, mas sim ao Exército. Por sua vez o coronel Florimar Campelo, chefe da 2.ª Seção do I Exército disse que as investigações e tôdas as partes do inquérito cabiam ao comando do Forte de São João, comando êste exercido também sôbre a Fortaleza de Lages.

quem trabalhou durante a campanha política. Disse o general Florim Coutinho que "não depus por minha vontade no IPM do PC, pois fui intimado pelo coronel Ferdinando de Carvalho. As minhas declarações foram de que Negrão de Lima não é comunista nem corrupto, mas sim alguns auxiliares que o cercam".

O general Florim negou-se a dar nomes, mas esclareceu que pretendia o cargo de presidente da COCEA, para o qual chegou a ser convidado pelo governador, não o aceitando porque os demais diretores do órgão já haviam sido indicados e não eram elementos de sua confiança. Disse, também, que, quando na ativa, sofreu prisão disciplinar de 30 dias, porque estêve em

[redacted]

Comitê Central da campanha Negrão de Lima e logo depois — acrescentou o general — "fui prejudicado por certos elementos da Mesa Diretora do MDB, quando pretendi candidatar-me a deputado federal, pois tive impugnado o registro de minha candidatura junto ao TRE".

CORREIO DA MANHÃ, RIO DE JANEIRO, 23 DE NOVEMBRO DE 1966

Asilo ainda não foi concedido

Da Sucursal do Rio e de Montevidéu via agência AP

O Ministerio das Relações Exteriores do Uruguai está aguardando o envio de um relatorio completo da Embaixada no Rio de Janeiro sobre o problema criado com o pedido de asilo de três prisioneiros politicos que ali se refugiaram depois de se evadirem da Fortaleza de Lages. Por outro lado, o advogado Sobral Pinto retirou ontem, no Supremo Tribunal Militar, o pedido de "habeas corpus" em favor do estudante Tarzan de Castro, um dos refugiados na Embaixada uruguaia.

Além de Tarzan de Castro, encontram-se naquela Embaixada — na qual entraram pulando o muro depois de fugirem da prisão — os estudantes Alves Barreira e James Allen Luz.

A Embaixada uruguaia somente comunicará ao Itamarati se o asilo será ou não concedido depois que fôr instruida nesse sentido pela Chancelaria de seu país.

INQUÉRITO

Enquanto isso, prossegue o inquerito instaurado para apurar as responsabilidades na fuga dos três prisioneiros. Varios oficiais da Fortaleza de Lages, bem como alguns soldados, já foram interrogados.

O cabo Arraes, que facilitou a fuga dos presos, continua detido em regime de incomunicabilidade.

O ESTADO DE SÃO PAULO, 24 DE NOVEMBRO DE 1966

FUGA DE TARZAN DA' MAIS PRISÕES DE ESTUDANTES

BRASILIA E RIO (AJB) — Novamente, ainda dentro de operações sigilosas, autoridades militares voltaram a prender estudantes, moças e rapazes, em Brasília, nos últimos dias, estando todos incomunicaveis no Batalhão da Guarda presidencial, no setor militar urbano, enquanto outros foram apenas chamados para prestar depoimentos no Quartel da Policia do Exercito.

Embora nenhuma informação seja fornecida pelos militares, oficiais do Exercito disseram que as prisões estão relacionadas com acontecimentos na area estudantil local, havendo porem suspeitas de que estejam relacionadas com o IPM aberto, no Rio, para apurar as causas da fuga dos estudantes Tarzan de Castro, James Allen Luz e Gerson Parreiras, da Fortaleza de São João, no ultimo domingo.

Presidente da extinta UME — União Metropolitana dos Estudantes e do DCE — Livre da Universidade Federal do Rio de Janeiro afirmaram ontem, em entrevista coletiva, que "a campanha pelo voto nulo nas eleições de 15 de novembro foi uma vitoria para o movimento estudantil e para as classes populares, que encontraram uma forma de protestar contra o Governo Federal".

Reconhecendo que parte do povo ainda votou e precisa ser esclarecida, os estudantes informaram que pretendem promover o desdobramento da campanha pelo voto nulo, numa linha de denuncia sistematica ao novo Congresso e "a oposição consentida".

VOTO NULO

Para os presidentes do DCE livre da UB e da UME, o grande numero de votos nulos foi "um passo na recusa do povo aos instrumentos da ditadura, que pretendem de modo falso canalizar a atenção da opinião publica diante de um fato — as eleições de 15 de novembro, que não passaram de uma farsa eleitoral".

Acreditam os estudantes destas entidades que agora foi "iniciado um verdadeiro processo de organização anti-imperialista para a derrubada da ditadura", e que "o povo revelou uma tendencia de compreensão para a exata posição em que deve estar".

Para o inicio do proximo ano as entidades promoverão "denuncia sistematica ao novo parlamento e a oposição consentida, como desdobramento da campanha pelo voto nulo, utilizando as mesmas formas de luta"comicios, passeatas e manifestações grandes de mobilização estudantil".

Dentro desse esquema pretendem denunciar as lideranças politicas, que "são as culpadas por esta oposição consentida e pela votação da parte do povo brasileiro".

Falsa identidade indicia Tarzan de Castro em S. P.

SAO PAULO E RIO (AJB) — O estudante Tarzan de Castro, que se encontra asilado na embaixada do Uruguai, no Rio, foi indiciado em São Paulo por crimes de falsificação e falsa identidade.

O delegado Adipe Abmussi, da DOPS, declarou em seu relatorio que, ao ser preso, em agosto último, na cidade de São José do Rio Preto, o estudante portava os seguintes documentos falsos: Titulo de eleitor, Carteira de estudante do Centro Academico Casper Libero, da [illegible] de [illegible] de PUC, e Certidão de nascimento, todos os três com o nome de Antônio Jesus Correia.

O nome [illegible] vinha sendo utilizado por Tarzan de Castro, segundo o relatorio, "para melhor facilitar suas atividades profundamente subversivas, como agente de [illegible] da linha chinesa do PC. Na epoca, o estudante declarou ter recebido de um tal Jeremias, a certidão em nome de Antônio Jesus Correia. Confessou também ter feito viagens à China e a Cuba. O Centro Academico Casper Libero constatou falsificação das assinaturas no documento apreendido em poder de Tarzan de Castro.

No Rio o advogado Sobral Pinto retirou ontem, o habeas-corpus por ele impetrado em favor do estudante, no STM. A medida foi motivada pelo fato de ter o estudante se asilado na Embaixada do Uruguai, após fuga do Forte São João.

O POPULAR, 24 DE NOVEMBRO DE 1966

Arquivo pessoal de Joaquina Ramos de Castro, mãe de Tarzan

Comunistas brasileiros no Uruguai

MONTEVIDEU, 21 (UPI) – "Somos comunistas e isto no Brasil é crime", declararam ao chegar a esta capital dois refugiados políticos do vizinho país. Tarzan de Castro e Gerson Alves Parreira, de 23 e 33 anos, respectivamente, chegaram ontem num avião militar uruguaio procedente do Rio de Janeiro, juntamente com o engenheiro brasileiro Apolon Fra[illegible] de 31 anos, que também se [illegible] como aqueles na embaixada do Uruguai. Os dois comunistas escaparam da prisão da fortaleza de Lajes, no Rio de Janeiro, com um soldado, mas a este o embaixador uruguaio Felipe Amorin Sanchez negou asilo, entregando-o às autoridades. Castro e Parreira, embora tivessem palavras de agradecimentos para os funcionarios da embaixada uruguaia, acusaram em troca Amorim Sanchez de haver agido de maneira "desumana" ao entregar o soldado.

DIÁRIO DA NOITE, 22 DE MAIO DE 1967

O amanhecer na embaixada

Itamarati anuncia a fuga de Tarzan

O Itamarati anunciou que quatro pessoas refugiaram-se, na tarde de ontem, na embaixada do Uruguai, solicitando asilo político, acrescentando tratar-se de Tarzan de Castro, Gerson Pereira (sic) e Jayme Allen Luz, não sendo fornecida identidade do quarto asilado, que se supõe tratar-se de uma mulher.
Tarzan de Castro e seus companheiros encontravam-se presos, acusados de subversão, na guarnição de Laje, sendo a fuga facilitada pelo cabo Arrais, que fez encostar junto à fortaleza um barco que os conduziu à praia da Urca. Dali dirigiram-se à representação uruguaia (Jornal Correio da Manhã, Rio de Janeiro, 21 de novembro de 1966).

Tarzan dominou guardas

Para fugirem da prisão na Fortaleza de Laje, Tarzan de Castro, James Alen Luz e Gérson Alves Parreira conquistaram para sua causa o chefe da guarda, cabo Arrais, e com a ajuda deste imobilizaram e depois trancaram seus carcereiros no xadrez, tomando em seguida o barco que os trouxe para o Continente (Jornal do Brasil, Rio de Janeiro,22 de novembro de 1966).

Tarzan foge e se asila na embaixada uruguaia

Os quatro presos políticos evadidos da Fortaleza de Lajes, na tarde de domingo último, conseguiram penetrar na Embaixada do Uruguai cerca das 8h30m, daquele mesmo dia, aproveitando o momento em que o PM de guarda ali se ausentara para tomar cafezinho no bar da esquina, pulando o muro da frente na sua parte mais baixa (Jornal O Popular, Goiânia, 22 de novembro de 1966).

Amanheceu na Embaixada Uruguaia. Da janela, era possível ver o belo céu carioca, o sol quente e convidativo, e um soldado apontando um fuzil para minha cabeça. Um cordão de militares havia cercado a embaixada – havia soldados sobre o teto dos prédios vizinhos, trepados nos muros, nas árvores, fechando as ruas e calçadas, prontos para invadir. A notícia de nossa fuga espalhava-se pelas bancas de revista e pelo cochicho geral da cidade. Às oito horas da manhã, o cabo Arrais foi chamado para uma reunião no escritório do embaixador. Depois de um tempo, voltou com uma fala estranha, dizendo que os militares sugeriram que ele se entregasse, pois era um desertor, mas, de certo modo, também uma vítima. Fui claro com o Arrais, disse-lhe que ele havia tomado uma decisão política, corajosa, que não havia fugido da guerra, mas se posicionado nela. Ele relutava bastante sobre que atitude tomar. A situação do cabo Arrais foi muito comentada e divulgada na época, tendo sido apelidada pela imprensa uruguaia de "Caso Arrais".

O jovem cabo acabou se entregando aos militares, receoso das complicações diplomáticas que sua condição gerava. Os jornais da época acompanharam sua trajetória, desmentindo quando surgiu o boato de que ele teria sido torturado e morto pelo Exército. Depois que ele foi preso, porém, não ouvimos falar mais dele.

> *O cabo Arrais, que também pediu asilo à embaixada do Uruguai, não teve condições políticas para justificar o seu pedido e, julgado transgressor militar, foi devolvido às autoridades brasileiras (Jornal Correio da Manhã, Rio de Janeiro, 22 de novembro de 1966).*[109]

O clima era horroroso, a expectativa de uma invasão militar nos consumia. Logo cedo, fomos também chamados para uma conversa a portas fechadas. Eu fiquei surpreso ao encontrar, no gabinete do embaixador, o capitão Getúlio, comandante do Forte de Laje e, se não me engano, o próprio major Oscar Silva. Nós sequer nos sentamos, tão desconfortável era a situação. Ao tomar a palavra, o capitão Getúlio encorpou a voz e desaguou num discurso pomposo e patriótico. Disse que o cabo Arrais não poderia pagar por nossos atos, pois tinha feito tudo sob nossa influência, havia sido aliciado ideologicamente. Mas nós não precisávamos pedir asilo, estaríamos seguros em solo brasileiro. Seríamos protegidos pelo Exército – na prisão! Ele virou-se para mim e esperou que eu comentasse algo, pois me considerava o líder do grupo. Eu disse que não houve aliciamento nenhum; o cabo Arrais sabia dos riscos e optou livremente por nos ajudar. Reafirmei que ele deveria ficar na embaixada conosco, recebendo tratamento de exilado político e não de desertor. O capitão Getúlio imediatamente alternou o rumo do assunto e, voltando-se para o Gerson, disse que seu pai estava muito doente. Os médicos ainda não haviam descoberto

---

[109] No livro *A espada e a balança* de Jason Tércio, o autor narra o processo de prisão e o IPM a que foi submetido o cabo Arrais, páginas 76 a 83.

a causa da enfermidade, se era câncer ou úlcera, mas ele tinha piorado muito depois que soube da fuga. O capitão afirmou ter certeza de que o pai de Gerson gostaria que o filho ficasse no Brasil. Gerson, muito calmamente, respondeu que sabia da doença do pai, mas que uma coisa não tinha nada a ver com a outra. O capitão voltou-se então para o James Allen, recordando-o de que sua mãe, a viúva Sra. Rolandina, estava desesperada. James respondeu apenas que não tinha satisfações a dar aos militares. Diante dos posicionamentos firmes dos meus companheiros, o capitão teve que recapitular. O embaixador uruguaio não poderia deixar que os militares brasileiros nos prendessem dentro da embaixada, uma vez que o Uruguai era um país de tradição democrática, conhecido como a "Suíça das Américas". Deixamos a ditadura de mãos atadas.

Assim, passamos alguns meses vivendo na embaixada, à espera de um salvo-conduto para podermos, finalmente, ser asilados no Uruguai. O Exército ainda nos vigiava, mas a tensão inicial se dissipara. Eles haviam entendido que nós não cederíamos. Durante todo esse tempo, recebemos muitas visitas dos familiares e de amigos. Através da minha companheira, Maria Aparecida, eu mantinha contato com o PCdoB. Eles me requisitaram um relatório completo e detalhado das últimas circunstâncias. Eu passei boa parte dos dias de espera produzindo esse documento. Relatei como se deu a minha prisão em São José dos Campos, o interrogatório com um suposto agente da CIA, os detalhes da vida na Fortaleza da Laje, bem como da fuga e do refúgio na embaixada uruguaia.

Na realidade, dentro do contexto de arbítrio e resistência, nossa fuga representou um golpe contra a ditadura. O fato de um punhado de estudantes terem conseguido escapar de uma prisão especial, em uma ilha em pleno mar, revelava que os militares não eram tão fortes nem tão preparados. Fomos presos por um IPM determinado pelo próprio ministro Costa e Silva e, mesmo assim, as Forças Armadas não foram capazes de nos manter e nem de nos recuperar. Em uma época anterior ao AI-5, a imprensa divulgou massivamente os detalhes e as histórias relacionadas à fuga. O livro *A Espada e a Balança*, de Jason Tércio, narra em detalhes de como o imbróglio com o cabo Arrais se tornou um caso jurídico digno de revisão. Na imprensa uruguaia, ele chegou a ser dado como morto, assassinado pelos militares. Enquanto os jornais espalhavam suas teorias e suas verdades, os militares espreitavam as ruas, e nós aguardávamos ansiosamente a chance de sair do meio do olho do furacão.

Ainda estava refugiado na embaixada quando fui comunicado da minha expulsão do PCdoB. Foi uma notícia inesperada, um soco na boca do estômago. Eles me acusaram de traição, de ser um agente da CIA e outras trapalhadas dessa natureza. Poucas coisas na vida me fizeram sofrer tanto quanto essa atitude arbitrária da direção do PCdoB. Atingiram-me, não como membro do partido, mas como ser humano, como uma pessoa que se entregou totalmente, acreditando em uma causa, lutando por um projeto, por uma organização. Só quem já experimentou uma entrega plena tem consciência da dor de uma acusação injusta. No fundo, eu estava tranquilo, pois sentia que cumprira meu papel. Nunca me julguei perfeito em nada, talvez tenha muito mais defeitos que qualidades, mas não esperava algo assim. Não bastasse o sofrimento, a angústia, a tristeza que passei na prisão, ainda ser acusado de trabalhar para o inimigo? Chegou-se a sugerir que a fuga havia sido armada pela CIA e pelo próprio Exército!

Eu entendo que o partido, ao expulsar a mim e a outros companheiros, recorreu a uma clássica solução estalinista. Tínhamos profundas divergências com a condução política e a resistência armada contra a ditadura. Voltei da China com outra concepção, disposto a rever a linha política da luta armada. Questionava diretamente o partido, afirmando que nós não tínhamos ainda vínculo suficiente com o povo para empreender um movimento revolucionário armado contra a ditadura miliar. Faltava entrosamento entre o partido e a sociedade, mas o PCdoB vendia a imagem de ser uma organização sedimentada, forte e atuante. Era uma farsa, uma mentira. Infelizmente, o partido não considerava as posições contrárias como divergência natural e saudável do processo político – uma chance de rever conceitos – mas como afronta. Grupos como a Polop, que se mostravam contrários a várias tendências majoritárias, eram chamados de trotskistas, o que, no mundo stalinista ortodoxo soviético, era o mesmo que ser chamado de leproso. Fui o principal alvo dessa defenestração e sofri demais, chorei, foi muito doloroso.

Hoje, considero essa uma experiência valorosa – eu ainda era muito impetuoso, voluntarista, tinha muita vontade e pouca essência. Mas na época, eu pensava que, se tivessem me matado, teria sido um alívio do sofrimento brutal que senti ao ser chamado de traidor. Foi com esse conflito interno que recebi a notícia, a tão esperada notícia, de que o Uruguai nos aguardava. Pela primeira vez, eu deixava o Brasil com a nítida sensação de fuga. Desde a Fortaleza da Laje, sentia que meu destino seria pular de ilha em ilha, constantemente cercado pelo mar da repressão.

Cabo cometeu crime militar

Da Sucursal

RIO, 5 — Altas autoridade brasileiras manifestaram-se hoje a respeito do caso do cabo Arrais, que vem sendo objeto de exploração política por parte da imprensa e dos círculos oposicionistas do Uruguai, após ter sido negado asilo àquele militar na embaixada do vizinho país.

O ministro Adhemar de Queiroz, da Guerra, desmentiu categoricamente a notícia de que o cabo teria sido assassinado. O embaixador Pio Corrêa, secretário-geral do Itamarati, reuniu os jornalistas para fazer o mesmo desmentido e informar que a embaixada do Brasil em Montevidéu já recebeu instruções para divulgar uma nota do nosso govêrno comunicando que Arrais está preso e deve responder a processo por crime militar.

ABSURDO

O marechal Adhemar de Queiroz classificou de absurdas as informações publicadas pelas agências internacionais sôbre a morte do referido elemento do Exército, que deu fuga a três presos políticos da fortaleza de Lages, os quais foram recolhidos sob a proteção da embaixada uruguaia.

Declarou o ministro que o cabo se encontra preso à disposição da Justiça Militar, já que o seu procedimento deixou de ser apenas um problema de ordem disciplinar e se configurou como crime.

Por sua vez o general Adalberto Pereira dos Santos, comandante do I Exército, disse aos jornalistas que o IPM para apurar as responsabilidades pela fuga dos prisioneiros está correndo normalmente na repartição militar onde ocorreu o fato.

SALVO-CONDUTOS

O embaixador Pio Correa determinou à representação diplomatica do Brasil no Uruguai a expedição de um comunicado para esclarecer devidamente a situação do cabo Arrais.

Quanto aos estudantes que se encontram na embaixada uruguaia, soube-se hoje no Ministério das Relações Exteriores que já foi enviado ao Ministério da Justiça o expediente necessário à concessão dos salvo-condutos que autorizam a viagem dos jovens Tarzan de Castro, James Allen Luz e Gerson Alves Pereira para Montevidéu, em virtude do asilo político que lhe foi concedido.

Há um outro estudante, Adão Fagundes, que pulou o muro da embaixada uruguaia nos ultimos dias da semana passada. O expediente para a concessão do salvo-conduto a êsse asilado já está praticamente pronto, dependendo apenas da assinatura do ministro Juracy Magalhães, a fim de ser enviada ao titular da pasta da Justiça.

O ESTADO DE SÃO PAULO, 6 DE DEZEMBRO DE 1966

Arquivo pessoal de Joaquina Ramos de Castro, mãe de Tarzan

Cabo Arrais nega boato de torturas

— Estou muito bem e nunca fui espancado, afirmou ontem o cabo Francisco Dorismar Arrais, ao ser fotografado e ouvido pelo JORNAL DO BRASIL na Fortaleza São João, onde se encontra prêso, para comprovar os desmentidos que vêm sendo feitos pelo I Exército às notícias sôbre as torturas que êle estaria sofrendo.

O cabo Francisco Dorismar Arrais responde a IPM por haver facilitado a fuga de três presos políticos — um dêles o estudante Tarzã de Castro — que tinha sob a sua guarda na Fortaleza de Laje. O encarregado do IPM, Major Valmir Nóbrega, anunciou que o seu trabalho estará concluído dentro de 15 dias. (Página 24)

JORNAL DO BRASIL, 11 DE DEZEMBRO DE 1966

Cabo Arrais está vivo, diz Exército

A Comissão Diretora de Relações Públicas do Exército desmentiu ontem, em nota oficial, a morte do cabo Francisco Dorismar Arrais — que facilitou a fuga de três presos políticos da Fortaleza de Lajes —, ao mesmo tempo que o Itamarati determinou que a Embaixada brasileira em Montevidéu tome providência idêntica.

O Exército considerou "totalmente inverídica e tendenciosa a notícia veiculada por certos órgãos da imprensa, acêrca da morte do cabo Arrais, que proporcionou a fuga de elementos subversivos detidos em unidades do Exército", e esclareceu que "êle está prêso, à disposição da Justiça Militar, como incurso no Código Penal Militar".

A notícia de que o cabo Arrais fôra morto na prisão surgiu na imprensa de Montevidéu e ontem, logo após a solenidade na qual o General Orlando Geisel recebeu a Chefia do Estado-Maior do Exército, o Ministro da Guerra afirmou aos jornalistas que "o Exército desconhece qualquer notícia no sentido de que o cabo tenha sido morto".

Os jornais uruguaios acrescentavam que o militar fôra fuzilado, fato que o Marechal Ademar de Queirós desmentiu categòricamente.

JORNAL DO BRASIL, 11 DE DEZEMBRO DE 1966

Arquivo pessoal de Joaquina Ramos de Castro, mãe de Tarzan

Cabo Arrais desmente ao JB que seja torturado na prisão

UM PRISIONEIRO BEM CUIDADO

O cabo Arrais toma ... *a prisi* ... *distância, observando-o, o oficial-de-dia*

O cabo Francisco Dorisma
Arrais, fotografado e ouvido
ontem pelo JORNAL DO BRA-
SIL na Fortaleza São João, n
Urca, onde se encontra prêso,
desmentiu as notícias sôbre as
torturas que estaria sofrend
ao afirmar que recebe "bo
tratamento das autoridades m
litares" e diàriamente faz g
nástica e toma banho de sol.

O IPM a que responde o ca
Francisco Dorismar Arrais, p
haver facilitado a fuga de tr
presos políticos que tinha sob
sua guarda na Fortaleza
Laje, estará concluído den
de 15 dias, segundo informa
do seu encarregado, Major V
mir Nóbrega. Até o momen
foram ouvidas 15 testemunha
faltando ainda umas cinco p
ra depor.

CONFIRMAÇÃO DO JB

Momentos depois de o Coma
dante do I Exército, Gener
Adalberto Pereira dos Sant
voltar a desmentir as notíci
de que o cabo estaria sendo torturado, o JORNAL DO BRA-
SIL fotografou-o na Fortaleza.
E êle próprio fêz questão de fazer nôvo desmentido:

— Estou sendo bem tratado e
todos os dias faço ginástica e
tomo banho de sol. As autoridades militares têm-me dispen-
sado um bom tratamento. Nunca fui espancado ou hostiliza-
do.

Muito bem disposto e aparen-
tando bom estado físico, êle tomava banho de sol no pátio interno da Fortaleza, acompanhado de uma sentinela e vigia
pelo oficial-de-dia, Tenen
João Belém Holanda.

Juraci elogia a ação de Sanchez

Em entrevista concedida
jornal *El Diario*, de Mon
déu, o Ministro Juraci Ma
lhães declarou que a cond
do Embaixador Amorin Sha
chez, no caso do cabo Fran
co Arrais, "coincidiu com a
teria tido qualquer embaix
brasileiro, que, em situa
idêntica, tivesse que fazer va
o direito de asilo diplomát
tal como concebido na Amé
Latina".

O Sr. Juraci Magalhães d
ainda que o caso estaria en
rado para o Brasil se um me
bro do Govêrno do Uruguai
tivesse feito uma "acusação
famante ao Govêrno brasil
ao afirmar que o cabo ti
sido morto pelas autorid
brasileiras, o que levou o E
baixador Armando Frazão a
rigir-se diretamente ao Pr
dente do Conselho de Es
para fazer um reparo à a
mação."

— Feito o reparo, o caso
taria novamente encerrado
fôra a tempestade de cr
feitas à conduta do Emb
dor por ter-se dirigido d

JORNAL DO BRASIL, 11 DE DEZEMBRO DE 1966

Arquivo pessoal de Joaquina Ramos de Castro, mãe de Tarzan

CABO ARRAES, UM CASO A EXPLICAR

O General Adalberto Pereira dos Santos, comandante do I Exército, declarou ontem que "o cabo Arraes está vivo" e afirmou desconhecer totalmente a origem das notícias que levaram jornais uruguaios a anunciar a morte do militar, fato já desmentido sexta-feira última pelo Embaixador brasileiro em Montevidéu.

Apesar disto, o caso continua tendo repercussão. Uma de suas prováveis conseqüência será o afastamento do Embaixador Felipe Amorim Sanchez, pùblicamente criticado pelo Ministro do Exterior uruguaio, Vidal Zaglia. Como se recorda, o Embaixador negou asilo ao cabo Arraes, que dera fuga a três estudantes, refugiando-se com êles na sede da representação diplomática uruguaia. O Sr. Sanchez entregou o jovem cabo [illegible] o fundamento de que a Convenção de Havana estipul[illegible] asilo. [illegible] desertor não tem direito [illegible] por uru[illegible] o Ministério do Ext[illegible] não podia deixar de ser dado, uma vez que, solidarizando-se com os três perseguidos políticos sob sua guarda na Fortaleza de Laje, o cabo deixou de ser um desertor comum.

No Rio, também o diretor da DOPS, General Lucídio Arruda, desmentiu que o jovem prisioneiro tivesse sido morto ou mesmo vítima de quaisquer violências, "não só pelo alarde que o caso teve (!) como pelos sentimentos cristãos das autoridades".

Ao mesmo tempo, entretanto, circulam informações segundo as quais o govêrno suspeita que o cabo Arraes não teria agido apenas por solidariedade aos três estudantes. Surge assim uma perspectiva inquietante: a de que Arraes, terminado o inquérito militar a que responde como desertor, seja entregue à polícia política.

Ora, o precedente do ex-Sargento Manuel Raimundo Soares, morto por afogamento em Pôrto Alegre, ainda es[illegible] vivo na memória de tod[illegible] [illegible]ssim, seria oportuno que as a[illegible]ridades militares competentes, para se eximirem da [illegible] cia do Rio [illegible] do Sul tentou atirar sôbre o III Exército, dessem maiores explicações sôbre o que estão fazen[illegible] e o que pretendem fazer com o cabo Arraes. Até o momento, não se sabe nem sequer onde o cabo está prêso, se na Fortaleza de Laje ou na de São João.

JORNAL HORA EXTRA

Conselho decreta prisão do cabo Arrais que recebeu há pouco habeas-corpus do STM

A prisão preventiva do cabo Francisco Dorismar Arrais, a quem o Superior Tribunal Militar concedeu habeas-corpus recentemente, foi decretada ontem pelo Conselho de Justiça da 2.ª Auditoria da 1.ª Região Militar a pedido do encarregado do IPM a que responde, Major Valmir Alves da Nóbrega.

— A medida é do interêsse da Justiça e ninguém mais autorizado para exigi-la do que o encarregado do inquérito — afirmou o Juiz-Auditor Alvarenga Viana na leitura do decreto, que o advogado do cabo, Sr. George Tavares considerou "um desrespeito incomum" à ordem de habeas-corpus votada pelo STM.

IMPRENSA ACUSADA

O Promotor Cipriano Osires Josephson disse na sua acusação ao cabo Francisco Dorismar Arrais que parte da imprensa do Rio tem sido "deletéria" mas suas notícias sôbre o caso.

— Felizmente o Govêrno já está com a lei pronta para coibir a calúnia de uma parte sórdida da nossa imprensa. Essa parte tentou jogar a opinião pública contra o Tribunal, ao afirmar que o pedido de prisão preventiva seria em represália à decisão daquela Côrte de Justiça.

Em resposta às palavras do Sr. Cipriano Osires Josephson o advogado George Tavares disse que "num país livre a imprensa também funciona livremente, e quando há qualquer prenúncio de violência a imprensa é a primeira a ser violentada".

— Mas aqui não está sendo julgada a imprensa — declarou êle mais adiante — mas sim um pobre cabo que se permitiu sonhar demasiadamente porquanto de menino prodígio, lançado ao ostracismo, quis voar para uma oportunidade na vida.

O Sr. George Tavares disse ainda que o processo era comum:

— Incomum é o desrespeito ao STM, pois o cabo continua prêso em desobediência a uma ordem legal. Subversão e indisciplina há, e muita, nesse desrespeito. E em nome da ordem e da disciplina a prisão não deveria ser decretada, já que não há nenhuma denúncia formalizada contra o réu.

O Conselho de Justiça que decretou a prisão do cabo Francisco Dorismar Arrais foi presidido pelo Coronel Luciano Tabano Barreto Lima, tendo como juízes os Capitães Edilio Soares de Almeida, Carlos Alberto Benedito de Carvalho e Edvar Cavalcânti Leite.

O Ministro Alcides Carneiro, do STM, cumprindo promessa feita durante o julgamento do habeas-corpus negado ao pianista Joaquim Tomás Jaime, do qual foi relator, estêve ontem no Forte São João para verificar pessoalmente as condições em que se encontra o prisioneiro.

O Sr. Alcides Carneiro disse que foi recebido pelo Tenente Scaramela, oficial-de-dia.

— Fui lá para observar e não para inquirir ou acarear. Assim, apenas registrei o que vi e ouvi.

Durante o tempo em que permaneceu no Forte São João, o Ministro conversou por alguns minutos com o pianista Joaquim Tomás Jaime, que se acha num cubículo de reduzidas dimensões, juntamente com quatro outros prisioneiros políticos, entre êles o cabo Francisco Dorismar Arrais.

Ao ser surpreendido com a visita do Sr. Alcides Carneiro, o pianista procurou evitar quaisquer referências que pudessem comprometê-lo perante as autoridades coatoras, limitando-se a declarar que em três meses apenas tomara três banhos de sol.

O Tenente Scaramela, que presenciava o encontro do Ministro com o prisioneiro, ao ouvir o pianista afirmar que naquele cubículo de três metros por quatro estavam metidos cinco homens, tentou justificar-se. Explicou, então, que aquêle espaço já acomodara nove pessoas, querendo com isto dar a entender que a cela não era tão pequena assim. Mas ao perceber o ar de censura do Ministro, corrigiu:

— Bem, mas foi só um dia.

JORNAL DO BRASIL, 17 DE JANEIRO DE 1967

Militares vão ser julgados

Da Sucursal do Rio

O Conselho Permanente de Justiça da 2.a Auditoria da 1.a Região Militar marcou para terça-feira a partir das 13 horas, o julgamento do cabo Francisco Dorismar Arrais, soldados Cosme Braulio, Cesar Augusto Oliveira Botelho e o barqueiro Alcino Ferreira do Nascimento, acusados de terem facilitado e possibilitado a fuga dos estudantes Tarzan de Castro, Gelson Alves Ferreira e James Allen Luz, que se encontravam presos na Fortaleza de Lages.

Diz a denuncia que no dia 20 de novembro de 1965, cerca das 20 horas, os estudantes evadiram-se daquela fortaleza, onde se encontravam detidos por força da prisão preventiva decretada pela Auditoria da 4.a Região Militar, em Juiz de Fora, onde respondiam a processo por crime de subversão.

Acrescenta a denuncia que o cabo Arrais, comandante da guarda, de comum acordo com os demais militares indiciados, mediante recompensa financeira, contratou os serviços do barqueiro Alcino que transportou os presos até a praia do Flamengo, de onde se refugiaram na Embaixada do Uruguai, pedindo asilo politico.

QUALIFICAÇÃO

O Conselho Permanente de Justiça da 3.a Auditoria da 1.a Região Militar, marcou para terça-feira também, a partir das 13 horas, a qualificação e inicio do sumario de culpa dos funcionarios da Companhia Siderurgica Nacional, envolvidos no inquerito policial-militar ali instaurado para apurar atividades subversivas, em Volta Redonda.

Foram enquadrados na Lei de Segurança Nacional, os funcionarios Gerson da Cunha Bastos, Benedito Matos da Costa, Lenine Abdiel de Souza, Manoel Isac Carvalho Lima, Wandelan Coutinho, Jairo de Barros Filho, Daniel Barros Ferreira, João Mesquita Zanute, José Figueiredo Costa Madeira, Carlos Granato, Nilton Carraro Machado, Aldemir Gomes Oliveira, Marcilio Cesar Ramos Krieger, Helena Maria da Silva Krieger, os 3 ultimos, engenheiro, advogado e arquiteta.

O ESTADO DE SÃO PAULO, 11 DE AGOSTO DE 1968

O asilo no Uruguai

Voávamos para o sul, em um avião da Força Aérea uruguaia. O governo daquele país não permitiu que fossemos levados pelas forças militares brasileiras. Tratava-se de uma precaução necessária. Durante o trajeto, uma estudante uruguaia puxou conversa comigo. Conversamos muito, ela conhecia as circunstâncias do exílio e se mostrou muito solidária. Disse que, caso precisasse de algo em Montevidéu, poderia procurá-la. Seu nome: Maria Cristina Uslenghi Rizzi, estudante, bancária e militante do Partido Socialista. Era uma mulher de aparência forte, inteligente, bonita. Falávamos carinhosamente em espanhol. Confesso ter ficado curioso a respeito daquela moça, e imaginado que poderíamos nos reencontrar em outro momento. Enquanto isso, em terras brasileiras e uruguaias, a imprensa espalhava notícias sobre os três asilados que se dirigiam a Montevidéu.

Asilados partem em silêncio para Montevidéu

Rio, 19 (FOLHA) – Os estudantes Tarzan de Castro e Gerson Alves Ferreira (sic), que estavam asilados na Embaixada do Uruguai, embarcaram hoje com destino a Montevidéu, negando-se a prestar declarações, pois confundiram os repórteres com agentes do SNI. O engenheiro-projetista Apolonio Fanzeres, também asilado, viajou no mesmo avião... (Folha da Manhã, Rio de Janeiro, 19 de maio de 1967).

Comunistas brasileiros no Uruguai

MONTEVIDEU, 21 (UPI) "Somos comunistas, e isto no Brasil é crime", declararam ao chegar a esta capital dois refugiados políticos do vizinho país. Tarzan de Castro e Gerson Alves Parreira, de 28 e 23 anos, respectivamente, chegaram ontem num avião militar uruguaio, procedendo do Rio de Janeiro, juntamente com o engenheiro brasileiro Apolon Fanzeres (sic), de 51 anos, que também se refugiou como aqueles na embaixada do Uruguai (Diário da Noite, 22 de maio de 1967).

Quando chegamos ao Uruguai, a imprensa local nos aguardava já no aeroporto. Éramos protagonistas do chamado "Caso Arrais", de grande repercussão naquelas terras. Também nos recebeu uma comissão de asilados políticos, conduzida pelo almirante Cândido de Aragão. Esse militar tinha sido comandante dos fuzileiros navais no Rio de Janeiro e foi perseguido e execrado das Forças Armadas por ter defendido João Goulart. O próprio Jango, assim como Brizola, encontrava-se então no Uruguai. O ex-presidente mandou comunicar através do almirante Aragão, que eu poderia me hospedar em uma de suas propriedades – ele tinha hotéis e levava uma vida confortável no país. Porém, James Allen disse estar morando em uma casa com outros asilados e que apreciaria minha companhia. Eu, obviamente, aceitei o convite de James Allen; éramos companheiros de cadeia e de Goiás. Até hoje, prezo a imagem desse bravo militante, assassinado pela ditadura no caminho entre Porto Alegre e São Paulo, e tido como desaparecido por muitos anos.

O James tinha atitudes muito decisivas, impetuosas, apressadas. Ele queria ver as coisas resolvidas para ontem. Eu brincava que, para ele, o amanhã já estava tarde. Ele sempre respondia que eu é que era mole, que era um desbundado, termo usado para qualificar quem abandonava a luta armada contra a ditadura. James me dizia que queria voltar para o Brasil e entrar para a luta real, segundo ele, de fuzil em punho; seu sonho era encarar uma autoridade, de preferência um oficial superior, e liquidá-la fisicamente. Eu afirmava que aquilo não era uma atitude revolucionária, e James ria ao dizer que não importava, pois eu não passava de um bunda mole. James Allen Luz foi uma figura excepcional, combateu a ditadura até o fim de sua vida. Junto a Athos Magno[110] e outros, ele planejou e executou o sequestro de um avião e seu deslocamento até Cuba. Era um companheiro destemido e determinado, e nossa amizade superava as diferenças e divergências políticas. Portanto, não pensei duas vezes para escolher viver com ele num muquifo ao invés do hotel de João Goulart. Era mesmo uma casa popular, cedida pelo Partido Comunista Uruguaio, no bairro de La Teja, um dos mais precários de Montevidéu, à época.

Nossa nova morada não possuía calefação nem qualquer item de conforto. Enfrentamos muitas necessidades materiais para nos estabelecer e sobreviver. Contudo, as principais agruras vividas naquela época não diziam respeito às acomodações. Quando cheguei ao Uruguai, o comunicado do PCdoB de que eu seria um agente da CIA já havia se espalhado. Só quem já

[110] Militante do Var-Palmares, ex-deputado do Partido dos Trabalhadores (PT) de Goiás.

passou por situação análoga sabe como é difícil estar no exílio, diante de tantas adversidades, e ainda ter que enfrentar a desconfiança entre os companheiros. Felizmente, salvas algumas exceções, fui bem-recebido e inserido na comunidade. Recordo-me, porém, de uma situação triste quando, em certo debate político, um brasileiro não conseguia argumentar contra o meu posicionamento e, vendo-se acuado, chamou-me de agente da CIA. Descontrolado, respondi-lhe com uma porrada na cara. O rapaz caiu e levantou-se de imediato, pedindo-me desculpas e dando por terminada a questão.

O Uruguai tinha, naquele período, um dos maiores e mais qualificados núcleos de asilados políticos, a começar pelo ex-presidente João Goulart, o almirante Cândido de Aragão[111], Leonel Brizola, além dos coronéis Dagoberto Rodrigues[112], ex-diretor dos Correios, Emanuel Lincoln[113], o poeta Thiago de Melo, Darcy Ribeiro[114], o ex-deputado Neiva Moreira[115], Paulo Schilling[116], Amaury Silva[117], Djalma Maranhão[118], Carlos Cunha[119], entre outros. Havia muitos militares, sargentos, marinheiros, muita gente do sul, enfim. Montevidéu era uma efervescência de brasileiros. Logo surgiram muitos movimentos contrários ao governo brasileiro, destacando-se a corrente brizolista, de caráter mais radical e tendendo à resistência armada.

---

[111] Ex-almirante da Marinha Brasileira, na época comandante dos fuzileiros navais ligado ao ex-presidente João Goulart, asilado no Uruguai.

[112] Ex-cel. do Exército, ex-diretor geral dos Correios do Brasil, ligado a João Goulart.

[113] Ex-cel da Aeronáutica, ligado a Leonel Brizola.

[114] Antropólogo, político, fundador e reitor da Universidade de Brasília (UnB), chefe da Casa Civil do Presidente João Goulart.

[115] Ex-deputado federal, jornalista, ligado a Leonel Brizola, asilado no Uruguai.

[116] Economista, escritor, político ligado a Leonel Brizola.

[117] Ex-ministro do trabalho do Governo Goulart.

[118] Ex-prefeito de Natal, ex-deputado federal, ligado ao Partido Comunista Brasileiro (PCB).

[119] Mineiro, jornalista, perseguido pela ditadura, asilado no Uruguai, ligado ao Partido Comunista Brasileiro (PCB).

Por meio da RAN – Resistência Armada Nacional – surgiram iniciativas como a guerrilha de Caparaó. A ligação entre Cuba e Brizola foi notória naquele período histórico. Por outro lado, João Goulart oferecia uma alternativa mais política, angariando o apoio de ex-partidos e de forças organizadas em nome da Democracia. Essas duas figuras históricas foram muito solidárias com os menos favorecidos no Uruguai. João Goulart era uma pessoa de grande valor, cujo nome ainda será recolocado em seu devido lugar na História; um importante democrata, um ser humano solidário e um grande companheiro daqueles que foram expulsos do Brasil. Já Brizola era um militante permanente, incansável perseguidor de seus ideais.

Devido a toda essa movimentação, também perambulavam pela cidade muitos espiões do governo militar – ela sediava o Centro de Informações do Exterior, Ciex, que repassava informações sobre as atividades dos asilados para o governo **militar** brasileiro. O embaixador brasileiro Pio Correia, que chegou a ser ministro das Relações Exteriores, perpetrou um período conturbado para os asilados políticos. A história desse homem é terrível. Ele sempre perseguiu os brasileiros no exterior e, no Uruguai, manteve um trabalho minucioso de observação em que eram registrados todos os movimentos dos asilados. A verdade é que o governo uruguaio vivia sob pressão da ditadura brasileira – era uma ilha democrática cercada de desafetos. O Itamarati esteve metido até a medula na repressão externa aos asilados mundo afora.

Foi nesse contexto que me predispus a recomeçar a vida. Em terras uruguaias, recebíamos uma pequena ajuda de uma associação de asilados mantida por contribuições, vindas principalmente de Jango e Brizola. Também tirei a carteira oficial de "pobre", que dava acesso a alguns benefícios, como transporte, saúde pública, etc. Matriculei-me no curso de Economia da Universidad de la República, enquanto procurava meios de subsistência. Era preciso nos manter de alguma forma; numa dessas tentativas, resolvemos plantar tomates no quintal da casa. Iniciamos uma indústria artesanal de massa de tomate, através de um processo bem primitivo, feito basicamente com as mãos e os pés. Estocávamos a produção em garrafões de vidro de 20 a 40 litros. Foi um desastre! O controle da fermentação não era benfeito e, à noite, os garrafões explodiam, espalhando restos de tomate por todo o galpão. Essa foi minha primeira experiência de trabalho no Uruguai. Depois, passei a trabalhar na agência de turismo mantida por Djalma Maranhão.

As coisas eram difíceis na minha primeira experiência de exílio. As condições de vida estavam péssimas, e eu me lastimava muito, embora não desistisse. Mas houve momentos de grande alegria. Como quando chegou a Montevidéu uma verdadeira delegação de amigos de Goiás, liderada pelo meu irmão Erlan. Foi uma festa! Nós os recebemos com o maior prazer e emoção, saudosos daquelas pessoas tão especiais e das notícias do nosso país, das nossas casas, das nossas raízes. Eram Zanderlan Campos, Francisco Garcia[120] (o Chico Espeto), Luiz Carlos Moraes[121] e Sebastião Tavares (o Pinóquio). Foi o Pinóquio quem, assim que desembarcou, trazia debaixo do braço duas garrafas de cachaça puramente brasileira. Estávamos tão saudosos de tudo que vinha da nossa terra que aquela visão foi como retornar ao quintal de casa por um instante! Mas, também emocionado, Pinóquio abriu os braços para nos saudar e lá se foram as garrafas

[120] Advogado de Jataí, ex-secretário do governo de José Feliciano Ferreira.

[121] Militante do Movimento Estudantil (M.E.), ex-presidente da União Goiana dos Estudantes Secundaristas (UGES).

ao chão! Espatifaram-se, e o James Allen se jogou sobre os cacos bebendo o que conseguia e lambendo o piso. Que cena hilária!

A visita dos companheiros marcou minha estada no Uruguai. Eles se comoveram com nossas dificuldades, com a precariedade de onde morávamos. Enquanto estiveram lá, levamos uma vida boa. Fomos transferidos para um hotel e recebemos algum dinheiro – ajuda muito bem-vinda naqueles momentos de vacas magras. Para não chamar a atenção da ditadura, eles viajaram quando ocorria uma partida entre Corinthians e Peñarol. Para todo cálculo, eram apenas corintianos seguindo o time do coração. Nunca esquecerei aquela visita, principalmente porque foi a última vez que vi o meu irmão Erlan de Castro.

Permaneci no Uruguai por mais de dois anos. No início, Maria Aparecida vivia comigo. Ela foi uma companheira muito importante num determinado período da minha vida. Nossa divergência se deu por incompatibilidade de gênios e temperamento, como é comum em muitos relacionamentos. Separamo-nos em 1969, e eu, então, envolvi-me com outras pessoas. Num breve relacionamento, conheci a jovem italiana Gabriela Premina Saltarelli, com quem tive minha primeira filha: Silvana Yara Saltarelli de Castro. A vida, porém, não me permitiu estar presente nos primeiros anos de existência daquela linda garotinha que minha mãe trouxe para o Brasil, onde passou a conviver com minha família. Fui reencontrá-la muito tempo depois, já com 11 anos de idade quando voltei do exílio, no aeroporto de Goiânia. Além desse relacionamento curto, voltei a me aproximar de Maria Cristina, a uruguaia que conheci no início do exílio. Ela se tornou minha companheira e se incluiu nos meus planos de retorno. Ao fim de 1969, eu voltava clandestinamente ao Brasil, para lutar contra a ditadura. O tempo de maturação e sacrifício no Uruguai havia acabado.

Arquivo pessoal de Joaquina Ramos de Castro, mãe de Tarzan

Asilados partem em silencio para Montevidéu

RIO, 19 (FOLHA) — Os estudantes Tarzan de Castro e Gerson Alves Ferreira, que estavam asilados na Embaixada do Uruguai, embarcaram hoje com destino a Montevidéu, negando-se a prestar declarações, pois confundiram os reporteres com agentes do SNI. O engenheiro [illegible] Apolonio Fanzeres, também asilado, viajou no mesmo avião. O embarque dos três asilados foi assistido por funcionarios do Itamarati e da Embaixada do Uruguai, que os conduziram até o avião da Força Aerea Uruguaia, levando os seus salvo-condutos. A sra. Maria Bachihaburo, da Embaixada uruguaia, disse que «apenas um asilado se encontra na Embaixada, no Rio», mas não informou seu nome.

O engenheiro Apolonio Fanzeres, que é natural de Minas Gerais, confundindo os jornalistas com agentes do Serviço Nacional de Informações, pediu aos funcionarios das Embaixadas providencias «para não ser molestado». Procurando evitar fotografias, disse que «já sofremos bastante, e agora só nos interessa deixar o país».

FOLHA DA MANHÃ, 19 DE MAIO DE 1967

Arquivo pessoal de Joaquina Ramos de Castro, mãe de Tarzan

Asilados negam-se a falar

Da Sucursal do Rio

Negando-se a prestar declarações à imprensa, sob a alegação de que os reporteres eram agentes do SNI, seguiram ontem para Montevidéu Tarzan de Castro e Gerson Alves Ferreira, que fugiram da Fortaleza de Lages, asilando-se na embaixada do Uruguai, e o eng. Apolonio Fanzeres, que também obteve asilo do governo uruguaio. O ultimo, ao se aproximarem os reporteres, chegou a pedir proteção de funcionarios da embaixada para não ser molestado.

Os asilados embarcaram em avião da Força Aerea Uruguaia, no Galeão.

O ESTADO DE SÃO PAULO, 20 DE MAIO DE 1967

Arquivo pessoal de Tarzan de Castro

Uruguai dá asilo a subversivo

Da Agência UPI

As autoridades uruguaias decidiram conceder asilo político ao brasileiro Tarzan de Castro, que se encontra naquele país há algum tempo.

A resolução foi adotada pelo vice-presidente do Uruguai, Jorge Pacheco Areco, em exercício da presidencia, e de acordo com o ministro das Relações Exteriores, Hector Luisi.

O ESTADO DE SÃO PAULO, 4 DE NOVEMBRO DE 1967

A Ala Vermelha

No Uruguai, fiz contato com a organização Ala Vermelha[122] por meio de Diniz Cabral e de Élio Cabral. Foi esse quem preparou meu retorno ao Brasil. Voltei clandestinamente para São Paulo, entrando pela fronteira do Rio Grande do Sul. Cheguei a São Paulo no início dos anos setenta, e o clima era de repressão absoluta. O DOI-CODI e a OBAN exerciam a opressão em suas facetas mais cruéis. Naquela época, Carlos Marighela foi assassinado, algo arrasador para todos os militantes do país. O interessante é que, no Uruguai, ainda sobrevivia o pensamento de que a ditadura militar seria de curta duração, que caminhava para a autoextinção. De fato, o exílio naquele país representou para muitos a primeira etapa de exílios – outras viriam, mais longas e complexas. Por ser a primeira, talvez tenha sido mais fogosa e rápida, levando em consideração as decisões tomadas, o que se discutia e como se preconizava o futuro do país. Nós acompanhávamos tudo o que acontecia no Brasil e tentávamos influir no andamento político.

A proposta da Ala Vermelha era viabilizar o movimento revolucionário através de ações armadas, apenas para criar con-

[122] Ala Vermelha. Dissidência do PCdoB, que mais radical, propunha na época a luta armada imediata

dições financeiras e, assim, agilizar o processo de destruição da ditadura. Acreditava-se que o caminho era uma política de massa, com o apoio dos trabalhadores, da sociedade, do movimento operário-estudantil e dos intelectuais. Então, por um lado, sonhávamos com um grande projeto de sociedade e, por outro, enfrentávamos a dificuldade de ser uma organização minúscula. Éramos poucos, não tínhamos recursos materiais e financeiros. E com certeza não obteríamos recursos através de doações ou por caridade. Assim, a opção encontrada foi realizar ações armadas contra bancos, instituições financeiras e outras atividades.

James Allen Luz, meu amigo e conterrâneo, parceiro de cadeia e de fugas, foi um entusiasta da Ala Vermelha. Mais tarde, também faria parte de organizações como Var-Palmares e a VPR de Lamarca. Ainda em Montevidéu, ele me trouxe mais informações sobre o grupo. Outro companheiro importante que também voltou ao Brasil para a luta armada foi Gerson Parreira. Era uma pessoa com capacidade imensa de perceber os fatos, tanto que eu gostava de dizer que ele tinha o QI tão alto que às vezes atrapalhava. Isso porque ele era uma pessoa muito ativa, que sempre apresentava sugestões atraentes para qualquer tipo de problema. Nem sempre, porém, suas sugestões e decisões eram as mais acertadas. Desse modo, os brasileiros que comigo chegaram ao Uruguai também voltaram ao Brasil por vias clandestinas, e com maior vontade de agir. À medida que a ditadura brasileira se radicalizava, nós também passávamos a procurar meios mais extremos de resistência, num processo cujos começos e fins se tornavam confusos.

De volta a São Paulo, sentia as mãos de ferro da ditadura bem mais próximas. A situação parecia ter piorado e exigia de nós muito mais cautela, muito mais minúcia e cuidado. Exigências difíceis para jovens dispostos a pegar em armas e mover revoluções. Minha posição, porém, não era tão extremada. Fiquei por um tempo na casa de Felipe Lindoso[123] e sua companheira, a escritora goiana Maria José Silveira (Zezé Silveira) – um casal que me impressionou pela amizade e o amor intenso e fervoroso entre eles – até que a organização encontrasse um aparelho para abrigar a mim e ao Élio Cabral. Alugaram uma casa grande na Mooca e montaram uma livraria de fachada. Um casal de jovens estudantes, Paulo de Tarso Gianini[124] e sua companheira Cleusa, foram deslocados para lá como "proprietários" da tal livraria.

Élio e eu precisávamos agir como sombras – ninguém podia supor nossa existência. Novamente, a vida de clandestino me alcançava. Dessa vez, porém, com maior dificuldade. Fui obrigado a me manter trancado o tempo todo, esperando por diretrizes que demoravam muito a chegar. Élio Cabral já possuía várias atividades, mas eu precisava aguardar uma colocação da Ala Vermelha. Com o passar do tempo, a situação se tornava insuportável. Um vizinho da casa, pintor da construção civil, pediu ao casal o corredor emprestado para guardar seus instrumentos de trabalho. Assim, ele tinha livre acesso à residência, mas não poderia, em momento algum, desconfiar que ali morava mais alguém além dos estudantes. Tive que parar de fumar, andar na ponta dos pés, e pensar muito antes de dar um simples espirro.

Em raras circunstâncias, eu saía. Numa delas, fui designado cozinheiro para uma reunião da Ala Vermelha na Praia Grande, litoral de São Paulo. Foi um alívio indescritível poder respirar o ar puro e dar passos despreocupados por alguns dias. Depois daquilo, pedi que me viabilizassem alguma atividade política, pois já havia passado quase seis meses naquela maldita casa. Foi assim que, no início da década de 70, eu fui deslocado para Recife.

---

[123] Militante do Movimento Estudantil (M.E.) em Brasília e São Paulo, membro do Partido Comunista do Brasil (PCdoB) e da Ala Vermelha, preso, torturado pela ditadura.

[124] Líder do Movimento Estudantil (M.E.) de São Paulo, membro do Partido Comunista do Brasil (PCdoB) e Ala Vermelha, preso, perseguido, asilou-se no Chile e na Suécia.

Arquivo pessoal de Tarzan de Castro

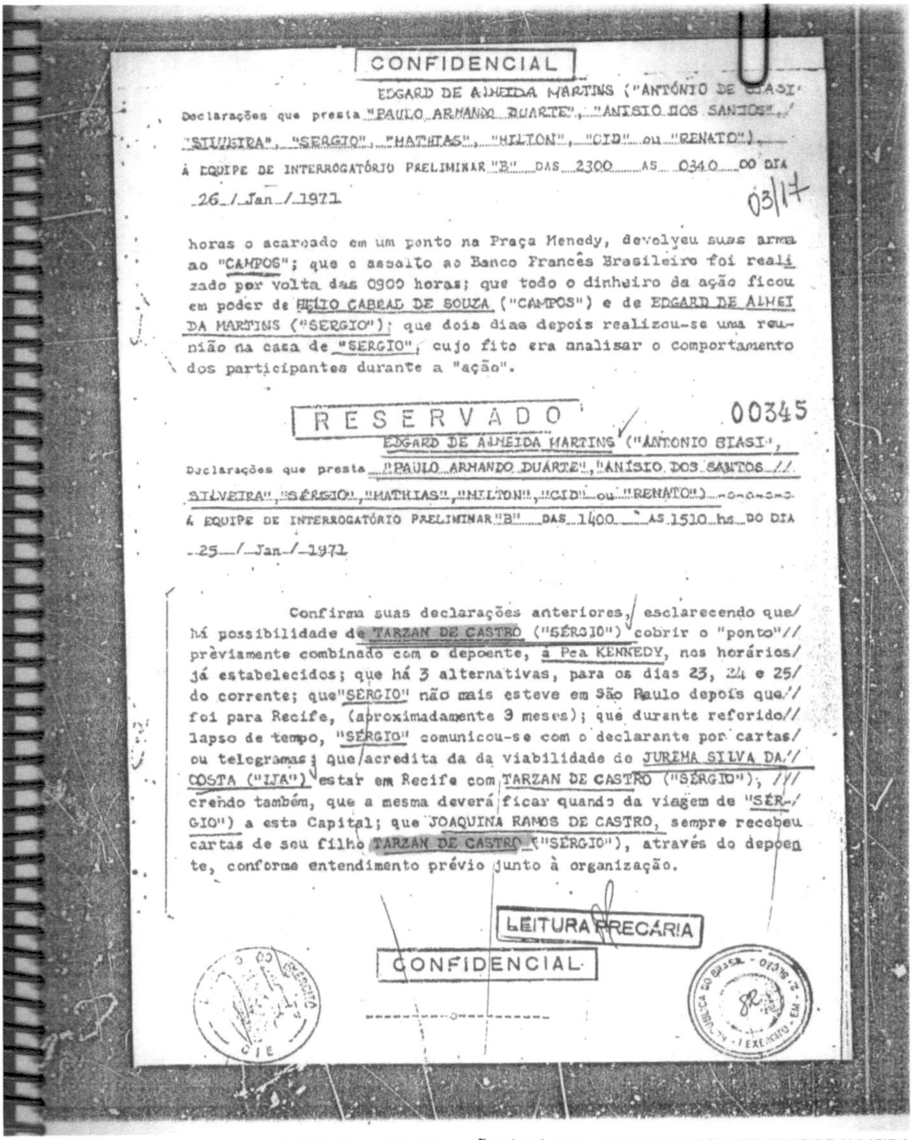

CONFIDENCIAL

EDGARD DE ALMEIDA MARTINS ("ANTÔNIO DE BIASI",

Declarações que presta "PAULO ARMANDO DUARTE", "ANISIO DOS SANTOS"/ "SILVEIRA", "SERGIO", "MATHIAS", "MILTON", "CID" ou "RENATO"),

À EQUIPE DE INTERROGATÓRIO PRELIMINAR "B" DAS 2300 AS 0340 DO DIA

26 / Jan / 1971

horas o acareado em um ponto na Praça Menedy, devolveu suas arma ao "CAMPOS"; que o assalto ao Banco Francês Brasileiro foi realizado por volta das 0900 horas; que todo o dinheiro da ação ficou em poder de HÉLIO CABRAL DE SOUZA ("CAMPOS") e de EDGARD DE ALMEIDA MARTINS ("SERGIO"); que dois dias depois realizou-se uma reunião na casa de "SERGIO", cujo fito era analisar o comportamento dos participantes durante a "ação".

RESERVADO

00345

EDGARD DE ALMEIDA MARTINS ("ANTONIO BIASI",

Declarações que presta "PAULO ARMANDO DUARTE", "ANÍSIO DOS SANTOS // SILVEIRA", "SÉRGIO", "MATHIAS", "MILTON", "CID" ou "RENATO") -o-o-o-o-

À EQUIPE DE INTERROGATÓRIO PRELIMINAR "B" DAS 1400 AS 1510 hs DO DIA

25 / Jan / 1971

Confirma suas declarações anteriores, esclarecendo que/ há possibilidade de TARZAN DE CASTRO ("SÉRGIO") cobrir o "ponto"// prèviamente combinado com o depoente, à Pca KENNEDY, nos horários/ já estabelecidos; que há 3 alternativas, para os dias 23, 24 e 25/ do corrente; que "SÉRGIO" não mais esteve em São Paulo depois que// foi para Recife, (aproximadamente 3 meses); que durante reforido// lapso de tempo, "SÉRGIO" comunicou-se com o declarante por cartas/ ou telegramas; que acredita da da viabilidade de JUREMA SILVA DA// COSTA ("LJA") estar em Recife com TARZAN DE CASTRO ("SÉRGIO"), /// crendo também, que a mesma deverá ficar quando da viagem de "SÉR-/ GIO") a esta Capital; que JOAQUINA RAMOS DE CASTRO, sempre recebeu cartas de seu filho TARZAN DE CASTRO ("SÉRGIO"), através do depoente, conforme entendimento prévio junto à organização.

LEITURA PRECÁRIA

CONFIDENCIAL

DOCUMENTO OFICIAL DO SISTEMA NACIONAL DE INFORMAÇÕES (SNI), COM DEPOIMENTOS DE EDGARD DE ALMEIDA MARTINS, PRESTADOS EM 26 DE JANEIRO DE 1971, SOBRE A IDA DE TARZAN DE CASTRO DE SÃO PAULO PARA RECIFE

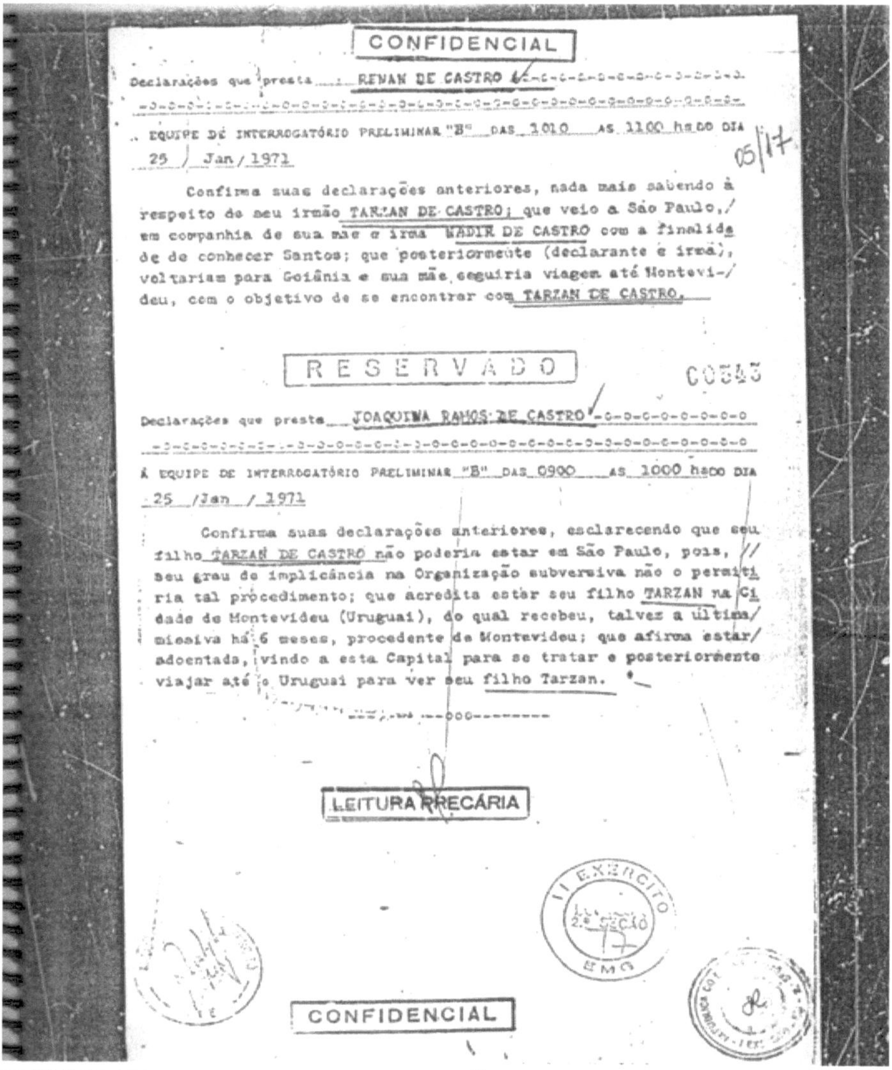
CONFIDENCIAL

Declarações que presta: RENAN DE CASTRO -0-0-0-0-0-0-0-0-0-0-0-0-
-0-0-0-0-0-0-0-0-0-0-0-0-0-0-0-0-0-0-0-0-0-0-0-0-0-0-0-0-0-0-

À EQUIPE DE INTERROGATÓRIO PRELIMINAR "B" DAS 1010 ÀS 1100 hs DO DIA 25 / Jan / 1971

05/17

Confirma suas declarações anteriores, nada mais sabendo à respeito de seu irmão TARZAN DE CASTRO; que veio a São Paulo, em companhia de sua mãe e irmã NADIR DE CASTRO com a finalidade de conhecer Santos; que posteriormente (declarante e irmã), voltariam para Goiânia e sua mãe seguiria viagem até Montevideu, com o objetivo de se encontrar com TARZAN DE CASTRO.

RESERVADO

C0543

Declarações que presta JOAQUINA RAMOS DE CASTRO -0-0-0-0-0-0-0-0-
-0-0-0-0-0-0-0-0-0-0-0-0-0-0-0-0-0-0-0-0-0-0-0-0-0-0-0-0-0-0-0-

À EQUIPE DE INTERROGATÓRIO PRELIMINAR "B" DAS 0900 ÀS 1000 hs DO DIA 25 /Jan / 1971

Confirma suas declarações anteriores, esclarecendo que seu filho TARZAN DE CASTRO não poderia estar em São Paulo, pois, seu grau de implicância na Organização subversiva não o permitiria tal procedimento; que acredita estar seu filho TARZAN na Cidade de Montevidéu (Uruguai), do qual recebeu, talvez a última missiva há 6 meses, procedente de Montevideu; que afirma estar adoentada, vindo a esta Capital para se tratar e posteriormente viajar até o Uruguai para ver seu filho Tarzan.

---ooo---

LEITURA PRECÁRIA

II EXÉRCITO 2ª SEÇÃO EMG

CONFIDENCIAL

DOCUMENTO OFICIAL DO SISTEMA NACIONAL DE INFORMAÇÕES (SNI), COM DEPOIMENTOS DO IRMÃO DE TARZAN, RENAN, E DE SUA MÃE, JOAQUINA RAMOS DE CASTRO. DEPOIMENTOS PRESTADOS EM 26 DE JANEIRO DE 1971, TRATAM DO PARADEIRO DE TARZAN.

Arquivo pessoal de Tarzan de Castro

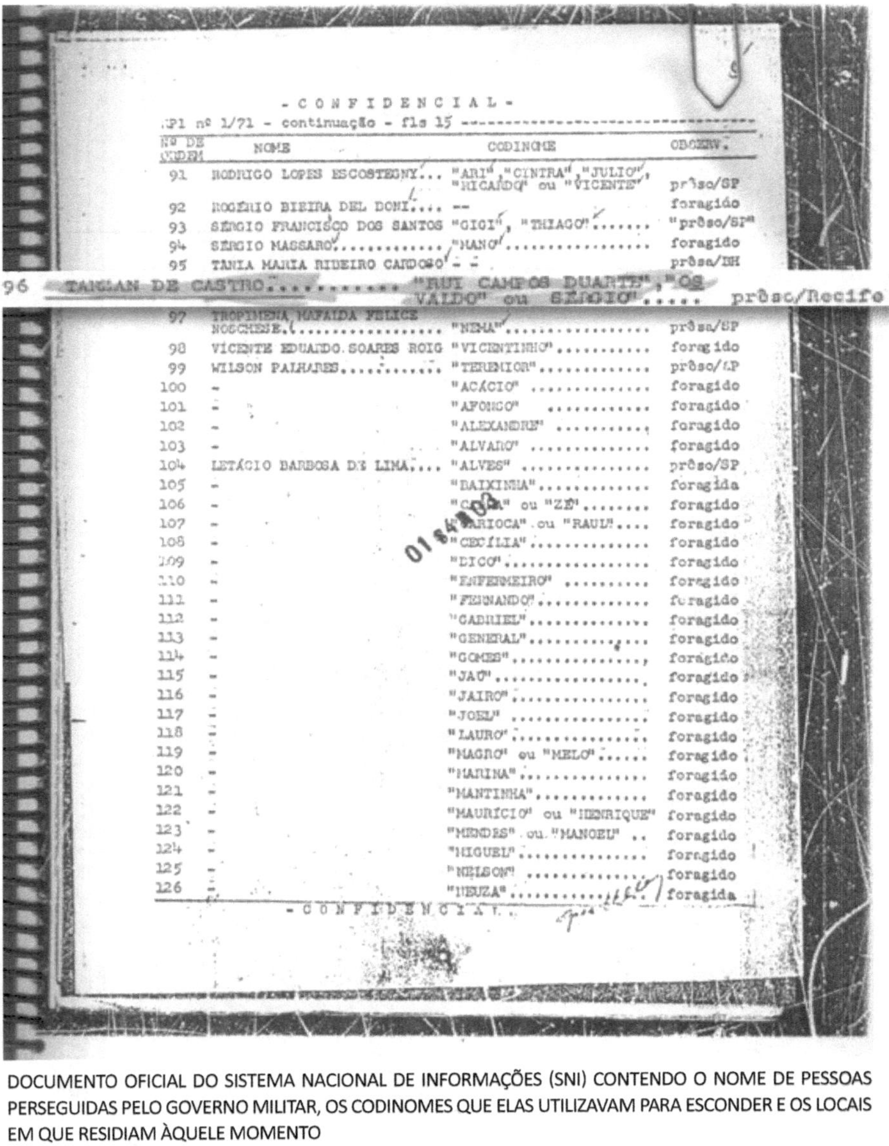

\- C O N F I D E N C I A L -

[illegible]P1 nº 1/71 - continuação - fls 15

Nº DE ORDEM	NOME	CODINOME	OBSERV.
91	RODRIGO LOPES ESCOSTEGNY...	"ARI", "CINTRA", "JULIO", "RICARDO" ou "VICENTE"	prêso/SP
92	ROGÉRIO BIEIRA DEL DONI....	--	foragido
93	SÉRGIO FRANCISCO DOS SANTOS	"GIGI", "THIAGO".......	"prêso/SP"
94	SÉRGIO MASSARO.............	"MANO".................	foragido
95	TANIA MARIA RIBEIRO CARDOSO	- -	prêsa/BH
96	TA[illegible]AN DE CASTRO...........	"RUI CAMPOS DUARTE", "OSVALDO" ou SÉRGIO".....	prêso/Recife
97	TROPIMENA MAFALDA FELICE NOSCHESE..................	"NEMA".................	prêsa/SP
98	VICENTE EDUARDO SOARES ROIG	"VICENTINHO"...........	foragido
99	WILSON PALHARES............	"TEREMIOR".............	prêso/SP
100	-	"ACÁCIO"	foragido
101	-	"AFONSO"	foragido
102	-	"ALEXANDRE"	foragido
103	-	"ALVARO"	foragido
104	LETÁCIO BARBOSA DE LIMA....	"ALVES"	prêso/SP
105	-	"BAIXINHA"............	foragida
106	-	"C[illegible]A" ou "ZÉ"........	foragido
107	-	"CARIOCA" ou "RAUL"....	foragido
108	-	"CECÍLIA".............	foragido
109	-	"DICO"................	foragido
110	-	"ENFERMEIRO"	foragido
111	-	"FERNANDO"............	foragido
112	-	"GABRIEL".............	foragido
113	-	"GENERAL".............	foragido
114	-	"GOMES"...............	foragido
115	-	"JAÚ".................	foragido
116	-	"JAIRO"...............	foragido
117	-	"JOEL"	foragido
118	-	"LAURO"...............	foragido
119	-	"MAGRO" ou "MELO"......	foragido
120	-	"MARINA"..............	foragido
121	-	"MANTINHA"............	foragido
122	-	"MAURÍCIO" ou "HENRIQUE"	foragido
123	-	"MENDES" ou "MANOEL" ..	foragido
124	-	"MIGUEL"..............	foragido
125	-	"NELSON"	foragido
126	-	"NEUZA"...............	foragida

\- C O N F I D E N C I A L -

DOCUMENTO OFICIAL DO SISTEMA NACIONAL DE INFORMAÇÕES (SNI) CONTENDO O NOME DE PESSOAS PERSEGUIDAS PELO GOVERNO MILITAR, OS CODINOMES QUE ELAS UTILIZAVAM PARA ESCONDER E OS LOCAIS EM QUE RESIDIAM ÀQUELE MOMENTO

"Tarzan, você tem couro duro"

Na Praia do Pina, quase encostada na favela de Brasília Teimosa, havia uma pequena casinha, um barracão simplório. Nele, Maria Cristina e eu nos instalamos. A quem quer que porventura perguntasse, éramos nada mais que um casal recém-mudado, vindos do sudeste, muito discretos e educados. Maria Cristina falava espanhol e era bancária. Logo conseguiu um emprego no Banco Interamericano para o Desenvolvimento, o BID, e se legalizou no país. Eu me virava como artesão e fazia alguns bicos. Para não levantar suspeitas, chegamos a encenar um casamento e chamar alguns vizinhos como padrinhos. Tudo para camuflar as intenções militantes que nos moviam. À frente de nossa casinha, o mar urbano de Recife subia e descia, indiferente aos dramas dos homens.

A Ala Vermelha havia me designado para fazer contato com Haroldo Sabóia[125], militante do Maranhão que atuava em Saboeiro, no Ceará. Lá, ele havia se tornado diretor de um colégio estadual, depois de ter sido perseguido no Maranhão. Fiz de trem o percurso Recife-Iguatu e ali fretei um Jipe

[125] Maranhense, militante do Movimento Estudantil (M.E.), Partido Comunista do Brasil (PCdoB) e Ala Vermelha, ex-deputado federal, asilou-se na França.

que me levou a Saboeiro, que era uma cidadezinha pequena e simples, tanto que no hotel me ofereceram, ao invés de cama, uma rede para dormir. Deixei passar um tempo desde minha chegada e procurei Haroldo no colégio, mas descobri que ele havia viajado. Na saída do colégio, a surpresa: dois soldados da Polícia Militar me abordaram e disseram que estava intimado a comparecer à delegacia. Eu me perguntava como era possível ter sobrevivido esse tempo todo para ser preso naquele fim de mundo, onde não conhecia ninguém? Como me reconheceram ali? Questionei o motivo da prisão e disse que era apenas um agente comercial que estava vendendo uma biblioteca padrão para o colégio. Sem saída, afirmei ainda ser de São Paulo e ser parente do próprio governador do Ceará. Naquela época, minha identidade falsa tinha um sobrenome parecido com o do governador. Mesmo assim, eles insistiram em me levar até o delegado.

Diante do delegado, reafirmei tudo o que dissera aos soldados e reclamei que aquilo era uma arbitrariedade, que eu não poderia ser preso assim, sem mais nem menos. Um pouco por nervosismo, um pouco por estratégia, comecei a me defender enfaticamente, alterando a voz e apregoando estar muito injustiçado. Cheguei ao extremo de pedir que ligassem para o palácio do governador, meu parente, e que lá confirmariam a história. Na época, o governador cearense era um coronel do Exército – ainda bem que o delegado não ligou! Ele, então, pediu meus documentos e eu não tive saída senão entregá-los. Quando o escrivão começou a me qualificar, eu gritei que não suportava mais aquela situação absurda. Ao perceber que o delegado se intimidara, aumentei ainda mais o tom de voz – falei que ele corria risco de pagar por ter ofendido um homem honesto e trabalhador, e com fortes ligações no governo. Então, o delegado, com um pouco mais de calma, afirmou que me havia prendido porque, às vezes, surgiam pistoleiros na cidade e era preciso sempre verificar a presença de desconhecidos. Mostrando-me indignado e decepcionado, perguntei se eu me parecia com um pistoleiro, se falava como um, se me vestia como um? Peguei meus documentos sobre a mesa e saí da delegacia direto para a pensão. Ao entrar no meu quarto, percebi o perigo que corria: havia documentos da Ala Vermelha para serem entregues a Haroldo, além de um revólver no armário. Mais que depressa, joguei tudo – documentos e revólver – pela privada, que era daquelas rústicas com um buraco profundo. Desfiz-me das provas e, sob as vistas atônitas dos soldados, saí do hotel, fechei a conta e aluguei um Jipe. Deixei aquela cidade com a sensação de que não haveria lugar no mundo onde os militares não me encontrariam. O que me esperava em Recife não iria aliviar minhas angústias.

Ao retornar à casinha na praia do Pina, tomei a correspondência e encontrei uma carta muito atrasada, datada de três ou quatro meses antes. Era o convite para uma missa de sétimo dia. Junto a ele, uma mensagem de meu amigo Élio Cabral dizia: "Tarzan, você tem o couro duro, você aguenta muita coisa e essa é mais uma para você. Prepare-se para o que eu vou te relatar". Meu irmão Erlan de Castro estava morto. Tinha 30 anos, era o mais próximo dos irmãos. Segundo os médicos, a causa da morte foi uma embolia pulmonar. Eu me sentei num banco de pedra, à beira do Capibaribe, e chorei profunda e copiosamente. A morte de Erlan foi um momento muito doloroso para mim, e senti a necessidade de rever minha mãe e meus familiares. Apesar de todos os perigos, a Ala Vermelha providenciou-nos um encontro em São Paulo – deixei Maria Cristina em Recife, e desci para o sudeste, emocionalmente abalado. Antes houvesse ficado...

Em São Paulo, o encontro com meus familiares seria em uma praça no bairro da Mooca. Logo de cara, notei uma movimentação estranha. Havia algo de errado. Percebi, de longe, que algumas pessoas tomavam atitudes incomuns. Como ninguém aparecia, resolvi retroceder até a casa de um membro da Ala e ver o que estava acontecendo. Quando cheguei à residência desse companheiro, um familiar me alertou que eu precisava sumir, pois a polícia havia estado ali e quebrado tudo, prendido várias pessoas, uma grande confusão.

Sem dinheiro, sem eira nem beira, e provavelmente já rastreado, minhas alternativas eram poucas. A Ala Vermelha havia caído; muitos dirigentes foram presos e acabaram contando que eu me encontraria com familiares em São Paulo. Toda a operação estava comprometida. Descobri que até minha mãe, meus irmãos e sobrinhos, haviam sido detidos pela OBAN, e estavam no DOI-CODI. Eles foram torturados na cadeia. Ao saber disso, entrei em pânico – não podia tentar salvá-los, pois seria pior, e tampouco podia ir à rodoviária ou ao aeroporto.

Nesse instante, veio-me à mente a imagem de um primo que morava em São Paulo, o Javan Castro Coimbra. Ele trabalhava no Banco do Brasil, e eu o procurei numa agência da avenida Brigadeiro Luiz Antônio. Expus o problema, e o Javan me deu algum dinheiro para chegar a São José dos Campos. Ele me orientou a contatar seu irmão que morava por lá, José de Castro Coimbra, com quem eu poderia contar. Assim fiz, mas não tive coragem de envolver esse outro primo na história, já que não o conhecia bem. Decidi ir trocando de ônibus até alcançar o Recife. Antes, liguei para Maria Cristina e perguntei se ela não havia notado nada de estranho nos arredores da casa. Muito inexperiente, ela disse que não. Avisei-lhe que estava voltando e que ela devia se preparar, pois a Ala Vermelha havia sido desbaratada, e tínhamos que procurar asilo ou fugir.

Todos os diretores da organização haviam sido presos – Diniz Cabral, Élio Cabral, Alípio de Freitas, entre outros. Minha pretensão era sair novamente do Brasil com a Maria Cristina. Chegando à casa em Recife, de início não percebi nenhuma movimentação estranha. Havia apenas um carro Aero Willys, com placa de Camocim (CE), estacionado por perto, e pessoas comuns de bermudas e roupa de praia. Já eram os policiais. Maria Cristina não estava em casa, eu entrei e fui tomar banho. Então, ouvi barulhos do lado de fora e, pelas frestas da parede, percebi grande movimentação de policiais na frente da casa. Pensei: "Merda, andei tão longe para me 'fuder' justamente aqui?". Rapidamente, vesti-me e tomei o revólver. Estava disposto a resistir, a abrir o portão e meter bala em todo mundo. Mas as coisas se sucederam muito rápido – bastou que eu saísse da casa para encontrar as armas inimigas já apontadas contra a minha cabeça. Eu até poderia derrubar um ou outro, mas não conseguiria sair vivo dessa. Então, joguei a arma no chão e deixei que eles me algemassem e me levassem. Naquele instante, olhei o mar pernambucano, as palmeiras ao vento, o céu infinito; nenhum deles compartilhava de meu destino – talvez fosse a última vez que eu veria as palmeiras a balançar livremente. Estava preso novamente!

Profissionais do terror presos em dois 'aparelhos'

Munições, armas, panfletos subversivos e planos de assaltos foram apreendidos pela polícia pernambucana, na 'blitz' que resultou na prisão de Tarzã de Castro (sic) e sua mulher, a uruguaia Maria Cristina Rizzi, além de outros terroristas. Com o estouro dos aparelhos pernambucanos, foi possível às autoridades descobrir outra célula subversiva na praia de Pirangi, no Rio Grande do Norte. Foram feitas várias prisões (Jornal O Globo, Rio de Janeiro).

Fui levado ao DOPS de Pernambuco. A Maria Cristina, presa em Cabo de Santo Agostinho, posteriormente, também foi levada para lá. Quando chegamos, acontecia uma série de prisões em massa. Os policiais perseguiam grupos de militantes que atuavam na região e, como minha ordem de prisão vinha do Sul do país, fiquei esquecido numa cela. Às vezes, o momento, o lugar e com quem se vai preso definem tudo o que pode te acontecer na prisão. Como a situação parecia complicada com os grupos locais, os policiais resolveram me deixar de lado por um tempo. Interrogaram-me apenas para saber o que eu fazia lá, e eu respondi que não estava fazendo nada. Deram-me uns chutes e se tornaram mais agressivos, mas eu continuei negando qualquer envolvimento na militância. Disse que tinha uma oficina de artesanato, vendia para algumas butiques e, inclusive, a consulesa norte-americana era minha cliente. Poderiam checar a informação se quisessem, pois, de fato, a consulesa havia comprado algumas peças minhas. Dias depois, a polícia montou a história de que tínhamos planos de sequestrar a consulesa norte-americana.

Odijas Carvalho de Souza

Uma noite, os policiais arrastaram até a minha cela um jovem todo arrebentado. Ele havia acabado de ser torturado, mal conseguia abrir os olhos. Seu nome era Odijas Carvalho de Souza[126], estudante de agronomia, nascido em Alagoas. Pelos poucos dias que passamos juntos, Odijas[127] me perguntava o que poderia fazer para sair daquela situação, pois não aguentava mais tanta pancadaria. Os torturadores o colocavam de cabeça para baixo, dentro de um saco, e o espancavam sem dó. Recordo-me de que o líder dos torturadores atendia pelo nome de Miranda. Na última vez que o trouxeram para a cela, o rapaz estava praticamente morto. Havia apanhado tanto que suas nádegas estavam em carne viva. Eu tirei minha calça para que vestissem nele antes de levá-lo ao hospital e fiquei só de cuecas na cela. Dizem que ele morreu no hospital, mas o fato é que ele já saiu da cela praticamente morto. Durante uma das sessões de tortura, fomos visitados pelo secretário de Segurança Pública, o professor Armando Samico. Eu me dirigi a ele e pedi que tomassem providências, pois iriam acabar matando o rapaz. O secretário me olhou e falou, simplesmente, que não ia mandar parar tortura nenhuma, aquilo era apenas esparro do garoto. Por esparro, ele queria dizer que a pessoa estava fingindo, fazendo fita. Foi esse mesmo secretário quem afirmou, no jornal *O Globo*, o seguinte:

---

[126] A notícia sobre a morte de Odijas, publicada no jornal *O Estado de São Paulo*, pode ser conferida ao final desse entretítulo.

[127] Sobre o assunto, Cláudio Gurgel escreveu o artigo "A morte de Odijas Carvalho". O texto encontra-se na página 441 do livro 68: *A geração que queria mudar o mundo - Relatos*, publicado pelo Ministério da Justiça.

– Não se deve, portanto, chamar elementos assim de estudantes, porque realmente são profissionais pagos para a prática de atos terroristas. Com essa finalidade, recebem treinamentos especiais. Portanto, a denominação de estudantes viria a ferir a classe estudantil brasileira (Jornal O Globo, Rio de Janeiro – não há data).

Essa morte se tornou um escândalo em Pernambuco, pois consistiu num assassinato cruel, desumano. Odijas Carvalho representa um mártir, um símbolo da resistência e, infelizmente, da crueldade que grassava o país naqueles dias. Independente dos fatores políticos, sociais ou idealistas, o que fizeram com o jovem foi assassinato[128]. Naquele momento, eu sabia que meu destino tinha muita chance de se assemelhar ao do Odijas e ao de muitos outros jovens que sofreram nas mãos dos militares.

Como disse Élio Cabral, meu couro era duro – ainda mais duro, porém, era o porrete da repressão. Fui transferido para o Rio de Janeiro, devido à fuga da Fortaleza da Laje. Eles me levaram diretamente para o DOI-CODI da Vila Militar na Tijuca, um dos mais abomináveis centros de torturas que o país conheceu. A morte, o medo, a desesperança, roçavam meu peito com suas garras frias.

[128] Posteriormente, enquanto deputado estadual nos anos 80, tive o prazer de fazer um depoimento, a convite da Assembleia Legislativa de Pernambuco, onde relatei o martírio de Odijas Carvalho e a atitude do Sr. Armando Samico como participante das práticas de tortura na cidade do Recife. Ele foi denunciado pelos parlamentares e acabou perdendo o cargo de reitor na Universidade Federal de Pernambuco.

Estréias após o carnaval

Nas Artes

McCartney quer o fim dos "Beatles"

Verão sem música

Caioba-2 é cimentado

O "Caiobão"

Egípcio

Horror e ficção

S. Francisco de Assis no cinema

Concertos visam instruir e divertir

Documentários premiados na TV-2 Cultura

Carnavais antigos

Terrorista morre no Recife

Da Sucursal do RECIFE

O estudante de agronomia Odijas Carvalho faleceu sábado último na cadeia da Secretaria de Segurança de Pernambuco, onde se encontrava preso há 20 dias aproximadamente. Odijas Carvalho fôra detido juntamente com Tarzan de Castro e outros elementos do "Partido Comunista Brasileiro Revolucionário" — PCBR — num "aparelho" descoberto na Praia de Maria Farinha, 25 km ao norte do Recife. O estudante de agronomia tinha 26 anos e era alagoano.

Seus familiares, residentes em Alagoas, estão inconformados com a "causa mortis" constante do atestado de óbito: embolia pulmonar. Estão dispostos a solicitar exumação de cadáver.

Terrorista morre no Recife

Quadrinhos na moral e cívica

O ESTADO DE SÃO PAULO, 20 DE FEVEREIRO DE 1971

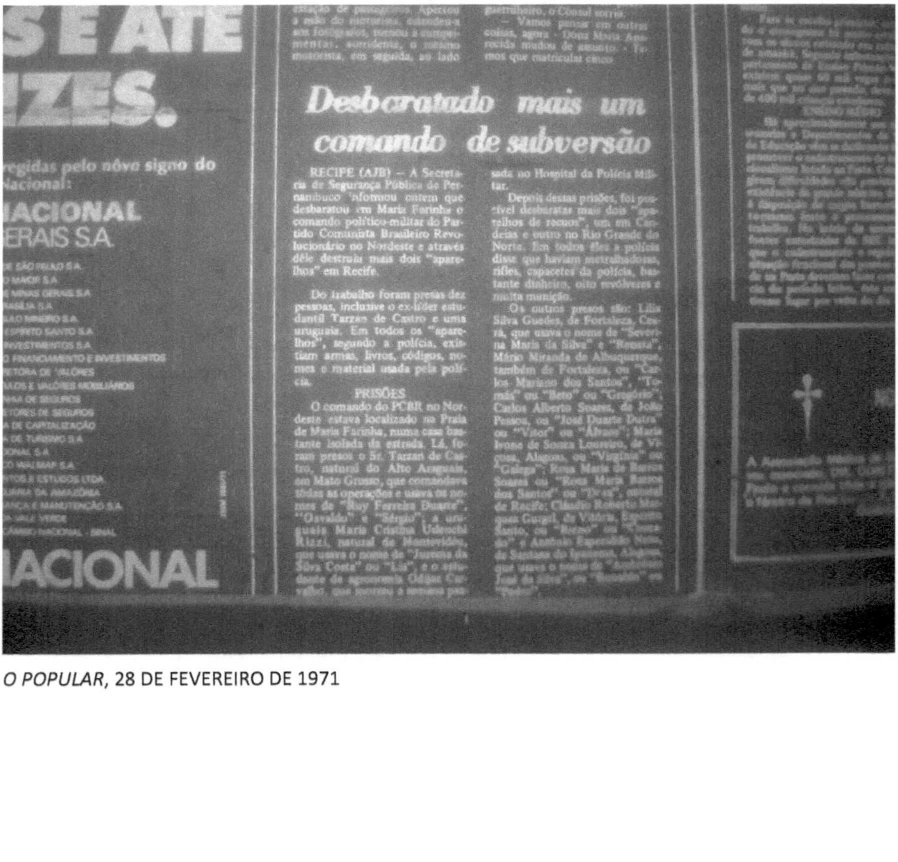

Desbaratado mais um comando de subversão

RECIFE (AJB) — A Secretaria de Segurança Pública de Pernambuco informou ontem que desbaratou em Maria Farinha o comando político-militar do Partido Comunista Brasileiro Revolucionário no Nordeste e através dêle destruiu mais dois "aparelhos" em Recife.

Do trabalho foram presas dez pessoas, inclusive o ex-líder estudantil Tarzan de Castro e uma uruguaia. Em todos os "aparelhos", segundo a polícia, existiam armas, livros, códigos, nomes e material usada pela polícia.

PRISÕES

O comando do PCBR no Nordeste estava localizado na Praia de Maria Farinha, numa casa bastante isolada da estrada. Lá, foram presos o Sr. Tarzan de Castro, natural do Alto Araguaia, em Mato Grosso, que comandava tôdas as operações e usava os nomes de "Ruy Ferreira Duarte", "Osvaldo" e "Sérgio"; a uruguaia Maria Cristina Uslenghi Rizzi, natural de Montevidéu, que usava o nome de "Jurema da Silva Costa" ou "Liá", e o estudante de agronomia Odijas Carvalho, que morreu a semana passada no Hospital da Polícia Militar.

Depois dessas prisões, foi possível desbaratar mais dois "aparelhos de recuos", um em Candeias e outro no Rio Grande do Norte. Em todos êles a polícia disse que haviam metralhadoras, rifles, capacetes da polícia, bastante dinheiro, oito revólveres e muita munição.

Os outros presos são: Lilia Silva Guedes, de Fortaleza, Ceará, que usava o nome de "Severina Maria da Silva" e "Renata"; Mário Miranda de Albuquerque, também de Fortaleza, ou "Carlos Mariano dos Santos", "Tomás" ou "Beto" ou "Gregório"; Carlos Alberto Soares, de João Pessoa, ou "José Duarte Dutra" ou "Vitor" ou "Álvaro"; Maria Ivone de Souza Loureiro, de Viçosa, Alagoas, ou "Virgínia" ou "Galega"; Rosa Maria de Barros Soares ou "Rosa Maria Barros dos Santos" ou "Dora", natural de Recife; Cláudio Roberto Marques Gurgel, de Vitória, Espírito Santo, ou "Beto" ou "Chumbão" e Antônio Espiridião Neto, de Santana do Ipanema, Alagoas, que usava o nome de "Ambrósio José da Silva", ou "Bacalhau" ou "Pedro".

O POPULAR, 28 DE FEVEREIRO DE 1971

4 — O ESTADO DE S. PAULO

Petrobrás agora abre Caioba - III

Nova política para o leite

MG abre o parque hoje

O difícil da visita à plataforma móvel

Paulo VI ap... a alfabetizaç...

Virão ao Brasil 7 chanceleres

Salvad... inaugu... quebra...

DF terá via para o mar

Em maio a BR-101 interligará o Sul

Nordeste prende 9 do terror

...REGIONAL DE CONTABILIDADE
...STADO DE SÃO PAULO
AOS CONTABILISTAS

Faculdade de Filosofia, Ciências e Letras de Santo Amaro
CONCURSO VESTIBULAR
LETRAS, PEDAGOGIA, FÍSICA E MATEMÁTICA

ALYRIO JOAQUIM ROGATTI
Secretário Geral

O ESTADO DE SÃO PAULO, 28 DE FEVEREIRO DE 1971

Jesus Cristo, eu estou aqui

Fui separado de Maria Cristina ainda no aeroporto. Levaram-na para o DOPS. Na época, ela estava grávida e perdeu o bebê. Os militares introduziram objetos através de sua vagina, acometendo-a de uma devastadora infecção generalizada. Como se não bastasse, ela foi entregue à polícia uruguaia como uma guerrilheira tupamara, coisa que nunca havia sido. Seu país de origem também havia se tornado uma ditadura tão violenta quanto a nossa ou até mais. A tortura lá era sofisticada e brutal. Antes de ser enviada para o Uruguai, ela esteve presa em São Paulo e foi colega de cela de Dilma Rousseff. Havia chegado ao Presídio Tiradentes em condições lastimáveis e apenas graças à solidariedade das companheiras conseguiu se recuperar física e psicologicamente.

A boa e respeitável vizinhança da Vila Militar, no bairro da Tijuca, certamente apreciava a arte de Roberto Carlos. Poderia então parecer-lhes simpático, civilizado e agradável, que os militares tocassem "Jesus Cristo" tão alto e tantas vezes ao dia. Era possível ouvir os versos ressoarem através das janelas ferradas do DOI-CODI; o refrão forte, a batida marcante, acompanhada pelo coro ao estilo gospel norte-americano a repetir:

"Jesus Cristo, Jesus Cristo, eu estou aqui". Alguém que apurasse melhor os ouvidos talvez fosse capaz de identificar outro coro por baixo das vozes afinadas, dos instrumentos harmônicos, da mensagem de paz – o coro dissonante dos homens que morriam dentro do DOI-CODI, no bairro da Tijuca. Sublime ironia da repressão: para abafar os gritos e gemidos dos torturados, os torturadores reproduziam continuamente a música "Jesus Cristo", de Roberto Carlos. Aumentavam o volume ao máximo. Eu nunca mais ouviria tal canção sem ser assombrado pela lembrança daqueles dias.

Aquele lugar era realmente uma usina de tortura. Os interrogatórios se estendiam por dias e dias, e nada poderia detê-los. Eu cheguei ao DOI-CODI apanhando. Enfiaram minha cabeça num capuz e começaram a me bater. Berravam a todo instante: "Bem-vindo ao Exército Brasileiro, seu filho da puta!" Chamavam-me de "atleta da Laje", em referência à fuga da fortaleza da Laje. Por puro sadismo, diziam que o Exército estava muito honrado em me receber de volta e continuavam a me encher de pancadas. Aquilo não era sequer um interrogatório – era uma desforra, uma vingança, um acerto de contas. Tanto me bateram que acabei perdendo os sentidos e desmaiei. Ao retomar a consciência, percebi que estava jogado no chão, ilhado por meu próprio sangue. Ao meu lado, um desconhecido jogava água sobre meu rosto.

Depois das boas-vindas, jogaram-me na solitária. Fiquei 93 dias preso naquela cela e fui torturado duas vezes. O achaque psicológico causado por tanto tempo sozinho, isolado, temendo o pior, é um crime que nunca poderá ser justificado. Não há compensação de nenhuma natureza que cure as sequelas desse tipo de experiência. Minha cela de solitária tinha paredes altas, pintadas de rosa-choque, e era provida de uma luminária com lâmpada muito forte no teto. Depois de alguns dias sob aquela luz intensa, comecei a pirar. Via bichos nas paredes, não sabia se era noite ou dia. Tentava assimilar o tempo pelo toque da corneta do quartel. Aos poucos, consegui fazer uma bola de miolo de pão amanhecido, com o objetivo de acertar a luminária, pois não aguentava mais aquela luminosidade surreal. Antes disso, por precaução, chamei o guarda e avisei que a lâmpada estava com algum problema – ficava piscando e eu temia que queimasse. Rispidamente, o soldado disse que não havia nada de estranho com a lâmpada. Bom, o alerta já estava dado. Treinei algumas vezes até que consegui acertar e a imensa orbe caiu no meio da cela, espatifando-se. O guarda, xingando a torto e a direito, deu-me uma vassoura para limpar a bagunça.

Um oficial ordenou que me deixassem no escuro, para que eu aprendesse. Era justamente o que eu queria. Mas, depois de algumas semanas, já não suportava o escuro, queria luz de novo. Uns vinte dias mais tarde, colocaram outra lâmpada e eu senti novo alívio. Mais tempo se passou e, novamente, a luminosidade me enlouquecia. Comecei a sentir falta de ar. Pensava que queriam me matar por asfixia, pois as portas de ferro não permitiriam a entrada de oxigênio. Ficava praticamente pelado e, em certo momento, arranquei um fio da cueca para colocá-lo na direção de uma greta que havia na parede e perceber se o ar estava ou não entrando. Pura crise psicótica, sem nenhum fundamento real além do cansaço, da angústia, do sofrimento. Tive que lidar com todas as situações psicológicas que eu mesmo criava.

A refeição servida era a mesma dos soldados, mas vinha muito tarde e fria. Não havia a mínima possibilidade de higiene lá dentro – não escovava os dentes, não tomava banho, não me barbeava, parecia um bicho numa jaula. Como não havia banheiro, era obrigado a fazer as necessidades no chão. Vez ou outra, jogavam água em mim e na cela para limpar. Era levado para depoimento, mas não havia nada a dizer. Davam-me papel para escrever minhas atividades políticas, e eu os enchia com coisas óbvias do passado, inventava histórias, montava álibis. Enquanto me arrastavam pelos corredores indo e vindo da cela para a sala de tortura ou de interrogatório, eu podia escutar dos alto-falantes, num volume assustador: "Jesus Cristo, eu estou aqui".

Aos poucos, desenvolvi algumas técnicas para resguardar o que me restava da sanidade. Consegui um fundo laminado de caixa de cigarro e, nele, marcava a quantidade de dias de reclusão. Desenvolvi, ainda, um mecanismo psicossomático de defesa, que consistia em comer, dormir e recordar. Eu basicamente comia tudo o que me dessem e dormia o máximo possível. Enquanto estava acordado, mantinha a mente acesa num processo de rememoração – dentro daquela cela imunda e abafada, eu fui capaz de reproduzir o que aconteceu comigo desde os dois anos de idade. Fazia o exercício mental de reconstituir ano após ano, pessoa por pessoa, casa por casa, fato por fato, com uma riqueza de detalhes que só a solidão poderia me propiciar. De repente, as grades da prisão desapareciam e lá estava ele, correndo ruidoso e alegre ao meu lado: o rio Araguaia!

Lembranças da infância

Recordo-me que tinha menos de oito anos, e equilibrava sobre a cabeça um tabuleiro muito pesado de madeira. Vendia pão na rua, atravessando a avenida que ligava Santa Rita do Araguaia, em Goiás, a Alto Araguaia, em Mato Grosso, onde nasci em 1938. A avenida parecia uma longuíssima estrada, interminável sob o sol quente. Só não era maior que o próprio rio. Aquele foi meu primeiro emprego, quando eu não passava de um moleque; o mais velho de onze filhos da baiana Joaquina Ramos de Castro e do goiano Elpídio de Castro.

Nasci no Mato Grosso, no dia 5 de junho de 1938. Durante o batismo católico, o padre se horrorizou com o nome que minha mãe escolhera. Disse que Tarzan era nome de bicho, de macaco, não de gente. Ele, então, sugeriu me batizar segundo o santo do dia, São Teodoreto. Dona Joaquina bateu o pé, mas não contrariou totalmente o padre – e quem pagou o pato fui eu: no batismo católico, para agradar a gregos e baianos, fiquei Tarzan Teodoreto de Castro.

O menino Tarzan equilibrava o tabuleiro de pão sobre a cabeça, indo e vindo pela fronteira entre Goiás e Mato Grosso. Quando não trabalhava, mergulhava no Araguaia ou estudava no Colégio Salesiano. Um dia, meus pais juntaram a ninhada debaixo da asa e desceram para a cidade de Jataí, em território goiano. Eu tinha nove anos. Na lembrança, a cara grande e branca de Albina Bortolotti Mosconi, uma italiana que, com o marido, dirigia o primeiro colégio de Jataí. O casal era muito católico, e minha formação foi intensamente religiosa. Minha mãe apoiava. Já meu pai era um ateu primário, ainda que muito convicto. Eu ia sempre à missa. Domingo que faltasse, sentia-me mal. Confessava, comungava, fui batizado e crismado. E uma frase ressoava solta no céu da recordação, deslocada de seu lugar: "Jesus Cristo, eu estou aqui".

A lembrança esvoaçou sobre Jataí. Recordei-me dos muros da Fundação do Ensino Gratuito. Lá dentro, entre as grades das salas de aula, dei meus primeiros passos no movimento estudantil. Criamos a União dos Estudantes e o Clube dos Estudantes. Nós dançávamos bolero, encenávamos peças de teatro e jogávamos sinuca. Eu adorava jogar sinuca e, até hoje, considero um esporte que não merece ser alvo de tanto preconceito. Também era apaixonado por cinema – meu projeto de vida era ser diretor de filmes. Como alternativa, pensava em seguir a carreira política. Na vida real, porém, comecei a trabalhar como ourives e sapateiro.

O cheiro de graxa, as prateleiras repletas de sapatos, óculos e outros produtos reacenderam na lembrança. Meu primeiro trabalho fixo foi na loja de um comerciante chamado Tostinha. Ele me considerava sério e dizia que eu engraxava direitinho. Era um estabelecimento comercial sofisticado, cujos produtos se destinavam à elite de Jataí. Também era o ponto de encontro do núcleo comunista da cidade. Compunham-no, entre outros, o irmão do Tostinha, José Tosta, o poeta José Godói Garcia e

José Feliciano Ferreira, advogado que se tornaria meu amigo e governador de Goiás. Enquanto trabalhava, eu os ouvia falar de política e jogar conversa fora – foi o meu primeiro contato com "comunistas", gente de esquerda, pelos quais eu nutria medo e curiosidade. De comunistas mesmo, eles talvez não tivessem nada, mas eu me benzia sempre que os encontrava! Os católicos gostavam de dizer que comunistas comiam crianças. Mas a memória me pregava peças e, de súbito, todos os sapatos da loja do senhor Tosta se encheram de ideogramas chineses. Tentei apagá-los, em vão – já podia ouvir, da rua, a sirene da polícia. Desfeita a recordação, reencontrei-me na cela da solitária. A vida é curiosa: os sapatos estiveram presentes no momento em que eu conheci os primeiros comunistas e, anos depois, no momento em que eu tinha que provar não conhecer comunista nenhum.

Teresinha

Então, de súbito, vi escrito no chão da cela um nome: Terezinha. E ouvi risos, gritos, escrachos – não dos guardas ou dos militares. Risos de criança. A palavra Terezinha ocupou a cela inteira e eu senti vergonha. Uma mulher sem rosto me enlaçava pelas pernas – Terezinha era o nome da prostituta com quem perdi a virgindade. Eu tinha doze anos e, naquela época, o sexo não fazia parte do namoro. A moça que transasse tinha que casar. O rapaz que desvirginasse uma jovem de família tinha que casar. Em Jataí, havia um delegado chamado João Pintadinho. O homem era tão estúpido que, um dia, obrigou um jovem casal que havia feito sexo a se casar na marra. Eram pessoas pobres – se fossem ricas, o delegado bestial nunca ousaria fazer o que fez – e tiveram que desfilar na rua, o rapaz carregando uma placa com os dizeres: "Casei na polícia". Foi uma das coisas mais humilhantes que presenciei. Aliás, a brutalidade em Goiás era muito grande naquela época.

A minha primeira relação sexual foi na zona, na casa de dona Antônia. Terezinha me atendeu e nunca mais me esqueci dela – saí de lá contaminado com uma DST, com uma "gonorreia", que era como chamavam. Contei a um amigo, que contou a outro, que contou ao mundo, e todos começaram a curtir comigo. Na sapataria, apelidaram-me de "Madrugada", porque eu sempre chegava atrasado devido ao problema. Diziam que eu passaria a doença às minhas irmãs através das roupas e das toalhas. Não sobrou alternativa senão pedir ajuda à minha mãe. Ela era formidável; entendeu minha situação e mandou procurar o farmacêutico João França. O homem me curou, mas permaneci traumatizado por um bom tempo. Nunca esqueci Terezinha.

Em Jataí, também aprendi o ofício de ourives. As joias que fazia – alianças, anéis, brincos, pulseiras – eram muito mais delicadas e belas que as grosseiras barras de ferro da prisão. Trabalhei na loja de joias do Sr. Victor, na oficina dos fundos, e adorava a experiência. Um cliente chegava, explicava o modelo desejado, eu imaginava o projeto e fabricava a joia. Aquilo para mim era fantástico! Eu trabalhava o dia todo na oficina e mantinha o radinho ligado. Sintonizava a Rádio Nacional ou a Rádio Tupi, e acompanhava com entusiasmo as notícias de política. Um tiro soou pelos corredores da prisão – ou talvez pelos meandros da memória – quando o Repórter Esso, em edição extraordinária, anunciou o suicídio de Getúlio Vargas.

A notícia causou comoção geral em Jataí. Um tio meu, chamado Antenor de Castro, pertencia à UDN, e soltou fogos de artifício para comemorar. Então, os getulistas quiseram invadir o bar onde estavam. Revoltados, queriam tirar as desavenças políticas a limpo. A UDN e o PSD eram núcleos políticos fortes na cidade. O Dr. Serafim de Carvalho, líder do PSD, em Jataí foi um homem que causou grande impressão em mim. Era amigo de Juscelino Kubitschek – cursaram a faculdade juntos em Belo Horizonte. Foi em Jataí, durante um comício, que surgiu a ideia de construir Brasília. Em Jataí, em 1955, durante o primeiro comício da campanha para presidente da República, incentivado por Antônio Soares Neto, hoje conhecido por Toniquinho JK. Juscelino Kubitschek, comprometeu-se caso fosse eleito, construiria Brasília, a nova capital da República. Penso, também, que o projeto deveu-se muito a Serafim de Carvalho. Consigo me recordar daquele comício como um evento ruidoso e iluminado. Eu era um menino ainda, e vi os políticos sobre o palanque, e o povo no barracão, pois chovia. A lembrança chacoalhava em minha mente com violência – sua imagem tremia envolta em luz e sombra. Quando abri os olhos, eram dois soldados que me chacoalhavam num canto da cela. Três meses haviam se passado.

O Presídio de Linhares

Os soldados me tiraram da cela e ordenaram que eu me barbeasse, escovasse os dentes e tomasse banho. Meteram minha cabeça num capuz e queriam que eu assinasse um documento, mas eu resisti, perguntando o que era aquilo e o que estava acontecendo. Algumas pancadas violentas e entendi que qualquer pergunta seria inútil; assinei o maldito papel. Depois, jogaram-me num camburão militar e se puseram a rodar comigo. Não fazia a mínima ideia de para onde me levariam. Comecei a temer por minha vida.

Durante todo o trajeto, ouvia os soldados discutindo entre si de quem seria o "teco" da vez. Um dizia que seria dele, o outro reclamava que gostaria de dar o "teco"; seguia-se uma discussão acalorada e não chegavam a um consenso. Na gíria deles, "teco" era o tiro com o qual se eliminava o prisioneiro levado para a estrada e incitado a fugir. Pensei que realmente tinha chegado a minha vez. Seria morto naquele dia e jogado em algum lugar, em alguma várzea de cidade ou barranco de campo. Eu estava sem contatos com o mundo exterior havia meses, ninguém sabia do meu paradeiro e não havia quem pudesse me ajudar. Levaria muito tempo até descobrirem meu corpo, até concatenarem os fatos, e entenderem o que ocorrera. Tentando manter a calma, imaginei que aquela conversa poderia ser, também, na gíria da polícia, uma "sugesta", ou seja, uma forma de amedrontar o prisioneiro. Entretanto, os dias de solitária e solidão me deram a certeza de que, se quisessem, eles matavam mesmo.

Paramos em um quartel e, depois, continuamos caminho. Entrava muito gás na parte do veículo onde eu estava, e comecei a passar mal. Bati com força na lataria, tentando chamar a atenção, mas não levaram a sério, disseram que era fita minha, que eu estava inventando. Eu achei que ia morrer ali dentro, algemado, preso no banco de ferro da viatura e me revirando de tanta dor. Chutei a lataria, gritei, até que, sem outro recurso, vomitei sobre todo o banco. Eles então pararam, tiraram-me do carro e disseram que seria ali mesmo. Ordenaram que eu corresse, que fugisse para salvar minha vida. Mas eu fiquei quieto. Achei alguns galhos e comecei a limpar o vômito – se fugisse, daria motivos para que atirassem em mim, e não faria a eles essa gentileza.

Continuamos viagem. Percebi que entrávamos numa estrada diferente, cheia de curvas, com muitas subidas e descidas – uma região de morros. Foi quando tive um estalo mental e reconheci o trajeto. Eles me levavam para Juiz de Fora! De fato, eu tinha uma condenação de quatro ou cinco anos pela Auditoria Militar daquela cidade. Depois de muita estrada, finalmente, pararam à porta da Penitenciária Agrícola de Linhares. Esvaziada dos detentos comuns, a prisão agora abrigava presos políticos de Minas, Brasília e Goiás. Eu cheguei bastante ressabiado, mas logo os outros internos vieram me receber e fizeram sentir-me mais à vontade. Poucos entenderam o meu alívio ao constatar as condições do lugar – era o paraíso, se comparado à solitária, à vila militar, ao DOI-CODI. Alguns presos ficaram irritados com o fato de eu considerar Linhares uma prisão boa; a eles respondia que, se soubessem de onde eu estava vindo, concordariam prontamente comigo. Considerei a sorte grande não ter sido assassinado até aquele ponto. Os militares me informaram que eu estava condenado a cinco anos de prisão e tive de assinar outro documento. Quando entrei na ala da prisão e me deparei com aquela quantidade de colegas, fiquei maravilhado. Eles tinham um ritual para receber os novos internos. Sempre cantavam uma canção de resistência, um hino de luta, tal como "Apesar de Você", do Chico Buarque, ou "Para não dizer que não falei das flores", do Geraldo Vandré. Alguns entoavam a "Internacional Comunista" e a emoção era quase incontrolável. A sensação de estar vivo, de poder conversar com outros, de conviver com pessoas gerou um surpreendente sentimento de alívio. Estava preso, mas naquele momento me senti livre.

Detento oficial

Em Linhares, havia um coletivo de presos e as regras pareciam mais claras, mais bem-definidas. Eu era, finalmente, um detento oficial do sistema prisional brasileiro. Isso significava estar numa condição muito acima da anterior: não transitava mais pela clandestinidade estatal, na qual somos menos que criminosos, menos que seres humanos, condição na qual a ditadura matava à vontade. A partir dali, fui assumido como "bem do Estado", um indivíduo com direitos e dignidade. Eu sabia que não apanharia mais, que tinha uma cama, um lugar para tomar banho e, acima de tudo, a companhia de outros. No presídio, havia uma biblioteca, as celas eram individuais, os corredores eram largos e o isolamento não era absoluto. Geralmente, as famílias repassavam dinheiro para os presos, que compravam alimentos, frutas, bolachas e até cigarro. Eu era viciado em cigarro naqueles dias; ser obrigado a ficar sem fumar na cadeia era pior que ficar sem comer. Nas prisões, sempre há um carcereiro menos rigoroso, às vezes porque recebe compensação financeira, às vezes por simpatizar aos presos ou à luta. Assim, sempre vazava alguma bebida proibida, ou algum tipo de droga ilícita para os que gostavam. O mundo da prisão é bastante curioso: por mais que a repressão seja dura, sempre sobra espaço para que os presos criem uma sociedade à parte.

O coletivo de presos dava certa dignidade à vida de detento e representava um mecanismo de autonomia, amenizando um pouco as angústias. Havia companheiros de várias organizações, tais como militantes da Colina, da ALN, da Polop, da Var-Palmares, do Partido Comunista e do PCdoB. Lembro-me, por exemplo, de Gilney Amorim[129], Luis Werneck[130], o Tonhão, Arnaldo, a Conceição, o Guido e vários outros. Nesse período, o presídio passou a ser lugar de muita leitura. Reuniam-se pessoas de todos os níveis, de profissionais liberais a operários de origem muito simples. Na ala feminina, havia muitas companheiras que lutaram bravamente pelos direitos femininos no Brasil. Formavam um grande contingente.

---

[129] Militante do Movimento Estudantil (M.E.), Política Operária (POLOP), Colina, Vanguarda Popular Revolucionária (VPR), Aliança Libertadora Nacional (ALN), médico, ex-deputado federal por Mato Grosso.

[130] Militante do Movimento Estudantil (M.E.) ligado ao Partido Comunista Brasileiro (PCB), Partido Comunista do Brasil (PCdoB), no Distrito Federal.

Uma máxima da época dizia que a esquerda brasileira só se unia na cadeia. Mas isso não significava que as divergências não existiam. As discussões eram muito tensas e intensas. Alguns militantes defendiam que era preciso organizar movimentos dentro da cadeia para influenciar o mundo externo – para eles, a luta contra a ditadura vivia um momento de refluxo, e era preciso levantar o movimento a partir das cadeias. Particularmente, eu não era muito partidário dessa tese. A vida havia me ensinado, depois de muita cabeçada, que, se o povo não se organizasse, se a luta não erguesse a sociedade como um todo, nada resolveria.

Recordo-me do dia em que o Pelé marcou seu milésimo gol. Eu estava preso e, junto dos outros detentos, grudara o ouvido num radinho velho. Esperávamos ansiosos que ele dedicasse aquele gol à luta democrática ou, no mínimo, à liberdade. Mas ele ofereceu seu milésimo gol às criançinhas do Brasil. Não que elas não merecessem, é claro que mereciam e merecem, mas nós sinceramente acreditávamos que o grande jogador perdera uma chance única de reforçar a luta pela democracia e pela liberdade do povo brasileiro. Era uma prova decepcionante de que a maior parte da população não entendia, desconhecia ou não se interessava pelos resultados da repressão e da ditadura. E isso reforçava meu posicionamento: enquanto a maior parte da população não se conscientizasse a respeito da luta que empreendíamos, os movimentos isolados resultariam apenas em perigo e desapontamento.

Os presos mais radicais decidiram, certa vez, decretar greve de fome contra as condições da prisão. Eu fui contra, mas participei do movimento para não ser chamado de bundão, de bunda mole. A greve durou em torno de dez dias, e o ambiente se tornou cada vez mais tenso. Os cozinheiros do presídio preparavam refeições deliciosas – verdadeiros manjares para homens acostumados à comida de presídio – como linguiça mineira, arroz fumegante e feijão. Era muito difícil resistir. Tomávamos apenas água e suco com um pouquinho de açúcar, para não desidratar totalmente. Os militares invadiram o presídio com cachorros e bombas de gás, a fim de acabar com o movimento. Encontraram a maioria de nós em estado precário de saúde, incapaz de resistir ou reagir. A greve fracassou, e a resposta foi o aumento da repressão: ficaram proibidos o uso da biblioteca, o banho de sol, a prática de esportes e outras regalias. As lutas internas nas cadeias ocorreram por todo o país. Tratava-se de uma diretriz nacional, que procurava refletir o que acontecia na sociedade e na resistência. Em vários âmbitos se discutia se a melhor alternativa seria a luta de massa ou a luta armada.

Os prisioneiros em Linhares tinham o hábito de homenagear pessoas colocando seus nomes nas celas. Nomeei a minha "Odijas de Carvalho", em memória ao estudante de Engenharia, meu companheiro de cela, barbaramente assassinado no DOPS de Recife.

Um conselho inusitado

Enquanto isso, meu processo corria pela Auditoria Militar em Juiz de Fora. Houve, certa vez, um depoimento ao qual esteve presente um oficial superior do Exército, talvez um major ou coronel. Os militares procederam com uma qualificação burocrática, identificando-me e comunicando formalmente que eu estava preso e os motivos de minha prisão. O oficial assistiu a tudo e, por um breve momento, ficamos só os dois na sala. Ele se aproximou de mim e disse que eu era adulto e tinha autonomia para fazer o que quisesse; a vida era minha e as decisões também. Segundo ele, eu provavelmente sairia depois de cumprir minha pena, mas já era um homem marcado para morrer. Os militares arrumariam um pretexto qualquer, uma falsa briga de vizinhos, um caso de amor mal-sucedido, um acidente de carro, qualquer coisa para acabar comigo. Na opinião dele, eu deveria passar uma temporada fora do país assim que fosse liberto. A ditadura não ia durar para sempre e, quando as coisas se acalmassem, eu voltaria para recuperar minha vida. O oficial se calou, olhou-me por um tempo e pediu que eu não me esquecesse de seu conselho. Depois desapareceu pela porta.

Passados dois ou três anos, recebi uma visita preocupante de minha irmã Maria Auxiliadora (Dorinha). Aproximava-se o momento em que os militares seriam forçados a me soltar – já havia cumprido muito da pena, sem incidentes e sem agravantes. Dorinha, porém, revelou a existência de um novo processo aberto em São Paulo. Era uma manobra recorrente da ditadura para manter seus desafetos aprisionados; a mesma que usaram em 1964 para me transferir de Brasília para Juiz de Fora. Tendo encontrado com Maria Cristina em São Paulo, a minha irmã tinha um recado sombrio: eu devia me preparar, pois provavelmente seria transferido de novo e torturado na OBAN. Depois dessa notícia, fiquei liquidado. Não suportava a ideia de ser torturado mais uma vez; o estado de espírito era devastador diante dessa perspectiva.

A transferência demorou muito tempo – foram dias e dias de suplício, esperando pelo pior. Eu tirei o bigode e raspei o cabelo. Durante as sessões de tortura, era comum puxar cabelos e pelos até arrancá-los. Tentava me preparar como podia para amenizar aquela angústia, aquela sensação de impotência diante de um destino terrível. Reuni-me com o coletivo de presos e afirmei que seria transferido e torturado; pedi-lhes que avisassem aos órgãos de direitos humanos, às instituições religiosas, a quem pudesse divulgar e amenizar a situação. Recordei-me também de um grupo de advogados que militava heroicamente a favor dos presos políticos. Em São Paulo, havia gente como Luiz Eduardo Greenhalgh[131], Rosa Maria Cardoso[132], Idival Pivetta[133], Anina de Carvalho[134],

[131] Advogado, defensor de preso político em São Paulo, ex-deputado federal.

[132] Ex-advogada defensora de presos políticos em São Paulo, membro da Comissão Nacional da Verdade.

[133] Advogado paulista defensor de presos políticos, ex-deputado.

[134] Advogada paulista, defensora de presos e perseguidos políticos pela ditadura, também perseguida, asilou-se na França.

José Carlos Dias[135], Modesto da Silveira, Tales Castelo Branco, entre outros. No Rio de Janeiro, Sobral Pinto[136], Brandão Filho, Arnaldo Süssekind[137]. Em Goiás, destacavam-se o Dr. Rômulo Gonçalves, Olavo Berquó e Fernando Cunha. Eu pedi aos meus companheiros que contatassem esses profissionais. Tinha esperança de que pudessem me assistir e acudir. Pouca coisa é mais aterradora do que a perspectiva de se retornar a uma sala de tortura.

Um belo dia, o comunicado da transferência chegou ao presídio de Linhares. Agentes da Polícia Federal me esperavam do lado de fora para realizar a escolta até São Paulo. Logo afirmaram que eram quatro homens, estavam bem-armados, e tinham vindo fazer minha transferência vivo ou morto. Se eu tentasse fugir, eles tinham o direito e o dever de me eliminar. Eu estava preparado para o pior e, por isso, muito me surpreendi quando o comandante da escolta me propôs um pacto: não usaria algemas, apenas em alguns pontos do trajeto, para não chamar a atenção. Em contrapartida, eu deveria me comportar e não oferecer motivos para uma reação violenta dos policiais. Eu concordei com a proposta, um tanto surpreso. No caminho, paramos num restaurante e eu fui convidado a sentar à mesa sem algemas. Perguntaram se eu queria ir ao banheiro, e um deles me acompanhou. Outro me perguntou há quanto tempo eu não tomava cerveja. Respondi que há muito; e me ofereceram um copo. Recebi um tratamento inesperado e muito decente, tanto que cheguei a

[135] Advogado paulista, defensor de presos e perseguidos políticos pela ditadura, ex-ministro da Justiça, membro da Comissão Nacional da Verdade.

[136] Famoso advogado, defensor de perseguidos políticos por décadas no Brasil, foi advogado de Luis Carlos Prestes na época da ditadura Vargas e de centenas de presos e perseguidos políticos da ditadura militar em 1964, é considerado um símbolo da advocacia libertária.

[137] Célebre advogado carioca, defensor de perseguidos políticos pela ditadura.

desconfiar em alguns momentos. Eu sinceramente esperava algemas, camburões, vômitos e "tecos". Mas houve respeito e profissionalismo por parte dos policiais.

Ao chegar a São Paulo, não fui direto para a OBAN. Levaram-me para a sede da Polícia Federal e ocupei uma cela de presos comuns por alguns dias. Meus colegas de cadeia eram contrabandistas, estelionatários, criminosos de certo poder aquisitivo. Eles escondiam comida e bebida de ótima qualidade e não hesitaram em dividi-la comigo. Eu esperava já estar apanhando, mas acabei recebendo tratamento vip de preso rico. Foi uma decepção às avessas! Depois de dois ou três dias, fui transferido para o Presídio Tiradentes, onde me informaram sobre processo contra mim na Justiça Militar. Fui bem-recebido e pude até escolher a cela onde ficar – escolhi aquela onde estavam Diniz Cabral, Élio Cabral, Tacaoca[138], Renato Passarinho[139], José Lindoso, Alípio Freire, José Miguel, Paulo de Tarso e muitos outros, meus companheiros da Ala Vermelha. Voltava ao meu ninho. Em outra parte do presídio, chamada de "Torre das Donzelas", estavam detidas minha então companheira Maria Cristina, Dilma Rousseff, Lenira Dantas, Eleonora Menicucci, Cleuza Menegucci, entre outras prisioneiras políticas.

O Tiradentes era uma cadeia de presos institucionalizados, que já tinham passado pela pior fase das torturas do inquérito policial. Era durante a investigação que ocorriam as matanças e o abuso de poder, pois os policiais agiam com tremenda liberalidade, respaldados pela ideia de que lidavam com terroristas ativos, espalhados pelas ruas e cidades do país. Vencida

---

[138] Militante do Movimento Estudantil (M.E.), do Partido Comunista do Brasil (PCdoB), da Ala Vermelha, pintor e escritor.

[139] Cineasta, escritor, ex-militante do Partido Comunista do Brasil (PCdoB), da Ala Vermelha em São Paulo.

essa etapa, entramos nas estatísticas do governo como presos oficiais. Todo o pessoal que encontrei no Tiradentes já estava preso havia um bom tempo e sabia que a fase de apanhar na clandestinidade oficial havia terminado. Nas celas, líamos muito, fazíamos nossa própria comida, debatíamos problemas políticos, íamos juntos aos banhos de sol. Pelo que sabia de meu processo, o julgamento estava marcado para breve. E, de fato, logo fui chamado à Corte Militar.

O julgamento militar foi a coisa mais grotesca possível. A Segunda Auditoria Militar do Exército, sediada na avenida Brigadeiro Luiz Antônio, recebeu os ex-integrantes da Ala Vermelha, além de Maria Cristina e outros militantes. Pouco sabíamos sobre os detalhes daquele processo. A situação era uma piada ridícula, uma demolição dos valores humanos – é uma brincadeira inadmissível, numa ditadura militar, ser julgado pela justiça militar por um crime militar. Eu sequer tinha um advogado de própria escolha, e tive que me contentar com um profissional dativo, indicado pela própria auditoria, chamado Dr. Juarez. Seu argumento em minha defesa foi: "Como vocês querem condenar o Tarzan? Tarzan é aquela figura das matas, o rei dos animais, um amante da natureza! Se por acaso houver um animal machucado, ele o ajudará! Quando foi à Praia Grande com a Ala Vermelha, Tarzan serviu de cozinheiro. É uma pessoa muito humilde, uma grande figura, calma e boa. Não há por que condenar um homem desses...".

É claro que eu fiquei possesso, indignado com aquela farsa! Olhava para aqueles militares fardados – coronéis, capitães, majores – com suas poses soberbas e suas roupas brilhantes, conduzindo com "seriedade e pompa" aquela palhaçada. Um bando de palhaços. Sabia-se que as condenações, as penas eram previamente decididas. O julgamento era um teatro ridículo dantesco.

Fui condenado a mais dois anos e seis meses de cadeia. Maria Cristina foi expulsa do país e entregue à ditadura uruguaia. Lá, ela foi novamente torturada. Chegou a ficar presa dentro da rede de esgoto em Montevidéu, algemada, com merda até o pescoço. No Uruguai, os militares deixavam seus presos passarem temporadas em necrotérios, dormindo com os mortos, ou dentro dos esgotos da cidade. E os palhaços de farda bateram o martelo com suas caras sérias, suas poses sérias, seus ideais sérios, suas lutas sérias pelos valores humanos. Quantos seres humanos não sofreram e foram humilhados em nome de toda aquela seriedade de palhaço?

Passarinho criado em gaiola

Dizem que a pior coisa do mundo é ter câncer. Eu já tive, e não achei pior que a prisão. Nada para mim foi pior que a cadeia. Só quem passa por essa experiência pode avaliar. O grande amigo Lamenais Maia de Lima, ao ficar sabendo de tantas prisões nas quais eu era trancafiado, me comparou a um passarinho criado em gaiola: quando finalmente o soltam, ele fica atônito, sem atinar no que fazer; caso deixem aberta a porta da gaiola, lá vai o bicho de volta para dentro – dizia. O exílio também representa uma experiência difícil e desgastante. Viver fora do próprio país, da própria cultura, longe dos amigos e da família, sem poder voltar. Naquele momento, porém, eu preferia o exílio à cadeia. Infelizmente, minha experiência com a repressão e a supressão da liberdade não terminaria em São Paulo.

Tarzã solicita ao STF uma redução em sua pena[140]

Brasília (Sucursal) – O Supremo Tribunal Federal recebeu ontem um recurso solicitando a redução de 20 para 12 meses de pena imposta a Tarzã de Castro, responsabilizado por numerosos atos subversi-

[140] Trecho de nota publicada pelo Jornal do Brasil, no dia 09 de junho de 1972. A grafia do nome Tarzan foi mantida de acordo com a empregada pelo jornal.

vos ocorridos em Goiás. Tarzã foi condenado pela auditoria militar de Juiz de Fora a quatro anos de prisão, mas o Superior Tribunal Militar, revendo o processo, reduziu a pena para 20 meses. [...]

Depois da condenação, entrei com recurso e consegui reduzir minhas penas. Prometi a mim mesmo que, uma vez livre, transportaria minha luta contra a ditadura para o exterior. Ressoavam ainda as palavras daquele oficial sobre o perigo de se manter no país mesmo depois de cumprida a pena. Eu sabia que muita gente exilada combatia a ditadura no Brasil. Portanto, combinei com Maria Cristina que, quem se visse livre primeiro, esperaria pelo outro no Chile. A verdade é que, ironia das ironias, a ditadura militar ficou me devendo quase um ano de cadeia. Somadas as duas penas, eu teria que ficar detido três anos e alguns meses, mas acabei ficando praticamente cinco anos.

Numa noite de fevereiro de 1973, um policial veio até minha cela e disse que meu alvará de soltura havia chegado. Eu estava livre, poderia sair naquele exato momento ou esperar amanhecer e avisar familiares e amigos. Mas quem está preso só quer saber de sair, de se ver longe das grades e dos guardas. Decidi que já havia esperado o suficiente! Arrumei meus trapos, fiz uma sacola e deixei a prisão "sem lenço, sem documento". Tudo o que tinha no bolso era o alvará de soltura, uns trocados garimpados entre os colegas de cela e o endereço de uma certa dona Maria, mãe do companheiro José Miguel. No peito, levava a pura apreensão e felicidade de andar pelas ruas de São Paulo depois de anos na prisão.

Bati duas vezes à porta, e uma senhora apreensiva veio atender. Dona Maria havia sido avisada de minha vinda, mas a noite estava escura e tudo o que ela sabia de mim era que eu acabara de sair da cadeia; tinha todo o direito de estar temerosa. Porém, bastou que eu contasse um pouco do meu drama para que ela, mãe sofrida de prisioneiro, se compadecesse e compreendesse a situação. No dia seguinte, bem cedo, outra sofrida mãe de prisioneiro batia à porta de dona Maria; era a minha, Joaquina Ramos de Castro, junto à Dorinha (Maria Auxiliadora) e meu cunhado Silas Porto. Eu voltava aos braços dos meus.

Goiânia acenava do horizonte. A minha terra, a minha cidade, recolhia agora um Tarzan despedaçado por anos de prisão, mas inteiro em esperança e ideais. Passarinho fora da gaiola. Mas não tinha emprego, nem documentos, tampouco moradia. Tive que voltar à casa de minha mãe, um apartamento na rua 84, setor Sul, que até hoje pertence à família. Mas o plano era de não me delongar; Maria Cristina já esperava por mim em Santiago do Chile, como havíamos combinado. Entretanto, eu precisava primeiro organizar minha documentação. E isso foi mais difícil do que o esperado. A polícia, simplesmente, não me fornecia os documentos necessários para sair do país. Inventavam desculpas e deixavam o tempo passar. Comecei a perceber movimentação estranha nos arredores da minha casa. Havia sempre um carro estacionado à frente do apartamento; eu notava que seus ocupantes mudavam de tempos em tempos. Eu estava sendo vigiado.

Enquanto me vigiava, a Polícia Federal pedia informações às auditorias de Juiz de Fora e São Paulo para saber se eu tinha cumprido toda a pena. Esse era o motivo da demora em me liberar. A situação criada era muito desconfortável.

Eu estava sem documentação. Necessitava de uma carteira de identidade para resolver as questões do dia a dia. Pedi ajuda a alguns amigos. O saudoso ex-policial Célio, muito amigo de meu irmão Erlan, e Waldir Frauzino, então proprietário da agência Ciclone Turismo, resolveram falsificar uma carteira de identidade. Sobrevivi com ela por um bom tempo, até que me fosse liberada a carteira oficial. Maria Cristina esperava por mim fora do país. Despedi de meus familiares mais uma vez, olhei para Goiânia novamente com receio de nunca mais vê-la. E fiz estrada até o Chile.

CARTEIRA DE IDENTIDADE FALSIFICADA

Arquivo pessoal de Tarzan de Castro

J.Do 9-6-72-Pág.7

Tarzã solicita ao STF uma redução em sua pena

Brasília (Sucursal) — O Supremo Tribunal Federal recebeu ontem um recurso solicitando a redução de 20 para 12 meses da pena imposta a Tarzã de Castro, responsabilizado por numerosos atos subversivos ocorridos em Goiás.

Tarzã foi condenado pela auditoria militar de Juiz de Fora a quatro anos de prisão, mas o Superior Tribunal Militar, revendo o processo, reduziu a pena para 20 meses. A defesa reconhece que ele praticou atos subversivos, mas acha que não deveria ter sido condenado a pena tão rigorosa, "uma vez que a intensidade da ação que lhe foi atribuída se apresenta discutível."

JORNAL DO BRASIL, 09 DE JUNHO DE 1972

Arquivo pessoal de Tarzan de Castro

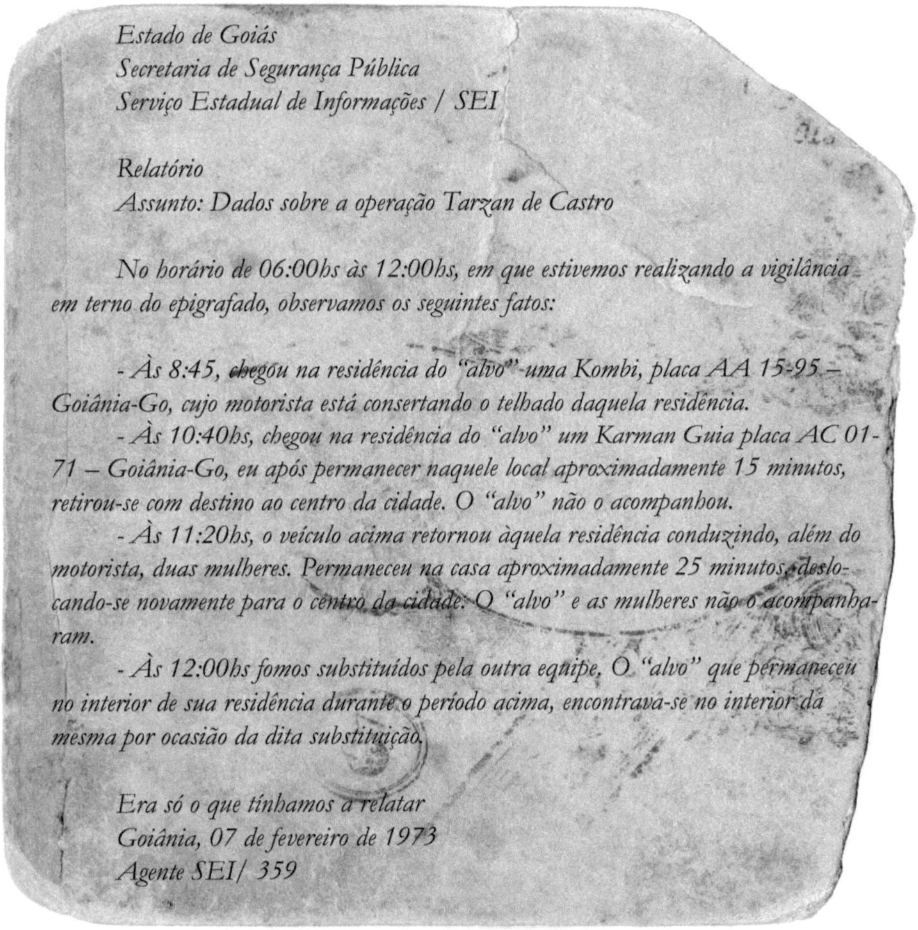

Estado de Goiás
Secretaria de Segurança Pública
Serviço Estadual de Informações / SEI

Relatório
Assunto: Dados sobre a operação Tarzan de Castro

No horário de 06:00hs às 12:00hs, em que estivemos realizando a vigilância em terno do epigrafado, observamos os seguintes fatos:

- Às 8:45, chegou na residência do "alvo" uma Kombi, placa AA 15-95 – Goiânia-Go, cujo motorista está consertando o telhado daquela residência.

- Às 10:40hs, chegou na residência do "alvo" um Karman Guia placa AC 01-71 – Goiânia-Go, eu após permanecer naquele local aproximadamente 15 minutos, retirou-se com destino ao centro da cidade. O "alvo" não o acompanhou.

- Às 11:20hs, o veículo acima retornou àquela residência conduzindo, além do motorista, duas mulheres. Permaneceu na casa aproximadamente 25 minutos, deslocando-se novamente para o centro da cidade. O "alvo" e as mulheres não o acompanharam.

- Às 12:00hs fomos substituídos pela outra equipe. O "alvo" que permaneceu no interior de sua residência durante o período acima, encontrava-se no interior da mesma por ocasião da dita substituição.

Era só o que tínhamos a relatar
Goiânia, 07 de fevereiro de 1973
Agente SEI/ 359

DOCUMENTO OFICIAL DA SECRETARIA DE SEGURANÇA PÚBLICA DE GOIÁS (SEI), DE 07 DE FEVEREIRO DE 1973, COM INFORMAÇÕES QUE COMPROVAM QUE TARZAN DE CASTRO ESTAVA SENDO VIGIADO PELO GOVERNO

O Exílio
e o Retorno

No Chile: da esperança à tortura

No início de 1973, o Chile ainda desfrutava de uma democracia plena, com todas as liberdades e tensões inerentes a essa condição. Vivia-se a experiência inédita de um governo socialista eleito democraticamente – mas o complexo jogo de pressões e temores que se desenvolvia por baixo dos panos levaria o país a um desfecho trágico: a luta de Salvador Allende sucumbiria sob uma das mais repressivas ditaduras da história. Quando minha mãe e eu decidimos cruzar a América até Santiago, porém, o Chile ainda era a pátria da liberdade na América do Sul.

Fomos ao Chile por via terrestre, pulando de ônibus em ônibus: de Goiânia a Foz do Iguaçu, de lá até Santa Fé, na Argentina, e depois a Mendonza; atravessamos a cordilheira dos Andes e, por fim, chegamos a Santiago. Quis que minha mãe me acompanhasse e a corajosa baiana fez questão de estar comigo caso algo ocorresse. Chegamos ao Chile em um momento de grande efervescência. Manifestações favoráveis e desfavoráveis ao governo de Allende chacoalhavam as ruas e as praças da capital. Os chilenos se viam cercados por ditaduras e lidavam de modo delicado com a interferência norte-americana. Segundo as denúncias da época, alguns grupos de extrema direita eram financiados diretamente pela CIA. Por exemplo, à época uma greve de caminhoneiros parou o país, e havia boatos de que eles continuavam recebendo por fora para prejudicar o governo Allende.

Maria Cristina conseguira um bom emprego na *Escuela Nacional de Adestramiento* (ENA), instituição fundada pelo presidente Eduardo Frei e reformulada por Salvador Allende. Inspirada e apoiada pelo governo francês, tendo como exemplo a famosa ENA francesa, a ENA do Chile era focada na formação e capacitação permanente dos funcionários públicos da administração direta e dos trabalhadores das empresas estatais. No governo de Allende, a ENA passaria à direção de Patrício Orellana Vargas, e ampliaria suas ações, visando também a levar instrumentos teóricos e práticos para que seus alunos compreendessem e participassem ativamente das transformações vividas no país. Cristina se tornou diretora da publicação oficial da ENA, e eu fui convidado como professor monitor de Ciências Políticas. Nossa vida de asilados no Chile, porém, seria curta.

O golpe de Pinochet

Iniciei meu trabalho como professor em Santiago, e depois fui designado para ministrar cursos a mineiros de manganês da região de Coquimbo. O ano passara depressa, e logo chegamos a setembro. Recordo-me como se fosse hoje: em 11 de setembro de 1973, eu ministrava aula num salão improvisado da mina, quando me chamaram à diretoria. Entrei na sala e percebi o clima de nervosismo. O diretor, sem delongas, disse-me: "Como já temíamos, iniciou-se um movimento militar golpista em Santiago. Eles estão vencendo. O senhor é estrangeiro, e temos quase certeza de que a mina será ocupada pelos golpistas. Por isso, achamos conveniente sair daqui o mais rápido possível e voltar para casa. Será melhor para sua segurança". Dali mesmo, segui para a estação e peguei o primeiro trem para Santiago. Soube, mais tarde, que a mina foi ocupada e seus principais dirigentes sumariamente fuzilados; valorosos chilenos que salvaram minha vida.

Durante a dramática viagem a Santiago, a realidade ficou clara: o golpe vencera – as ruas estavam tomadas por militares; por todos os lados era possível sentir a anunciação da maior tragédia do povo chileno. Morávamos próximo ao palácio La Moneda, da calle Mercedes, perto do centro. Tentei chegar à casa, mas era impossível – os militares me pararam várias vezes, e eu mentia que era funcionário da embaixada brasileira. A ditadura do Brasil era uma das principais apoiadoras do golpe no Chile. Enquanto caminhava por Santiago sitiada, vi confrontos, tiros, bombas, gente ferida, cadáveres no meio das ruas. Não sabia o que fazer! Então decidi rumar para a sede da ENA.

O clima de tensão e medo não paralisou o pessoal da escola; encontrei Maria Cristina e seus colegas de trabalho queimando documentos e papéis comprometedores, numa ação febril. Quase sem alternativa de fuga, decidimos ir para a casa de um casal de amigos brasileiros, Paulo de Tarso Gianini e Cleuza. Eles moravam numa espécie de condomínio na região de Vitacura, pertencente à área metropolitana da capital. Acreditávamos que ali estaríamos seguros e poderíamos procurar asilo em alguma embaixada. Ledo engano: na mesma noite em que chegamos, uma patrulha militar apareceu. Os homens foram separados das mulheres. Colocados contra o muro, fomos presos sob insultos, chutes e pancadas.

Viviam no condomínio vários estrangeiros, principalmente latino-americanos de toda parte: bolivianos, peruanos, argentinos, uruguaios, cubanos e outros. Os soldados diziam: "Vocês são a cloaca da América Latina, estão aqui no Chile para fazer a revolução comunista! Seus terroristas, filhos da puta, agora estão em nossas mãos. Vamos acabar com essa corja!". Espancavam e perguntavam de onde éramos. Dois moradores se declararam cubanos:

– Cubanos! – gritou o comandante do destacamento.

Eles foram separados dos demais, encostados no muro, e o comandante rugiu:

– Soldados, preparar as armas, apontar...

Naquele momento, pensei que se tratava apenas de terror psicológico; eu mesmo já tinha sido vítima de algo parecido no Brasil. Mas não. Ele completou a ordem, e o muro se manchou de sangue e pedaços de cérebro. Eles eram médicos voluntários no Chile e morreram apenas por terem nascido em Cuba, vista por aqueles militares como um inimigo na América Latina.

Com a prisão coletiva, várias versões circularam sobre o paradeiro de todas aquelas pessoas. Não havia explicações oficiais, nem esclarecimentos dos militares. No Brasil, correu o boato de que eu também teria sido fuzilado naquela noite de setembro. O professor Bernard Burel, francês que foi nosso colega na ENA, fez uma verdadeira peregrinação pelos necrotérios e prisões de Santiago à procura de meu corpo ou de notícias minhas. Na verdade, jogaram-me na carroceria de um carro militar e fui, com os demais, levado a um quartel das proximidades. A gente nunca se acostuma à tortura – não existe veterano de tortura, não há couro que engrosse o suficiente, nem cabeça tão dona de si para evitar a impressão de que cada chute, cada porrada é a primeira da vida.

No quartel, todos nós fomos espancados, socados, chutados, humilhados. Levaram-nos ao pátio da guarnição e lá tivemos de "plantar bananeira". Fomos colocados com as pernas para cima, de cabeça para baixo, até o amanhecer. Minha calça jeans já estava toda rasgada, o corpo inchado e cheio de hematomas. Minha bolsa escrotal ficou imensa, parecia uma bola de futebol. Meu sexo já era – eu pensava. Então, finalmente chegou um oficial e ordenou aos soldados que nos abaixassem e friccionassem nossas pernas para estimular a circulação. Depois, jogaram-nos em outra carroceria e fomos levados ao Estádio Chile.

O terror chileno

Presos chegavam às centenas e eram amontoados uns sobre os outros; fazia muito frio, não havia espaço, estávamos todos machucados, famintos e atônitos. A comida não era suficiente e, quando chegava, cedíamos aos mais necessitados. Passei os primeiros dez dias sem provar comida, sobrevivendo de água. Nos camarins do Estádio ocorriam os interrogatórios. Ao retornarem de lá, os presos contavam das pilhas de cadáveres nos cantos das salas. O Estádio ficou tão lotado que não havia como dormir – passávamos a maior parte do tempo em pé, sentados ou de cócoras. O Estádio Chile era um verdadeiro inferno construído pela mão humana. Ali foi morto o célebre cantor Victor Jarra – e suas palavras ainda ecoam em forma de poema:

Estadio Chile
Victor Jarra

Somos cinco mil aquí
en esta pequeña parte de laciudad.
Somos cinco mil.
¿Cuántos somos en total
enlasciudades y en todo el país?

Sóloaquí,
diez mil manos que siembran
y hacen andar las fábricas.
Cuánta humanidad
conhambre, frío, pánico, dolor,
presión moral, terror y locura.

Certo dia, um elegante oficial, em seu uniforme vistoso, bradava à multidão de presos. Do alto de um palco, ele descrevia orgulhosamente a história do golpe, e previa a maravilha do regime que tão logo seria implantado em seu país – um regime ordeiro e patriótico, sem comunistas, sem ameaças. Entre nós, o clima era de tensão e desespero, e as palavras reverberavam como ameaças, como distopias. Um dos presos teve um surto nervoso e se pôs a gritar, gritar, e bater a cabeça nas cadeiras e no chão do estádio.

– Acabem com esse elemento! – ordenou o oficial, vendo tudo lá de cima. Os guardas avançaram sobre o homem, dominando-o e aplicando-lhe uma injeção que o prostrou imediatamente. Diante de tamanha barbaridade, outro preso não resistiu:

– Abaixo o nazismo, viva a liberdade! – gritou o preso no meio da multidão. Foi um choque. Todo o estádio ficou em silêncio. Parecia que ninguém respirava, ninguém piscava.

– Quem foi que disse? – o oficial berrou ao microfone e o silêncio foi completo.

– Quem foi? – repetiu o militar. Do meio dos presos, um homem se levantou:

– Fui eu.

– Venha aqui! – ordenou o oficial, e o preso calmamente subiu ao palco. O oficial perguntou novamente se fora mesmo ele quem gritou por liberdade.

– Sim, fui eu – foram as últimas palavras daquele bom homem. O militar sacou a pistola e atirou em sua cabeça, a queima-roupa, deixando que seu corpo fosse recolhido pelos guardas. A imagem daquele homem subindo até o palco ainda recorre à minha mente; a calma com que andou para a morte, a terrível calma. Não consigo me esquecer dessa cena brutal, desumana.

Com o passar do tempo, a situação foi se tornando insustentável até para os próprios militares. Não havia como manter tanta gente presa num local pequeno como aquele. Além disso, denúncias e notícias sobre os horrores praticados no Estádio Chile já corriam pelo país e pelo mundo. Fomos, então, transferidos para o Estádio Nacional. O espaço era maior, mas isso não amenizou as circunstâncias. Continuavam as torturas, os interrogatórios, as prisões e os assassinatos. Torturadores brasileiros ofereceram seus préstimos nessa especialidade, servindo de instrutores a seus colegas chilenos.

Neto do ministro brasileiro

Protegidos pela conivência do regime, respaldados pelo governo e pela ideologia vencedora, eles não conheciam limites. Só paravam se esbarrassem em algo que lhes pudesse comprometer. Como quando se descobriu que o neto de Vasco Leitão da Cunha, ministro brasileiro das Relações Exteriores, estava preso no Estádio Chile, era o artista plástico Pedro Wrede. Que viajava a turismo pelo Chile, em Valparaíso, quando foi capturado pelos militares. Bateram muito no rapaz, como em qualquer outro. Quando a Embaixada brasileira descobriu, começou a pressionar o governo chileno para libertá-lo. Mas os militares não poderiam deixá-lo ir imediatamente: ele estava estourado, muito machucado. Então, ele foi levado para um dos camarins do estádio e recebeu um tratamento intensivo de recuperação. Pretendiam camuflar as barbaridades cometidas. Nós combinamos que ele, ao sair da prisão, denunciaria as atrocidades que presenciou e viveu. Acredito que ele tenha cumprido o combinado, pois as pressões sobre o governo chileno se intensificavam gradativamente.

Já o filho do senador Luiz Corvalan, presidente do Partido Comunista Chileno, não foi poupado. Um dia o vimos ser carregado por soldados ao longo do gramado. Arrastavam-no como um saco de cimento, deixando marcas de sangue na grama. Ele havia sido torturado e morreria pouco depois. No camarim que nos servia de cela, houve ainda a morte de um brasileiro, Vânio José de Matos, um ex-capitão da polícia de São Paulo. Recordo-me de seus gritos de dor. Ele gritou até morrer, sem que os carcereiros prestassem nenhum tipo de socorro.

Sérgio Morais, engenheiro brasileiro e asilado político, era outro preso do Estádio Nacional. A imprensa chilena havia publicado uma falsa acusação de que ele seria um terrorista perigoso, o que causou furor entre os militares. Quando foi preso, entretanto, a única acusação contra ele era a de falar espanhol com sotaque. Muitas pessoas foram presas simplesmente pelo sotaque. Assim, os soldados sabiam que Sérgio estava entre os presos, mas ainda não o haviam encontrado. E nós sabíamos que, caso o descobrissem, ele certamente seria morto. Toda vez que os carcereiros perguntavam quem era Sérgio, onde ele estava, afirmávamos não haver nenhuma pessoa com aquele nome. Os oficiais ameaçavam, dizendo que, caso Sérgio fosse encontrado, os demais seriam punidos. Mas, graças a essa nossa atitude, o brasileiro foi salvo da morte certa. Anos depois, reencontrei Sérgio no exílio. Passamos um *réveillon* juntos em Roma, um momento de grande alegria, uma comemoração à vida. A vitória da vida sobre a morte, do diálogo sobre a violência, a isso brindamos anos depois, como sobreviventes. Muitos outros, porém, não puderam comemorar conosco.

Um ato de bravura de Pedro Chaves

A pressão contra as atrocidades da ditadura chilena ganhou a força de um verdadeiro clamor internacional, conduzido principalmente pelas Nações Unidas e pelas embaixadas de alguns países democráticos. O governo do Chile foi forçado a aceitar a visita de membros desses grupos aos campos de prisioneiros, no caso o Estádio Nacional do Chile em Santiago, com o intuito de inspecionar as condições dos presos e o respeito aos direitos humanos. Como tinham muito a esconder, os militares devem ter ficado bastante preocupados. Um dia, livraram-se de cadáveres, permitiram-nos o banho de sol, incrementaram as rações diárias. Precisavam aparentar que os presos políticos viviam dentro dos padrões mínimos de dignidade. Entre nós, vazara a notícia de que membros da ONU e da embaixada da Suécia chegariam em breve. Aquela era uma chance única: um de nós deveria se aproximar dos diplomatas e denunciar os terrores vividos. Mas quem? Estávamos cientes de que a retaliação seria do pior tipo possível. O denunciante ficaria marcado pelos militares, e a expectativa mais natural seria o assassinato. Foi um momento dramático, mas um companheiro chamado Pedro Chaves[141] aceitou a difícil incumbência.

Durante a visita, a delegação passou bem próxima da arquibancada onde estávamos. Então, uma voz vinda dos presos fez-se ouvir em meio ao alvoroço desesperado dos militares:

– Senhores embaixadores, nós temos um comunicado a fazer.

Os militares tentaram de todo modo impedir que os visitantes se aproximassem de nós, mas, contra eles, não poderiam usar a força, a violência, a brutalidade. Os covardes só batiam em quem não tinha condições de revidar. Assim, ignorando os soldados, os representantes das Nações Unidas e das embaixadas assistiram Pedro Chaves se levantar e, bravamente, despejar denúncias sobre o que acontecia no Estádio Nacional. Ele falou dos assassinatos, das prisões em massa, da tortura, da falta de comida e agasalho, da completa ausência de assistência médica a feridos. E não precisava provar nada do que dizia – a simples visão daquele bando caquético, esquelético e surrado de presos já era eloquente o bastante.

Depois disso, a ditadura chilena precisou limpar a própria imagem. Eles decidiram libertar os presos estrangeiros, reduzindo, assim, a pressão internacional. Nós fomos transportados para instalações religiosas, onde esperaríamos pela documentação de asilo político. Parecíamos prisioneiros dos campos de concentração da Segunda Guerra Mundial – éramos só pele e osso. Já havia experimentado prisão e tortura antes, mas o que vivi no Chile estava além de qualquer coisa. Foi uma situação brutal demais, impiedosa, inexplicável; não houve limites para

141 Ex-militante da Vanguarda Popular Revolucionária (VPR), asilado e preso no Chile, depois asilou-se na França. Vive atualmente em Moçambique.

truculência e atrocidades. Hoje, o mundo conhece um pouco do que ocorreu naquele país, mas só quem esteve lá pode mensurar o sadismo, a crueldade, a desumanidade que manchou para sempre a história dos chilenos.

Nós, estrangeiros, fomos libertados e expulsos do inferno – mas os chilenos continuaram a sofrer no Estádio Nacional, nas ruas e nas praças de Santiago, e por todo o território da pátria que lhes devia proteger e honrar. Ao trazer à tona essas lembranças, espero que o exemplo permaneça firme na memória do mundo, para que nunca mais nenhum país seja assaltado pelas ditaduras. Que nossos povos possam progredir e se desenvolver em regimes de plena liberdade democrática. Só assim não terá sido em vão o sofrimento desses prisioneiros; terá valido a pena a luta dos que ousaram gritar por liberdade no Chile, no Brasil e em qualquer outro lugar do mundo.

Arquivo pessoal de Tarzan de Castro

ACE 61990/73

MINISTÉRIO DAS RELAÇÕES EXTERIORES
CENTRO DE INFORMAÇÕES DO EXTERIOR

SECRETO

CIEX nº 473 / 73

DATA: 28/SETEMBRO/1973

S.N.I.
AGÊNCIA CENTRAL
010008 | -2 OUT 73
PROTOCOLO

NATUREZA: Informe

ANEXO: ----------

AVALIAÇÃO: B - 1

REFERÊNCIA: -------

DATA DA OBTENÇÃO DO INFORME: 27-28/SET/73

DIFUSÃO: SNI/AC CIE 2ª Sec/EME 2ª Sec/EMAER CENIMAR 2ª Sec/EMA CISA

61990

ÍNDICE: Chile. Brasileiros detidos.

1. Em 28 de setembro de 1973, quarenta e um brasileiros encontravam-se detidos no recinto do Estádio Nacional do Chile, a saber:

1) JOSÉ CARLOS AVELINO DA SILVA;
2) CLAUDIO BENEDITO;
3) MILTON BORGES;
4) OTTO BROCKS LOPES;
5) ENIO BUCCHIONI ARAUJO;
6) EDSON CAMPOS RODRIGUES;
7) JAIME WALVITZ CARDOZO;
8) PEDRO CHAVES DOS SANTOS;
9) ARTHUR JADER CUNHA NEVES;
10) SERGIO DAVET;
11) RICARDO DE AZEVEDO;
12) TARZAN DE CASTRO; +
13) NIELSEN DE PAULA PIRES;
14) PAULO DE SOUZA;
15) GUIDO DE SOUZA ROCHA;
16) DAVID MAURÍCIO DIAS;
17) RICARDO FARAH;
18) VICTOR A. RODRIGUES FERNANDES;
19) ANTONIO PAULO FERRAZ DO NASCIMENTO;
20) SILVEIRO FERREIRA SOARES;
21) BERNARDINO FIGUEIREDO RIBEIRO;
22) PAULO DE TARSO; +
23) GIANNINI ARAUJO;
24) ALFREDO LOPES FERREIRA;

SECRETO

DOCUMENTO OFICIAL DO MINISTÉRIO DAS RELAÇÕES EXTERIORES, DE 28 DE JANEIRO DE 1973. LISTA COM NOMES DE 41 BRASILEIROS PRESOS NO ESTÁDIO NACIONAL DO CHILE

A França: tempo de refletir

Em dezembro de 1973, cheguei à França. Deixava para trás um continente amordaçado. Sob pesada influência de alguns governos dos Estados Unidos, as ditaduras sul-americanas formaram uma aliança político-militar que ficou conhecida como Operação Condor. Era uma forma de reprimir seus opositores à revelia dos limites geográficos. Multiplicavam-se os casos de brasileiros presos na Argentina, de chilenos capturados no Brasil, de uruguaios torturados no Chile etc. Foi um momento de grande terror que, infelizmente, demorou a acabar. Em termos práticos, eu não poderia ficar no Chile nem voltar ao Brasil, tampouco buscar abrigo em alguma nação fronteiriça. A única solução era cruzar novamente o Atlântico, dessa vez como asilado político.

A chegada a Paris foi algo fantástico. Lá estava o verdadeiro paraíso para qualquer um que vinha da opressão total. Fomos muito bem-tratados pelo governo francês; recebemos moradia numa espécie de hotel que chamam de *foyer*, tínhamos curso intensivo de francês, ganhávamos algum dinheiro para as necessidades pessoais, além de termos direito a um documento oficial de asilado político. Com ele, podíamos trabalhar, estudar, viajar e, assim, ter uma vida normal como cidadãos franceses. Depois de tanto tempo em que a principal preocupação da minha vida era me manter vivo, retomar as atividades cotidianas tinha um gosto sublime de vitória.

Eu quis aproveitar ao máximo a chance de estudar na França. Toda a brutalidade, a violência e a irracionalidade que experimentei impeliam-me a estudar mais, a conhecer mais, a me preparar para não cometer o erro da ignorância – a violência é ignorante, ela é avessa ao argumento, ao pensamento e à razão. Consegui uma bolsa de estudo e fui morar na cidade universitária de Antony, nos subúrbios de Paris. Era um lugar agradável e conectado ao centro da capital por metrôs e trens. Fiz curso de História e de Sociologia por meio de uma bolsa concedida pelo Conselho Ecumênico Mundial. O diretor dessa entidade era um brasileiro, goiano, ex-secretário de educação no governo Mauro Borges, o ex-padre Rui Rodrigues, e ele foi muito solidário com os asilados latino-americanos.

O exílio na França me propiciou ambiente e condições para refletir sobre minha ideologia e as lutas da minha época. Na verdade, considero que o exílio seja uma imposição apenas ao físico – estamos apartados fisicamente de casa, mas a cabeça e o coração permanecem conectados à terra natal, pensando sobre ela, querendo resolver seus problemas, refletindo sobre tudo o que acontece. Diria que meu tempo na França se dividiu em três vidas: a vida universitária, com seus estudos e reflexões sobre a realidade do mundo; a vida cultural, com a absorção de novos conhecimentos sobre a cultura, a língua, os hábitos dos franceses, e a vida político-partidária, na qual se travava um intenso debate político sobre os caminhos do socialismo.

Paris reunia o maior grupo de brasileiros com atuação política na Europa. Nós contávamos com o apoio do Partido Comunista Francês, do Partido Socialista Francês e de outras agremiações mais à esquerda no espectro político. A França é um país que continua com uma esquerda muito forte; ora se tem um governo esquerdista, ora direitista. Mas a direita francesa, comparada à brasileira daquele período, quase poderia ser chamada de centro-esquerda, porque respeitava os direitos individuais e democráticos. Nas discussões e debates políticos, nós sempre mantínhamos contato com o que acontecia no Brasil. Refletíamos sobre os passos e trajetos da nossa pátria; tanto é que, em Paris, eu me aproximei e me filiei ao Partido Comunista Brasileiro, o PCB[142].

Quando houve a Revolução dos Cravos em Portugal, o secretário do Partido Comunista Português, Álvaro Cunhal, tornou-se ministro. Isso deixou a ditadura brasileira de orelhas em pé. Ela era pressionada a aceitar um processo de transição democrática e temia que o PCB, assim como no caso português, ocupasse papéis muito relevantes no novo governo. Se de fato houvesse a redemocratização, o PCB seria o único partido de esquerda a ter força política expressiva no Brasil. Sendo assim, foi determinado pelo governo Geisel que se prendessem e eliminassem os dirigentes do Comitê Central Comunista. De fato, militantes, como Luiz Guedes, irmão de Armênio Guedes, foram assassinados durante esse período.

Os partidos de esquerda passavam por um momento de profunda reflexão. Havia um grande debate político e ideológico. Dentro da comunidade brasileira, os militantes se empenhavam no combate à ditadura, faziam denúncias de crimes

[142] O PCB em 1992, implodiu sob a direção de Roberto Freire e tornou-se o atual PPS.

cometidos na América do Sul. As discussões do partido eram pautadas no processo de redemocratização que caminhava a todo vapor no Brasil. A pressão dos movimentos de massa era muito grande, principalmente do MDB, que incorporava quase todas as correntes e tendências daquele momento. Ulysses Guimarães era a grande figura e principal condutor da luta.

Para os partidos de esquerda, a pergunta sobre que alternativa tomar não se restringia apenas ao Brasil, mas era importante para entender a situação em todo o mundo. Era necessário compreender o que havia acontecido com o Partido Comunista Soviético e outras experiências socialistas ao redor do planeta. Por todo lado, surgiam designações como reformistas, neossocialistas, eurocomunistas etc. Consideravam-se e debatiam-se os erros cometidos na União Soviética e em outros países com o chamado socialismo real que, no fundo, não correspondia às ideias originais do socialismo, do marxismo. Havia contestações contra o conceito e a prática da ditadura do proletariado, do partido único, da construção socialista em um só país, do papel da luta de massa e da luta armada. A implantação da ditadura do proletariado era ou não necessária? A democracia seria apenas um valor burguês, transitório, ou uma condição universal e permanente? Poderia o socialismo ser construído num país onde as forças produtivas, a industrialização e o avanço social ainda não tivessem atingido um estágio avançado? Seria possível construir o socialismo sem base material?

Nos anos de sua revolução socialista, a Rússia era um país agrário, uma nação de mujiques e camponeses. O processo de desenvolvimento econômico e político implantado pelo Partido Comunista durante a tomada de poder mais se assemelhava, em essência, ao capitalismo de Estado. Essa tentativa de desenvolver a infraestrutura do país, implantar a liberdade democrática e criar instituições modernas estava muito mais para uma revolução democrática do que para a construção do socialismo. Constatava-se, assim, um erro de base, um equívoco primordial que gerou todos os outros na construção do chamado socialismo real.

Trotskista...

Para aprofundarmos em reflexões dessa natureza, eu, Maria Cristina, Aloysio Nunes, Jussara Freire[143], Cecília Comungno[144], Zuleika Allambert[145], Anita Prestes, Milton Temer e outros, fizemos um curso no Instituto Superior de Marxismo -Leninismo, em Moscou. O curso era o que de mais avançado havia no estudo teórico de Karl Marx, e foi uma experiência muito enriquecedora. A União Soviética já caminhava para uma crise interna, com a economia travada e o visível descontentamento das populações. Como sempre gostei de questionar, eu perguntava aos professores qual era o motivo da falta de democracia, do partido único, e da semelhança com formas de capitalismo de Estado. O professor se irritou com minhas perguntas, sem resposta coerente. Acusou-me de trotskista. Termo na URSS da época, era como chamar a pessoa de traidor. Podíamos perceber que havia certa qualidade de vida na União Soviética, mas o sistema estava emperrado, sem possibilidade de desenvolvimento. A indústria bélica era muito desen-

[143] Baiana, professora, militante do Movimento Estudantil (M.E.), do Partido Comunista Brasileiro (PCB).

[144] Socióloga, professora, militante do Partido Comunista Brasileiro (PCB).

[145] Militante política, ex-dirigente do Partido Comunista Brasileiro (PCB) paulista, ex-deputada.

volvida e competitiva, mas o sistema não tinha capacidade de produzir os bens de consumo habituais para as necessidades da população. Tanto é que, quando alguém saía à rua com uma calça *jeans*, as pessoas o cercavam para tentar comprar a peça por qualquer preço.

Esses temas, essas discussões e reflexões foram importantíssimas para os partidos de esquerda do mundo. Naquele momento histórico, os debates forneceram uma agenda que continua atual até hoje. Para mim, como militante e ser humano, o clima de indagação daqueles anos na França permitiu maior maturidade no pensamento. Eu tentava aprender o máximo sobre o capitalismo desenvolvido para que, quando voltasse ao Brasil, pudesse contribuir do ponto de vista teórico, intelectual e político com o processo democrático. Assim, acabei imerso nas ideias de democracia, de pluripartidarismo, de desenvolvimento da sociedade até o socialismo. O socialismo só seria uma alternativa se a base material do Brasil se desenvolvesse através da forma mais democrática possível de capitalismo. É muito importante averiguar qual a forma de capitalismo que se pretende desenvolver, quais seus limites e suas pretensões. Hitler era um grande capitalista, mas a forma política adotada por ele conduzia à dominação arbitrária, ditatorial e ao horror. A França, naquele momento, também era capitalista, mas suas opções políticas reforçavam as conquistas necessárias ao processo de desenvolvimento das forças produtivas, de modo democrático e em permanente transformação. Havia certa universalização dos benefícios sociais possíveis dentro do capitalismo.

A possibilidade de transformação deveria ser fundamentada porque, sem base material desenvolvida – eu acreditava e até hoje acredito – os governos gerarão inevitáveis ditaduras, utilizando-se do partido único e de uma plataforma pretensamente socialista para implantar uma ditadura disfarçada de socialismo. Eu me convenci de que esse não era o caminho. A nova proposta deveria ser embasada no material, ou seja, nas relações de produção, na estrutura política e social, com o intuito de se obter uma alternativa consistente e viável. Para mim, esse foi um grande aprendizado, que se iniciara quando estive na China e no Uruguai. Tanto é que, em meu retorno ao Brasil, participei da Ala Vermelha, uma organização que defendia a luta armada, não para tomar o poder, senão para fornecer recursos materiais necessários a uma nova alternativa. É claro, porém, que, na época da Ala Vermelha, tudo estava sob o prisma da Guerra Fria. O mundo era visto segundo uma dicotomia simplista que impunha escolher um lado ou outro. Ou se estava do lado do povo ou contra ele, ou com o imperialismo americano ou com a União Soviética. Era uma posição mecânica, um funil inevitável que atraía quase todos dispostos a lutar contra a opressão de classe. Mas eu sei que, com o tempo, com o debate e o estudo, novas alternativas foram e serão criadas. Em vários momentos de minha vida política, quem defendesse outra alternativa era taxado de neotrotskista, de reformista etc. O patrulhamento ideológico predominava sobre a inteligência. Inibiam-se as novas propostas para a construção do socialismo. Mas o processo de reflexão era e será sempre inevitável – o pensar, o agir, o praticar, o mudar, tudo isso é produto absoluto da realidade, sem dogmas e modelos preconcebidos.

Nas reuniões do PCB em Paris, tive a oportunidade de conversar com Luis Carlos Prestes. Sempre o vi como uma figura histórica, um dirigente cuja influência foi construída através de muita luta e verdadeira dedicação aos ideais. Mas nossas posições divergiam, sempre com muito respeito e boa convivência. Meus pensamentos eram diferentes, estavam mais afinados com a corrente de Armênio Guedes[146], acerca de um caminho democrático ou pacífico para o socialismo. Houve um momento em que Prestes se afastou da direção partidária e eu fiz parte dessa reviravolta. A posição de Prestes era mais pró-soviética, mais ortodoxa e tradicional. Já o núcleo formado ao redor de Armênio Guedes estava mais aberto a novas possibilidades e alternativas. Faziam parte desse grupo companheiros como Giocondo Dias[147], Leandro Konder[148], Salomão Malina[149], Aloysio Nunes, Zuleika Allambert, Luiz Hidelbrando[150], Antônio Carlos Peixoto[151], Gregório Bezerra[152], Hermes Correa Teodorico, Anita Prestes, Carlos Eugênio[153], Pedro Chaves, Nelson Coutinho[154], Carlos Milton Themer[155], Cristina Machado[156], entre outros. Outro nome importante com quem tive a

---

[146] Jornalista, dirigente do Partido Comunista Brasileiro (PCB), irmão de Luiz Guedes, importante líder de uma corrente política renovadora do Partido Comunista Brasileiro (PCB), asilou-se na França.

[147] Ex-dirigente do Partido Comunista Brasileiro (PCB), comandou o partido do seu exílio na França, com ideias renovadoras.

[148] Filósofo, escritor, ex-militante do Movimento Estudantil (M.E.), do Partido Comunista Brasileiro (PCB), fundador do Partido dos Trabalhadores (PT), membro do PSOL (Partido Socialismo e Liberdade), importante pensador e divulgador da ideias marxistas no Brasil.

[149] Sindicalista, ex-dirigente do Partido Comunista Brasileiro (PCB), membro do comitê central do partido.

[150] Cientista, membro do Partido Comunista Brasileiro (PCB), ativista político e intelectual, importante pesquisador científico em busca de tratamento para as endemias tropicais.

[151] Carioca, militante do Partido Comunista Brasileiro (PCB), professor universitário, intelectual com contribuição ao pensamento político.

[152] Histórica figura do Movimento Comunista Brasileiro, participou do levante de 1935, a chamada intentona comunista. Junto com Luiz Carlos Prestes formou ao longo de décadas a dupla mais conhecida do Partido Comunista Brasileiro (PCB).

[153] Militante do Movimento Estudantil (M.E.), ex-militar, dirigente da Aliança Libertadora Nacional (ALN), escritor.

[154] Filósofo, pensador marxista, baiano, deixou importantes obras sobre a visão marxista sobre o Brasil.

[155] Jornalista, militante do Partido Comunista Brasileiro (PCB), fundador do Partido dos Trabalhadores (PT) do Rio de Janeiro, ex-deputado federal.

[156] Ex-companheira de Pedro Chaves, perseguidos, asilaram-se na França. Posteriormente casou-se com Leandro Konder. Militante do Partido Comunista Brasileiro (PCB), Partido dos Trabalhadores (PT), PSOL (Partido Socialismo e Liberdade).

oportunidade de conviver foi Gregório Bezerra. Ele ficou hospedado em minha casa e conversamos sobre fatos importantes ligados a sua longa e diversificada militância no Brasil.

A vida no seu cotidiano

Enquanto essas e outras discussões se acirravam no núcleo de exilados brasileiros, meus estudos acadêmicos iam de vento em popa, e minha vida particular passava por muitas experiências importantes. Eu estava casado com Maria Cristina e tive vários empregos. Nos meses iniciais, meu primeiro trabalho foi de recepcionista noturno de um *Foyer de Jeunes*, uma espécie de apart hotel para jovens. Depois, graças aos estudos universitários, trabalhei como sociólogo no grupo Dédale, em Paris. Tratava-se de uma empresa voltada para o desenvolvimento de projetos de urbanismo na França. Os primeiros ensaios com condomínios horizontais coletivos proliferavam pela Europa, e eu pude acompanhar como eram implantadas as experiências em Portugal e na Hungria. Em Portugal, o problema de moradias era muito grave. Eu sentia e sinto grande afetividade por aquele país, que, afinal, compartilha muito da nossa cultura. Já o havia visitado antes, como turista e testemunha da abertura democrática. Em Budapeste, pude presenciar como um governo "socialista" resolvia suas questões de moradia.

Outra experiência original de trabalho foi como intérprete da empresa Europe Assistance, que fazia seguros de viagens na época de férias. Eu atendia os clientes que falavam português, em sua maioria trabalhadores braçais e sem qualificação. Minha obrigação era assessorá-los caso perdessem as bagagens, precisassem mudar o voo ou requerer auxílio médico. A cada semana, um funcionário da empresa fazia uma festa oferecendo comida típica de sua nacionalidade. Na minha vez, resolvi fazer uma feijoada, e até arranjei um grupo de brasileiros para animar a festa com uma batucada. Não foi nada fácil encontrar arroz e feijão preto em Paris. Farinha de mandioca, então, era como garimpar diamante! Por sorte, topei com uma casa que vendia produtos exóticos e consegui a maior parte dos ingredientes básicos. Quando os colegas franceses levaram a farofa à boca, perguntaram admirados se aquilo era areia! Respondi que era uma comida que os índios já preparavam no Brasil há 11 mil anos; a alimentação mais básica do povo brasileiro. Creio que a festa brasileira foi a melhor da Europe Assistance naquele ano!

Maria Cristina e eu tivemos um filho em Paris, o Gregório Alexandre de Castro. Seu nome foi escolha de Maria Cristina, em homenagem ao nosso amigo Gregório Bezerra. Na madrugada em que ele nasceu, tive que levá-la às pressas para o hospital. Ela sentia muitas dores e, ansioso, resolvi ignorar o sinal vermelho e avancei com pressa pelas ruas vazias. Logo, um guarda me abordou e me fez parar. Ele me perguntou por que eu tinha cometido aquela infração grave, ao que lhe respondi: "Minha mulher está grávida, passando mal. Tenho que levá-la ao hospital". O oficial respondeu então que, naquele caso, eu estava sendo ainda mais leviano, pois colocava em risco não só a minha vida, mas a de minha esposa e o filho que ainda não havia nascido. Foi uma resposta arrasadora. A partir daquele dia, sempre procuro respeitar os sinais de trânsito e usar o cinto de segurança.

O parto foi rápido e seguro. Quase o perdi por ter ido a uma lanchonete comprar algo para comer. Quando voltei, o apressadinho já estava nascendo. Os funcionários do hospital me perguntaram de onde eu era. Ao responder que era brasileiro, eles se admiraram. Não seria iugoslavo? Não, brasileiro mesmo. Um dos funcionários perguntou como eu poderia ser brasileiro se não era negro? Percebi que sua surpresa era sincera, inocente. O Brasil ainda era muito isolado e desconhecido. Tenho sangue africano, do qual muito me orgulho, sou mestiço. A mãe de Maria Cristina costumava me chamar de *el negron* e eu achava muito bacana. Mas talvez os franceses esperassem uma tez negra mais pura, sem miscigenação. Hoje, a realidade é diferente, e a diversidade racial do Brasil é conhecida no mundo todo. Uma dificuldade que vivemos foi a de registrar nosso filho. Ele nasceu na França, mas não poderia ser francês porque a nacionalidade daquele país só era reconhecida depois da maioridade, com o serviço nas Forças Armadas. Somente na véspera do retorno ao Brasil consegui registrá-lo como brasileiro.

Ménage à trois

O relacionamento com Maria Cristina teve altos e baixos durante o exílio. Nós nos separamos por algum tempo, e só nos reconciliamos perto de regressar às terras brasileiras. Durante o meu período de solteiro, relacionei-me com Elisabeth Bouvier, uma colega do curso de Administração em Turismo. Era uma mulher bela, casada com um engenheiro espanhol que vivia fora da França. Estávamos ambos carentes e tivemos um envolvimento instantâneo, fulminante. Quando vimos, já estávamos na cama, ou melhor, na rede. Eu tinha uma rede brasileira azul e a francesa não conhecia a cadência tropical do sexo feito em rede. Ah, se aquela rede falasse...

Ao terminar o mestrado em Paris, fui convidado pela Faculdade de Arquitetura de Nantes para ministrar aulas de Sociologia. Eu tinha adquirido bastante conhecimento sobre os aspectos sociais e o modo de construção de moradias populares nos trópicos. Nesse período, eu passava de dois a três dias em Nantes, num hotelzinho barato perto da Faculdade. Logo, fiquei amigo do diretor, Arguierre, e ele me propôs que eu ficasse no apartamento da professora Lourence Pinot[157]. Era uma mulher inteligente, capaz e bonita. Era casada, mas o marido trabalhava em outra região do país, passando dias sem ir a Nantes.

Em seu apartamento, nossos colegas professores sempre se reuniam para bebericar vinho e conversar amenidades. Ao final de uma dessas *soirées*, senti que havia desejo mútuo entre a anfitriã e eu. Quando todos foram embora e ficamos a sós, passamos uma longa noite de amor e transas maravilhosas. A partir dessa semana, fiquei mais à vontade no apartamento de Lourence. Ela me cedeu uma cópia de chave e eu passei a me sentir em casa. Mas, certa noite, ao chegar, notei que havia uma calça masculina na porta do banheiro. Temeroso, fui para o quarto de hóspedes e fiquei em silêncio. Alguns minutos depois, Lourence apareceu e disse: "Meu marido está aí, não se preocupe. Ele quer te conhecer. Venha, vamos ao quarto. O Pierre está nos esperando". Eu a segui, bastante desconfiado, e Lourence me apresentou ao marido, dizendo que ele sempre tivera vontade de conhecer um latino-americano. Pierre via vídeos deitado na cama, de shorts, e me cumprimentou

[157] Nome fictício.

gentilmente. Eu sentei-me entre os dois e iniciamos uma animada conversação sobre o Brasil e as diferenças culturais com a França.

Depois de algum tempo, Lourence saiu do quarto e voltou com vinho e taças. Brindamos a oportunidade e, em seguida, ela pediu ao marido que projetasse vídeos das viagens de férias do casal. Em uma das fitas, estavam com um amigo quando, de repente, punham-se todos a se abraçar e se beijar. De modo audacioso, Lourence começou também a acariciar a perna do marido e a minha ao mesmo tempo. Fui tomado por um estado de choque, mas ela continuava cada vez com maior intensidade. Os amassos, a essa altura, eram generalizados. Notei que Pierre estava excitadíssimo e totalmente envolvido no clima. Bom, pensei, podia ficar tranquilo e participar daquela experiência que para mim era inédita. O *ménage à trois*, uma criação tipicamente francesa e já universalizada, propiciou-me sensações inenarráveis e fantasias inesquecíveis.

Arquivo pessoal de Joaquina Ramos de Castro, mãe de

TARZAN RECEBIDO PELOS PAIS NO AEROPORTO DE GOIÂNIA DE RETORNO DO EXÍLIO NA FRANÇA, EM 1979

O Retorno ao Brasil

Todas essas experiências se condensavam em minha mente causando ora calafrios, ora reflexões, ora boas gargalhadas. Passei 6 anos na França e cada dia foi aproveitado ao máximo. A formação que procurei não era apenas acadêmica; era, principalmente, política e vivencial. Mas eu sempre soube que estava me preparando para retornar. Nunca me esqueci da minha condição de exilado, nem da pátria que precisei deixar à força. Ainda na França, tomava corpo a vontade de participar diretamente da política brasileira. Esse foi um desejo alimentado com carinho e aprendizagem. Cada debate, reflexão, cada estudo e experiência foram vividos com o pensamento firme de me capacitar para exercer um mandato eletivo no Brasil. Escrevi uma carta ao Dr. Ulysses Guimarães, então presidente do MDB, manifestando meu desejo de me filiar ao partido e, futuramente, disputar eleições. Confesso que, no início, temi ser rejeitado. Mas o MDB me recebeu com muita simpatia. Adhemar Santillo[158], deputado expressivo do chamado grupo

[158] Ex-deputado federal, ex-prefeito de Anápolis (GO) pelo Partido do Movimento Democrático Brasileiro (PMDB) destacou na luta contra a ditadura em Goiás.

dos Autênticos, e Onaide Santillo[159], estiveram comigo em Paris antes de minha volta definitiva.

Aqui as pontas da história se unem. No dia 8 de dezembro de 1979, desembarquei no Aeroporto Santa Genoveva, sendo saudado por amigos, familiares e companheiros políticos. Esperava por mim minha filha Silvana, nascida no Uruguai, e que eu ainda não conhecia. Ela morava com minha família já havia alguns anos. Minha mãe, a corajosa "baiana", também me aguardava ansiosa. Os tempos eram outros, a situação havia mudado; eu já pisava com firmeza o solo brasileiro – sabia que não poderiam mais me apartar, me prender, me expulsar. O senador Henrique Santillo fez um vibrante discurso me saudando. Aquele era meu retorno definitivo. O presidente João Figueiredo havia sancionado a lei de Anistia, propiciando a volta de diversos exilados políticos. Isso não significa, porém, que deixaram de me vigiar. O SNI e outros órgãos do aparato de repressão não desapareceram assim, da noite para o dia. Eles continuaram sua atividade durante a transição democrática, e mesmo depois dela; estavam lá, presentes, mesmo na minha posse como deputado federal. Continuaram me espreitando, me monitorando, talvez por hábito.

Mas a minha luta política, a luta que nunca abandonei, agora não era mais clandestina, subterrânea, perigosa. Em meus primeiros dias no Brasil, participei de debates na Universidade Federal de Goiás, entrevistas a diversos órgãos de imprensa e reuniões para me acercar da situação política local. O presidente do PMDB em Goiás, Mauro Borges, convidou-me para um almoço em sua casa logo que retornei. Ele me explicou os motivos de sua postura durante o golpe, suas

[159] Ex-deputada estadual, jornalista, companheira de Adhemar Santillo.

próprias lutas e convicções. Sempre fui amigo de Mauro e de sua família e, naquele momento, a chama da amizade se reforçou. Lembrei-me dos bons e intensos momentos vividos em Goiás durante minha juventude. Quando dona Lourdes, esposa de Mauro, descobriu o câncer em situação já avançada, ela convidou familiares e amigos para um almoço de despedida. Aquele foi um ato belo, uma demonstração de coragem vinda de uma mulher cujo caráter forte nunca se deixou abalar. Eu fui um dos convidados dessa pequena reunião que aconteceu em Brasília. Ao encontrá-la, com muita emoção, perguntei se não estaria sendo precipitada. Ela me respondeu que os médicos já haviam confirmado que a doença estava num estágio muito avançado; logo, ela perderia a consciência. Por isso, quis aproveitar a lucidez. Estar entre os convidados foi um gesto de amizade que mexeu muito comigo.

MDB – PMDB

Membro do PCB na França, defini minha transição para o MDB, ou PMDB como passou a se chamar, de forma muito natural. A descentralização exagerada que ocorreu no Partido Comunista, com a falta de um comando coeso e de uma nova política para a nova realidade, fez com que o partido sofresse um processo de esfacelamento. Nessa fase, grupos e correntes se afastaram da denominação e foram polarizando militantes sob outras siglas. Boa parte dos integrantes marchou para a fundação do PT, como foi o caso do grande companheiro e conterrâneo mato-grossense Apolônio de Carvalho[160]. No exí-

[160] Histórico dirigente Comunista no Brasil, participou da Guerra Civil Espanhola como expedicionário da Resistência Francesa ao Nazismo, Fundador do Partido dos Trabalhadores (PT).

lio, ele e eu tivemos conversas muito profundas sobre a realidade do Brasil. Outros políticos simpatizaram mais com o PSDB, talvez por causa de Mário Covas e de Fernando Henrique. Assim, o PCB dissolveu-se, e o PPS, Partido Popular Socialista, tentou sucedê-lo sem grande eficácia. Ao final, a esquerda, ao invés de se condensar num partido único, impôs naturalmente seu caráter multifacetado.

As peças do jogo político se moviam intensamente no cenário brasileiro; todos se preparavam para as eleições de 1982. Ainda em Paris, eu procurava me informar ao máximo sobre a realidade política no Brasil. Tinha contato com muita gente, com meus familiares, com conhecidos e, em especial, com o jornalista Antônio José de Moura[161], um grande amigo.

Quando cheguei a Goiás, em dezembro de 1979, já estava convencido de que naquele momento político da luta contra a ditadura militar, a candidatura de Iris Rezende a governador era a que mais somava forças políticas e eleitoral para vencer a próxima eleição. Santillo que lutava dentro do PMDB pela vaga de candidato a governador, não entendeu minha posição de apoiar Iris Rezende, acredito que o ex-governador Henrique Santillo ficou magoado comigo. Porém, sempre reconheci o importante papel de Santillo na luta contra a ditadura em Goiás e no Brasil.

Dentro do PMDB, reuni forças para a estruturação do Movimento de Mobilização Popular, que se constituiu, na época num eficiente instrumento ativador de ações políticas. Promovemos debates nas universidades, com estudantes, trabalhadores, intelectuais e políticos de um modo geral. Foi um incentivo para que surgissem projetos e ideias nem sempre

[161] Militante do Movimento Estudantil (M.E.), Ligas Camponesas, escritor goiano, jornalista.

condizentes com as diretrizes do PMDB, mas sempre bem aceitas. Alguns centros acadêmicos apresentaram filiação quase institucional ao movimento, assim como na UEE e outros órgãos estudantis, políticos e culturais. Também recebi o apoio do PCB de Goiás. O presidente do DCE nesse período era Ermilandes Dias Milão de Freitas[162], e faziam parte do conjunto nomes como Romilton Moraes[163], Benedito Torres Neto[164] e Pedro Célio[165]. Eu não pude deixar de me sentir em casa junto aos líderes do movimento estudantil. Era, afinal, minha origem e representava muito do meu passado. Em 1982, nasceu minha querida filha Luana Cristina, a primeira goiana entre meus filhos!

Deputado

Alguns personagens de primeira linha eram candidatos a vereador em Goiânia, tais como João Silva Neto[166], Sebastião Vieira de Melo[167], Paulo Villar[168] e outros. Fui candidato a deputado estadual enquanto Aldo Arantes se candidatava ao cargo federal. Muitos eleitores votavam em Aldo e em mim. Também tive um apoio fundamental e decisivo do então líder do PMDB,

---

[162] Advogado, participava do Movimento Estudantil (M.E.) do Partido Comunista Brasileiro (PCB), presidente do Diretório Acadêmico da Universidade Federal de Goiás.

[163] Engenheiro, ex-deputado estadual, participou do Movimento Estudantil (M.E.).

[164] Procurador de Justiça – Presidente da Associação Goiana de Procuradores de Justiça.

[165] Participação do Movimento Estudantil (M.E.), ligado ao Partido Comunista Brasileiro (PCB), cientista político e social, professor da Universidade Federal de Goiás (UFG).

[166] Advogado, ex-vereador de Goiânia, participou do Movimento Estudantil (M.E.), preso e perseguido durante a ditadura, ligado ao Partido Comunista Brasileiro (PCB).

[167] Jornalista, ex-vereador de Goiânia, secretário de comunicação do Tocantins, Partido Comunista Brasileiro (PCB).

[168] Ex-vereador em Goiânia, dirigente do Partido Comunista Brasileiro (PCB) em Goiás.

Derval de Paiva[169] e de seu irmão, prefeito da cidade de Goiás, Djalma de Paiva[170] e de Adélio Alves de Aguiar, futuro prefeito de Goiás. Um dia, Derval chegou até mim e, para minha surpresa, disse que me apoiaria com toda a estrutura disponível. Ele me afirmou ter a seu lado o contingente eleitoral de 11 cidades. Começamos o trabalho nesses municípios e os resultados foram fantásticos. Recebi votação expressiva na cidade de Goiás, em Mozarlândia, Britânia, Sanclerlândia e em Goiânia. Acredito que minha história de vida tenha ajudado muito a conquistar esse pleito. Prometemos durante a campanha, em caso de vitória, que lutaríamos pela volta simbólica da capital do estado, uma vez por ano, para a cidade de Goiás. Ato político e administrativo de iniciativa do governador Mauro Borges, que foi abandonado por governos do período ditatorial. Retomando a tradição iniciada por Mauro Borges, através de lei de minha autoria conseguimos essa realização. Todo ano acontece a festa importantíssima para a cidade e região.

Durante o mandato como deputado estadual, achei necessário fortalecer as alianças entre o polo contrário ao regime militar, do qual eu me originava, e aquele envolvido com o próprio regime. O então vice de Tancredo Neves era o futuro presidente José Sarney, que vinha da Arena. Conversei com alguns companheiros e cheguei à conclusão de que seria importante dar a Tancredo e a Sarney o título de cidadãos goianos. Ainda que não fosse muito chegado a essa coisa de títulos, talvez esse seria um gesto representativo de reconciliação. Para isso, precisava de certo número mínimo de assinaturas dentre os deputados. Consegui-las foi uma tarefa árdua. Quando procurei

---

169 Ex-deputado estadual e federal por Goiás e Tocantins, ativo combatente contra a ditadura em Goiás.

170 Ex-prefeito da Cidade de Goiás, membro de família de políticos que lutaram contra a ditadura em Goiás.

o deputado Ronaldo Jaime[171], ele se indignou comigo. Disse que muito se admirava do fato de que logo eu, com a minha trajetória de vida, estivesse disposto a apresentar essa honraria a José Sarney. Eu argumentei que, realmente, estava recolhendo assinaturas para isso, pois pensava que, naquelas circunstâncias, era o correto a se fazer. Nós precisávamos ampliar a aliança que garantiria a transição para a democracia – o tempo de exclusão, de discriminação e de isolamento já havia passado. Se nós rejeitássemos algum grupo porque suas ideias e posicionamentos políticos eram contrários ao nosso, não estaríamos incorrendo no mesmo erro da ditadura militar? Defendi essa aliança e, com muito esforço, consegui as assinaturas. Sarney pode ter o defeito que for, mas, como presidente, foi capaz de cumprir seu principal papel, conduzindo o país democraticamente e garantindo a realização da constituinte.

Nesse período, lembro-me de um fato engraçado que ocorreu entre mim e Irapuan Costa Júnior, ex-governador de Goiás na época da ditadura. Ele havia se filiado ao MDB e foi candidato a deputado federal, fizemos dobradinha em algumas cidades: ele, federal, e eu, estadual. Certa vez, nós subíamos a rua Sete, no centro de Goiânia, quando nos encontramos com um amigo meu, engenheiro agrônomo e militante radical de esquerda. Eu o cumprimentei e, quando apresentei Irapuan, o colega engenheiro rejeitou seus cumprimentos e saiu às pressas, rua abaixo, vociferando contra a ditadura e em prol do socialismo. A nós, atônitos, coube apenas rir da situação.

Na política democrática que começava a se reinstalar no país, acabei tomando algumas atitudes que talvez não tenham sido as mais corretas na busca por votos. Como já disse, apoiei

[171] Ex-deputado estadual, do grupo de autênticos do Partido do Movimento Democrático Brasileiro (PMDB) Goiano.

Iris Rezende e deixei Santillo insatisfeito comigo, visto que, desde o início, ele se aproximara de mim. Mas, em outro momento, nas eleições de 1986 Iris se ligou a Santillo, candidato eleito a governador e eu me mantive com Mauro Borges, candidato a governador derrotado por Santillo, gerando novo afastamento. Havia uma ligação muito grande entre Mauro Borges e Brizola, uma afinidade da qual eu compartilhava desde o exílio. Por isso, aproximei-me muito dos amigos de Brizola, como o ex-deputado Neiva Moreira, Paulo Schilling, o coronel Dagoberto Rodrigues e Carlos Araújo, entre outros. Quando Brizola se candidatou à presidência, nós o apoiamos e fundamos o PDT em Goiás. Foi por esse partido que terminei meu mandato de deputado federal em 1991.

Arquivo pessoal de Joaquina Ramos de Castro, mãe de Tarzan

O Popul

Goiânia — Domingo, 04 de Novembro de 1979

Foto Olivier Thomas

Tarzan de Castro continua em Paris, esperando solucionar a situação de sua mulher p

Tarzan quer voltar integrando o MDB

O ex-líder estudantil Tarzan de Castro disse em carta à direção do MDB goiano que se associará à luta do partido e que com esse objetivo cumprirá as tarefas que lhe forem designadas, dentro de uma disposição de atuar preferencialmente junto às bases do movimento. Morando na Avenida Pasteur, em Paris, juntamente com a mulher, a uruguaia Maria Cristina de Castro, e do filho de cinco anos, Gregório, Tarzan espera retornar brevemente ao País, para morar em Goiânia. Para isso, de-

O POPULAR, 4 DE NOVEMBRO DE 1979

Tarzan deve estar de volta até o fim do mês

O ex-líder estudantil Tarzan de Castro deverá estar de volta ao Brasil até o fim do mês, radicando-se, conforme desejo manifestado há tempos, em Goiânia, onde reside a maioria dos seus familiares. O retorno está agora definitivamente viabilizado: já foi publicado o ato do Presidente da República revogando o decreto que expulsara do Brasil a mulher de Tarzan, Cristina de Castro.

Com função pública e no magistério, em Paris, onde está exilado há alguns anos, Tarzan de Castro será recepcionado na sua volta pelo senador Henrique Santillo, pelos deputados federais Adhemar Santillo e Fernando Cunha, pelo vereador goianiense Vieira de Melo e pelos membros do Comitê Goiano pela Anistia. Foram essas as pessoas que mais se interessaram em ajudar o ex-líder estudantil durante o seu exílio.

REVOGAÇÃO

Foi publicado no Diário Oficial da União do último dia 30 o ato do Presidente da República revogando, com base no Processo nº 16.548, de 1971, do Ministério da Justiça, o decreto de 5 de outubro de 1971, publicado no Diário Oficial da União do dia seguinte, que determinou a expulsão do país de Maria Cristina de Castro. Àquela época solteira, e assinando Maria Cristina Urlenghi Rissi, a mulher de Tarzan de Castro estava então radicada em São Paulo. Ela é uruguaia, de Montevidéu, e tem 33 anos.

Segundo reiterou em vários pronunciamentos, Tarzan aguardava apenas a regularização da situação de sua mulher em face às leis brasileiras para retornar ao país. Vive atualmente num apartamento na Avenida Pasteur, em Paris, juntamente com Maria Cristina e o filho Gregório, de cinco anos. Sua intenção é voltar o quanto antes e, segundo carta que encaminhou recentemente à direção do MDB, engajar-se na luta do partido da Oposição. Quando de sua passagem pela Europa, recentemente, o deputado Adhemar Santillo esteve com Tarzan de Castro em Paris e soube de viva voz dessa intenção do ex-líder estudantil.

Goiano de Jataí, Tarzan de Castro está atualmente com 41 anos, tendo feito, na França, cursos de história econômica, matéria que atualmente leciona em escolas francesas. O Comitê Goiano pela Anistia já há algum tempo vem adotando providências relacionadas ao seu retorno e à sua adaptação no Brasil e em Goiás. O retorno agora está sendo esperado para até o fim do mês.

O POPULAR, 7 DE NOVEMBRO DE 1979

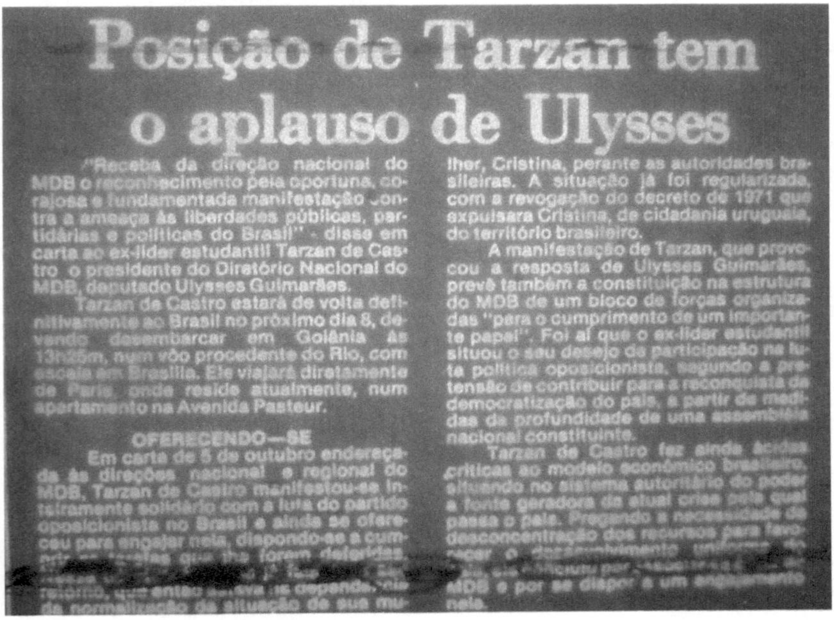

Posição de Tarzan tem o aplauso de Ulysses

"Receba da direção nacional do MDB o reconhecimento pela oportuna, corajosa e fundamentada manifestação contra a ameaça às liberdades públicas, partidárias e políticas do Brasil" - disse em carta ao ex-líder estudantil Tarzan de Castro o presidente do Diretório Nacional do MDB, deputado Ulysses Guimarães.

Tarzan de Castro estará de volta definitivamente ao Brasil no próximo dia 8, devendo desembarcar em Goiânia às 13h25m, num vôo procedente do Rio, com escala em Brasília. Ele viajará diretamente de Paris, onde reside atualmente, num apartamento na Avenida Pasteur.

OFERECENDO—SE

Em carta de 5 de outubro endereçada às direções nacional e regional do MDB, Tarzan de Castro manifestou-se inteiramente solidário com a luta do partido oposicionista no Brasil e ainda se ofereceu para engajar nela, dispondo-se a cumprir as tarefas que lhe forem deferidas. [illegible] retorno, que então [illegible] dependência da normalização da situação de sua mulher, Cristina, perante as autoridades brasileiras. A situação já foi regularizada, com a revogação do decreto de 1971 que expulsara Cristina, de cidadania uruguaia, do território brasileiro.

A manifestação de Tarzan, que provocou a resposta de Ulysses Guimarães, prevê também a constituição na estrutura do MDB de um bloco de forças organizadas "para o cumprimento de um importante papel". Foi aí que o ex-líder estudantil situou o seu desejo de participação na luta política oposicionista, segundo a pretensão de contribuir para a reconquista da democratização do país, a partir de medidas da profundidade de uma assembléia nacional constituinte.

Tarzan de Castro fez ainda ácidas críticas ao modelo econômico brasileiro, situando no sistema autoritário do poder a fonte geradora da atual crise pela qual passa o país. Pregando a necessidade da desconcentração dos recursos para favorecer o desenvolvimento [illegible] [illegible] MDB e por se dispor a um engajamento nela.

O POPULAR, 29 DE NOVEMBRO DE 1979

Arquivo pessoal de Tarzan de Castro

O abraço da volta na mãe saudosa.

Exilado goiano volta e diz que vai lutar

Beneficiado pela lei da anistia, desembarcou ontem no Aeroporto Santa Genoveva, o ex-líder estudantil Tarzan de Castro, que ultimamente residia em Paris. Um grande número de políticos da oposição, estudantes, amigos e parentes estavam presentes no saguão do aeroporto, para abraçar e homenagear o ex-presidente da UGES e UBES. Um dos momentos de maior emoção foi quando abraçou a sua mãe, sra. Joaquina de Castro, ao descer do avião. Ao se dirigir aos presentes, Tarzan de Castro destacou que "venho para continuar a luta pelas liberdades democráticas e para por fim à ditadura existente no país". Afirmou que "admite divergências dentro das oposições existentes, mas que elas devem manter-se unidas, com o propósito de lutar para acabar com o arbítrio". O senador Henrique Santillo fez a saudação a Tarzan de Castro, considerando que "esta é uma recepção da liberdade". Adiantou que "com a chegada de Tarzan, é mais um brasileiro que acorda. É mais um companheiro para ajudar-nos nesta busca por um panorama econômico-sócio-Institucional que realmente esteja interessado em resolver a situação do povo brasileiro". Tarzan de Castro, ao sair preso de Goiânia, em 64, esteve no Rio de Janeiro, Montevidéu, Santiago e Paris.

(Pág. 3)

FOLHA DE GOIAZ, 9 DE DEZEMBRO DE 1979

Tarzan volta do exílio e já busca engajamento político

REFORMA PARTIDARIA

BANDEIRAS DA OPOSIÇÃO

O POPULAR, 9 DE DEZEMBRO DE 1979

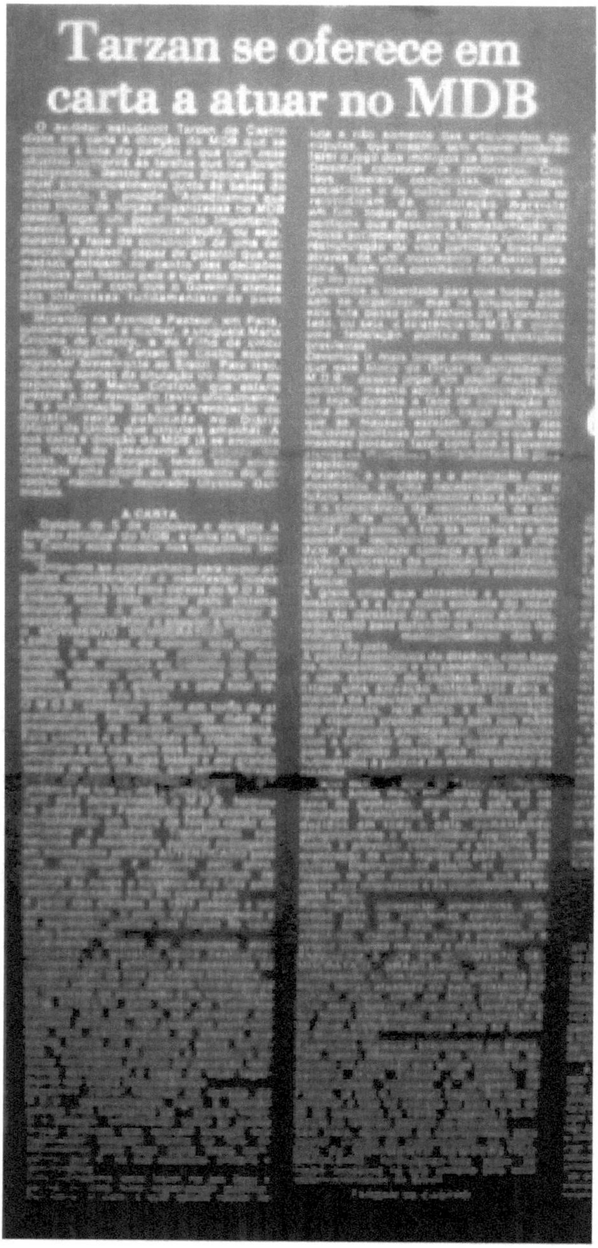

Tarzan se oferece em carta a atuar no MDB

O POPULAR, DEZEMBRO DE 1979

Tarzan volta do exílio e se integra ao PMDB

lo, Tarzan pediu ainda pelos desaparecidos, citando especificamente um seu antigo colega de Liceu, Paulo de Tarso Celestino. No DCE, onde foi recepcionado pelas lideranças estudantis locais, Tarzan falou à imprensa, quando pregou a necessidade de uma união das oposições. Institucionalmente, localizou no socialismo a única saída a ser eficaz para os problemas atualmente enfrentados pelo país.

PÁGINA 3

O POPULAR, 9 DE DEZEMBRO DE 1979

...conjugados com a medida do
...a, os formandos alugaram o salão
... Clube, por 40 mil

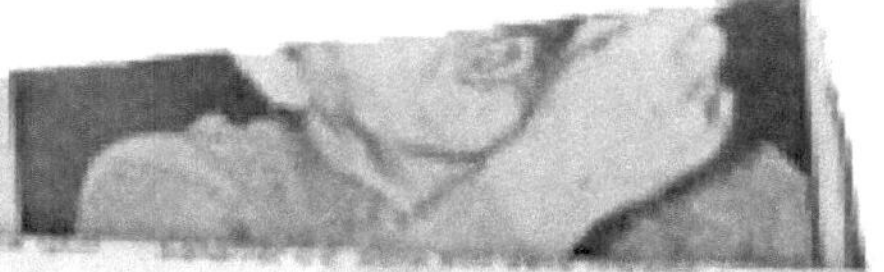

Tarzan retornou sábado a Goiânia

O ex-líder estudantil goiano Tarzan de Castro, beneficiado recentemente pela lei da anistia, e que residiu em Paris durante os últimos anos, chegou a Goiânia às primeiras horas da tarde de sábado, sendo recebido no aeroporto Santa Genoveva por familiares, amigos e políticos. Ele veio com a esposa, Cristina, de nacionalidade uruguaia, e o filho Gregório, de 5 anos. [illegible] ...ária" e de "**o povo unido, jamais será vencido**".

Num rápido improviso, declarou-se "muito contente em reencontrar os amigos e também por encontrar uma oposição firme na luta pela democracia plena". Disse que "a vitória parcial na luta pela anistia, devemos creditá-la ao povo brasileiro, este sim, o verdadeiro herói".

Tarzan de Castro foi saudado pelo senador Henrique Santillo, para quem a sua chegada "é o retorno de mais um brasileiro ilustre, de um irmão expulso há tantos anos, num período negro da História deste país".

Santillo disse mais que "a luta continua, até que tenhamos a derrocada final deste regime selvagem, responsável pela morte de milhões de criancinhas e por tantas outras amarguras que tem sofrido o nosso povo".

Tarzan declarou que fixará residência em Goiânia e ingressará imediatamente na atividade política.

Tarzan: na chegada, o abraço da mãe

Jornal Folha de Goiás
Dia 10/12/79

FOLHA DE GOIAZ, 10 DE DEZEMBRO DE 1979

Deputados Estaduais

Deputados Estaduais - PMDB

1. Daniel Antonio de Oliveira	58.943
2. Moisés Abraão	49.561
3. João Natal de Almeida	27.129
4. Aparecido Antônio de Paula	26.759
5. Radivair Miranda Machado	25.925
6. Frederico Jayme	25.224
7. Romualdo Santillo	25.051
8. Valter Pereira Melo	24.617
9. Luiz Alberto Vilella	24.285
10. José Elias Fernandes	23.074
11. Francisco de Freitas Castro	22.522
12. Walter José Rodrigues	22.324
13. Juarez Magalhães de Almeida	22.277
14. Divino Nogueira Vargas	20.890
15. Ivan Orneles	20.802
16. Milton Alves Ferreira	20.267
17. José Edmar Brito Miranda	19.026
18. Wagner Guimarães Nascimento	18.723
19. Tarzan de Castro	18.704
20. Victor Ricardo de Araújo	18.354
21. José Antônio T. Cavalcanti	18.024
22. Eurico Barbosa dos Santos	17.995
23. Ângelo Rosa Ribeiro	16.403
24. Mauro Campos Melo	16.084
25. Manoel de Oliveira Mota	15.889
26. Hagaus Araújo e Silva	14.921
27. Ronaldo Jayme	13.731

Suplentes

1. Francisco M. Japiassu	12.603
2. Idelfonso Avelar	12.516
3. Paulo Silva	12.410
4. Linio de Paiva	12.256
5. Haroldo Duarte	12.248

O POPULAR, DEZEMBRO DE 1979

Tempo de parar

Na eleição presidencial de 1989, apoiamos a candidatura do Brizola no primeiro turno e, quando ele perdeu, ficamos ao lado de Lula no segundo. A partir desse momento, porém, decidi parar com as minhas próprias disputas eleitorais. A primeira a saber da decisão foi minha mãe. Eu lhe expliquei que não iria me candidatar a mais nada, pois cometia muitos erros políticos e eleitorais e não tinha paciência para pedir votos. Tive muita dificuldade nesses quesitos e apresentei também falta de competência e de apetência nas disputas eleitorais. Poderia dizer, figurativamente, que "o povo ordenou que eu parasse". Minha mãe questionou essa atitude, pois sabia que, desde pequeno, eu gostava de política. Mas eu lhe expliquei que não abandonava a política, apenas a corrida política, a busca por cargos e votos.

Corria o ano de 1991; atrás de meus passos, o caminho havia sido tortuoso, longo, cheio de vitórias e derrotas, inacreditável e, ao mesmo tempo, muito humano. A consciência que havia adquirido sobre a importância da Democracia, de um processo democrático que aprofunde as conquistas da sociedade como um todo, e dos trabalhadores em especial, era fundamental para ser empregada no Brasil. Até hoje essa consciência é minha principal bandeira de luta para transformarmos a sociedade brasileira. Sei muito bem que o movimento democrático continua, ora em ascensão, ora em queda – é um processo contínuo, infinito. Vai transpor minha vida e a vida da minha geração. Creio que tal processo deve fazer com que a sociedade brasileira se organize e se politize até atingir um nível de consciência e organização suficiente para lutar pelos direitos de inclusão da maioria. Essa concepção, democracia e socialismo evoluiu em mim durante toda a minha trajetória, encontrando sua consolidação definitiva na França.

Hoje, estou convencido de que a luta pelo socialismo passa por essa estrada. Esse é o caminho nos países mais industrializados, principalmente onde o capitalismo já atingiu determinado estágio de desenvolvimento material, ciência e tecnologia, assim como o planejamento político para uma outra fase do desenvolvimento humano. É imprescindível buscar uma alternativa de construção do socialismo.

Hoje acredito que a Democracia é um valor universal permanente a maior conquista da sociedade brasileira, base para o desenvolvimento social e também base para a construção de sociedades inclusivas: o socialismo democrático.

Arquivo pessoal de Tarzan de Castro

POLÍTICA

casa, mas não gabinetes

fre público é aberto. s existem fatos inte- tes contados por Pa- Entre eles a de boia- e capatazes de fa- s de deputados que ontratados como se- ios sem nunca terem sequer uma máquina rever. Eles recebem âmara dinheiro arre- o por impostos, e vão zir unicamente para r privado da econo- São casos de fraude cidos por todos, mas ão podem ser punidos, não existe nenhuma bibindo o desvio do di-).

exceção, todos os mentares utilizam es- rba para pagamento cionários em seus es- de origem. É um fato al. Talvez discutível. Padilha, quem sai ndo é o próprio brasi- , que tem seu merca- trabalho prejudicado. s chegam às raias do ero. Conta Padilha, uma escola em Forta- todos os funcionários em pela Câmara.

m também a história n deputado do Espírito que contratou um etário-vaqueiro por ro mil cruzados (salá- lto para a época). O mentar capixaba fi- com Cz$ 3,8 milhões e ssava apenas o restan- ara seu peão. Isso du- até o dia em que o va- ro resolveu receber oalmente em Brasília scobriu o **porém**. Tudo por isso mesmo.

diferente

em ainda os escritórios membros da Mesa. O idente (Ulysses Gui- rães) ocupa o maior e s bem equipado. São as as portas, entradas idas, que um leigo se de facilmente. Afinal as ndes decis-oes aconte- ali. Se o assunto for s ameno e específico, o conseguir um núme- maior de passagens aé- s, o caminho mais curto que leva direto ao gabi- do terceiro secretário. se o deputado estiver rendo devolver ou ad- rir um apartamento cional, deverá dirigir-se uarto secretário.

omo os líderes, os mem- s da Mesa também pos-

JÚLIO ALCÂNTARA

O novato Tarzan de Castro (PDC) não sabe ainda onde vai poder se fixar

Auxílio-moradia acaba no hotel

O déficit de apartamentos funcionais, que a Câmara dos Deputados enfrenta desde a instalação da Assembléia Nacional Constituinte, vai aumentar em 15 de fevereiro com a chegada de mais oito deputados eleitos pelo novo Estado do Tocantins. Da mesma forma que os quase 90 parlamentares que desde fevereiro de 1987 se hospedam em hotéis ou dividem imóveis

déficit paga auxílio-moradia suficiente até para o aluguel de um apartamento de quatro quartos no Plano Piloto.

Muitos dos parlamentares, no entanto, preferem **morar** em hotéis, onde encontram todos os serviços que precisariam contratar para um apartamento. Os próprios gerentes dos estabelecimentos reconhecem que a hospedagem é a for-

tratégia de **marketing** buscou justamente este déficit de imóveis para lançar o pacote especial que custa menos que o auxílio-moradia.

"Depois de algumas **continhas**", diz Bruno, "foi possível chegar a 48 MVR como um preço razoável para o serviço que oferecemos". Por este valor, os deputados e assessores que optarem por morar em um

Arquivo pessoal de Tarzan de Castro

asil JORNAL DO BRASIL

Câmara tem mais um ex-guerrilheiro

Tarzan de Castro assume cadeira de Siqueira Campos

Brasília — Gilberto Alves

Tarzan: ainda hoje, "um democrata radical"

BRASÍLIA — A Câmara dos Deputados ganha mais um ex-guerrilheiro. Depois do deputado José Genoíno (PT-SP), que na década de 70 militava no PC do B e participou da frustrada tentativa de criar um foco de guerrilha na região do Rio Araguaia, sul do Pará, agora é a vez do suplente de deputado Tarzan de Castro (PDC), que assumirá a vaga de Siqueira Campos, eleito governador do novo estado de Tocantins.

"Continuo um democrata radical", diz Tarzan. "Estou no PDC por contingências puramente eleitorais." Ele garante que se tivesse participado da Constituinte, votaria a favor da redução do mandato do presidente José Sarney para quatro anos, do parlamentarismo, de uma "reforma agrária sem limites", do direito irrestrito de greve e do tabelamento dos juros em 12%.

Na casa dos 40 anos, Tarzan tornou-se um empresário agroindustrial e deixou o que ele chama de "visão altamente esquerdista" que o levou a organizar, antes de 1964, um primeiro foco de guerrilha em Dianópolis, divisa de Goiás com a Bahia. Ele era oficial de gabinete do então governador Mauro Borges e foi preso após o golpe de 1964.

Libertado por um habeas corpus, mergulhou na clandestinidade e passou um ano na República Popular da China. Voltou ao Brasil e foi preso novamente em 1967, na cidade de São José do Rio Preto (SP). Levado para a fortaleza de Laje, no Rio, conseguiu fugir e asilou-se na Tarzan voltou de novo ao Brasil em 1970, já então ligado à Ala Vermelha do PC do B. Preso em Pernambuco, cumpriu várias condenações até se exilar no Chile em 1973. Após o golpe do general Augusto Pinochet, ficou preso durante três meses no Estádio Nacional. Libertado, foi para a França.

Tarzan só voltou ao Brasil em 1980, depois da anistia. Em 1982, elegeu-se deputado estadual em Goiás, pelo PMDB.

Posse de suplente renova Congresso

BRASÍLIA — Um ex-guerrilheiro, um antigo vice-prefeito do Recife, uma recém-eleita vereadora em Cachoeiro do Itapemirim, um usineiro e um empresário que representa o Brasil na Organização Internacional do Trabalho são alguns dos suplentes de deputados federais e senadores que assumirão os mandatos dos titulares, que elegeram-se prefeitos no último dia 15. Dos novos parlamentares, alguns são veteranos em política, como Doutel de Andrade (PDT-RJ), que foi líder do PTB antes de 1964 e vice-governador de Santa Catarina.

Com os resultados das eleições, mais suplentes poderão assumir seus mandatos, já que alguns deputados deverão ser nomeados secretários municipais. Assim, o deputado Roberto D'Ávila (PDT-RJ), eleito vice-prefeito do Rio, poderá ocupar também um cargo no secretariado de Marcello Alencar. Nesse caso, seu substituto será o coronel-aviador reformado Sérgio Ribeiro Miranda de Carvalho, também do PDT. Esse suplente é o famoso capitão Sérgio *Macaco*, que se notabilizou, em 1968, quando servia no Parasar, ao se recusar a explodir o gasômetro de São Cristóvão, desobedecendo ordem do brigadeiro João Paulo Burnier.

Novos nomes — São os

João Lyra — Assume o Senado na vaga de Guilherme Palmeira (PFL-AL), eleito prefeito de Maceió.

Eurico Ribeiro (PDS-MA) — Político tradicional do Maranhão que já exerceu o mandato de deputado federal em cinco legislaturas. Antigo malufista.

Manoel Domingos (PC do B-PI) — Assume a cadeira de Heráclito Fortes (PMDB-PI), eleito prefeito de Teresina.

Marcos Formiga (PFL-RN) — Ganha no entanto a cadeira da deputada Vilma Maia (PDT-RN) que venceu as eleições. Centrista.

Francisco Rolim (PMDB-PB) — Substitui o mais jovem deputado do Congresso, Cássio Cunha Lima, eleito prefeito de Campina Grande.

Horácio Ferraz (PFL-PE) — Ganha a cadeira do deputado Joaquim Francisco, eleito prefeito de Recife.

Oswaldo Lima Filho (PMDB-PE) — Entra na vaga de Geraldo Melo, eleito prefeito de Jaboatão.

Arthur Lima Cavalcante (PDT-PE) — Já foi vice-prefeito de Recife. Ganha a cadeira com a eleição de Luiz Freire para a Prefeitura de Olinda.

Murilo Leite (PMDB-BA) — É

Jones Santos Neves (PMDB-ES) — Grande empresário e representante do Brasil na OIT.

Maria de Lourdes Savignon (PT-ES) — Ganha a cadeira de vitor Buaiz, eleito prefeito de Vitória.

Doutel de Andrade (PDT-RJ) — Vice-presidente nacional do PDT. Assume a cadeira de Noel Carvalho, eleito prefeito de Resende.

José Mendonça (PMDB-MG) — Ainda não decidiu se assume a cadeira de Pimenta da Veiga (PSDB-MG), eleito prefeito de Belo Horizonte.

Ibrahim Abi-ackel (PDS-MG) — Entra na vaga de Virgílio Galassi, eleito prefeito de Uberlândia.

Leonel Julio (PTB-SP) — Entra na vaga de Joaqum Bevilaqua, eleito prefeito de São José dos Campos.

Aristides Cunha (PSC-SP) — Entra na vaga de Francisco Rossi, eleito prefeito de Osasco.

Tarso Genro (PT-RS) — Assume a cadeira do prefeito eleito dessa cidade, Olivio Dutra.

Juarez Batista (PSDB-MS) — Progressista, fica com a cadeira de Farah Gattas.

Jayme Mendonça (PDT-RJ) — Ganha a vaga de Juarez Antunes, eleito prefeito de Volta Redonda.

Tarzan de Castro (PDC-GO) — Tentou implantar um movimento guerrilheiro em Goiás, em 1964. Ga-

Arquivo pessoal de Tarzan de Castro

COMÍCIO POLÍTICO ELEITORAL - FERNANDO CUNHA, ONOFRE QUINAN, VALTERLI GUEDES E IRIS RESENDE

CAMPANHA POLÍTICA. CANDIDATO A DEPUTADO FEDERAL PELO PDT

REUNIÃO NO SETOR PERIM, EM COMPANHIA DO ATUAL VEREADOR IZÍDIO ALVES

Arquivo pessoal de Tarzan de Castro

CÂMARA DOS DEPUTADOS, BRASÍLIA

Arquivo pessoal de Tarzan de Castro

COMÍCIO POLÍTICO, CIDADE DE GOIÁS - CONCEIÇÃO GAYER, VILMAR ROCHA, MAURO BORGES, TARZAN DE CASTRO, MOISÉS ABRÃO, DERVAL E DJALMA DE PAIVA.

Arquivo pessoal de Tarzan de Castro

UNIÃO GOIANA DOS ESTUDANTES SECUNDARISTAS – UGES – RECEBE DO GOVERNADOR FELICIANO A GESTÃO DA SEDE ESTUDANTIL SITUADA NO LAGO DAS ROSAS EM GOIÂNIA. NA FOTO DA ESQUERDA PARA À DIREITA: MARCOS LAVERAN, ELIEZER PENNA, LUÍS DE CARVALHO, PERICLES JOSÉ DE MOURA, TARZAN DE CASTRO, DEP. CRISTOVAM DO ESPÍRITO SANTO, GOVERNADOR JOSÉ FELICIANO E WILSON RIBEIRO BORGES

Arquivo pessoal de Tarzan de Castro

ENTREGA DAS OBRAS SANTA HELENA - PREFEITO GERCINO PARREIRA E OSMAR CABRAL

Arquivo pessoal de Tarzan de Castro

TARZAN COM LEONEL BRIZOLA - 1989, BRASÍLIA - DF

Arquivo pessoal de Tarzan de Castro

TARZAN, GERALDA DE CASTRO E FILHOS: OTÁVIO E MURILLO

O rio do passado

O verso de minha mãe dizia: *"No arrojo e no rebojo do Arrojado, volto à minha infância a nado"*. Ela fazia referência ao Arrojado, o rio de sua infância, que corre próximo à cidade de Correntina, na Bahia. Penso que todos têm um rio na vida, e quem não tem deveria ter. Um rio de onde se veio e para onde se deseja voltar – um curso de água e de existência. O rio Araguaia é o meu rio. Em mim, ele é maior que o oceano Atlântico, mais belo que o Sena e que o rio Amarelo, mais fundo que o mais profundo abismo dos Andes. Ele é a ilha da qual eu não quero fugir, a prisão à qual eu sempre me entregarei.

Separado de um casamento que durou mais de uma década, fiz uma profunda reflexão sobre o tema e concluí que não me casaria outra vez, ou pelo menos ficaria uma longa temporada vivendo só. Por isso, precisei retornar ao Araguaia – e sentir a minha infância viva novamente. Junto com os amigos Cristiano Teixeira[172] e Urbano Maurício Alves da Costa[173], planejei uma viagem de lazer a Aruanã, cidade às margens do rio Araguaia. Combinamos que, feito garotos, iríamos nos divertir, pescar, banhar, comer, beber, sem pensar em mulheres, em compromissos, em preocupações.

[172] Militante do Movimento Estudantil (M.E.), advogado, ligado à Política Operária (POLOP).

[173] Médico, filho do ex-deputado do Partido Comunista Brasileiro (PCB) de Goiás Maurício Alves da Costa.

E lá estávamos nós! Três amigos de mãos calejadas e barbas cheias, mas capazes de pôr os pés na areia e sentir o frio das águas do Araguaia. No transcurso do hotel até a praia, vimos passar três jovens moças que nos chamaram a atenção. Mas e aquela história de nada de mulheres, de namoricos, de compromissos? Bom, poucas decisões poderiam se contrapor a um par exuberante de olhos verdes! Convocamos o Urbano, mais afoito e comunicativo, para a missão de possibilitar contato com as três beldades. A expectativa foi enorme, e a aproximação não foi fácil. Com muito tato e lábia, conseguimos marcar um encontro para mais tarde. Eu fixei meu interesse e meus esforços na moça dos olhos verdes, Geralda, de nome e personalidade fortes. De início, não senti nenhum entusiasmo da parte dela, mas não desisti. No outro dia, passeamos de barco no rio e notei que Geralda estava mais acessível. Tudo foi se tornando maravilhoso. Ao final do passeio, ficamos em uma praia deserta. A paisagem era linda, o fim de tarde descia aveludado sobre o Araguaia, o ruído musical das águas e das aves enchia o ar. Ali fizemos nosso primeiro amor, que é para sempre.

Faz mais de três décadas que estamos juntos, vivendo o grande amor do Araguaia. Casados, temos dois filhos bem feitos e bem-amados: o Murillo e o Otávio. São frutos de tantos anos de convivência, amor e companheirismo do casal amante de Aruanã. Ao longo do tempo, voltamos várias vezes ao Araguaia, sempre acompanhados de bons amigos e amigas, como Sebastião Tavares, Olga Jaime Perillo, Mauro Morais, Magda Mofatto, Luiz Caldas, João Rodrigues (Cocá), Zanderlan Campos, José Aurélio, Fernandinho Roriz, Ariana Guimarães, Marcia Elizabeth, Fernando Cunha Júnior, Leonidas de Lima Neto (Liminha), entre outros. Eita saudade do bar do Elpídio! E a vida, como o rio Araguaia, segue seu curso, fazendo das águas que passaram as águas que virão. Acredito no Brasil e no povo brasileiro.

Olhando o Futuro

Desafio para as próximas gerações

Não tenho mágoas, não carrego rancores, sinto apenas que vivo uma eternidade. Foi no exílio que tive o tempo para refletir sobre o Brasil, país que está cravado em meu peito.

Aprendi muito no exílio, principalmente na Europa. Os operários e camponeses dos principais países da região haviam conquistado ganhos significativos. O desnível social e a pobreza, tal como a conhecemos no Brasil, tinha desaparecido e dado lugar a uma classe de trabalhadores, com garantias sociais e econômicas. Saúde pública, educação pública, transporte público de qualidade, salário e aposentadoria digna. Tudo isso, dentro de um sistema político plural e democrático.

Eu tinha avançado na minha concepção de homem de esquerda. Já não pensava da mesma maneira, o sistema democrático nos dava uma dimensão de que democracia e justiça social era uma mesma unidade. Eu via o Brasil como sendo uma imensa matéria-prima a ser trabalhada como sociedade, como política, como cultura, como história no sentido de aprofundar a luta democrática, de transformar o Brasil definitivamente em um país desenvolvido e democrático. Eu vejo que isso, pouco a pouco, está acontecendo.

Ainda sob o governo militar, o movimento pelas Diretas Já foi um grande acontecimento que mobilizou todo o país. A eleição com voto direto para governadores foi uma conquista importante. A eleição de Tancredo Neves, mesmo que por um colégio eleitoral, foi um avanço. Por uma fatalidade da vida, Tancredo morre antes de tomar posse. Foi uma comoção nacional. Assume o seu vice José Sarney que, pela pressão do ambiente político de abertura da época, assumiu o compromisso de realizar uma Constituinte. A construção e promulgação da Constituinte de 1988 foi o coroar de mudanças que haviam iniciado, ainda, no fim da ditadura. Foi um longo caminho percorrido pela resistência à ditadura.

A sociedade brasileira como um todo fez a opção pela redemocratização do país e pelo aprofundamento das conquistas democráticas. Ou seja, tanto no campo político, como no campo social e cultural. A abertura das universidades, o respeito a sua autonomia, a criação de novas carreiras universitárias, novas instituições, escolas de formação técnica que atendia também a demanda do capitalismo brasileiro que precisava de mão de obra mais qualificada, investimento em ciência e tecnologia. Nesses últimos 20 anos, houve várias conquistas sociais e democráticas. Ainda temos muito pela frente, é o desafio que as próximas gerações de políticos devem enfrentar com dignidade. Muita coisa tem que ser feita para combater a desigualdade ainda muito grande.

Pequenas e grandes reformas

Políticos e eleitores parecem caminhar em sentido contrário. Esse modelo de representação, desde o vereador, deputado estadual, federal e senador está fragilizado para não dizer desconectado. Não há sintonia entre o eleitor e seu representante. O cidadão vota e, depois, esquece em quem votou, porque o político não o representa realmente. Temos que refletir a causa dessa distância e separação. Ela tem que ser equacionada e resolvida. Necessitamos de uma reforma que traga a política para o mundo real, para a política que expresse o poder e a representação popular, a representação do cidadão, dos diversos setores da sociedade que votam e que esperam dos eleitos uma resposta. A sociedade necessita repensar o atual modelo de representação democrática. Por que esse fenômeno de distanciamento, indiferença e certa mágoa, do cidadão com a política tradicional?

Sei que não é um fenômeno apenas brasileiro. Está acontecendo em várias partes do mundo. Sentimos isso, vemos essa realidade pelo mundo afora. Na Europa, nos Estados Unidos, na América Latina e África, a abstenção tem aumentado, governos são eleitos com minorias do universo de votantes. Tudo indica que essa questão da representação é universal. Infelizmente, a nossa democracia é embrionária. Isso é perigoso para nossas instituições, que ainda estão em processo de consolidação. Chegamos a um ponto de descontentamento generalizado. Isso pode afetar as nossas instituições democráticas.

Quando falamos em reformas, também, estamos considerando outros setores da sociedade que necessitam responder aos anseios dos cidadãos. Projetos de reformas tornam-se vitais. A reforma do Judiciário é urgente. O acesso dos cidadãos aos serviços do Estado é a base fundamental da construção da cidadania. Não pode continuar havendo essa separação abissal entre cidadãos e os serviços do judiciário. Serviços que devem ser oferecidos aos mais necessitados e desprotegidos. Infelizmente, hoje, as pessoas mais abonadas têm muito mais chance de serem absolvidas em tribunal. Um bom advogado pode resolver. Espero nunca perder a capacidade de sonhar e manter a esperança de um dia ver o Brasil desenvolvido, plural, justo socialmente, sem preconceitos racistas, homofóbicos, machistas e religiosos.

Sou natural do interior e conheço bem as necessidades dos municípios brasileiros. Percorri durante anos o Brasil, e pude constatar as dificuldades da maioria das prefeituras terem as mínimas condições de investimento em infraestrutura, saúde, educação e segurança. São poucos os municípios no Brasil que são autossustentáveis. Os municípios vivem na penúria e com pires na mão. Se quisermos construir uma verdadeira democracia, temos de pensar em uma reforma tributária ou talvez federativa que dê aos municípios as condições básicas de investimento. Os municípios é que cuidam do dia a dia da população. É no município que as pessoas constroem a sua vida, interagem cultural e socialmente. É na comunidade local que construímos a nossa formação cidadã.

A burocracia brasileira em geral é pesada, cara e pouco produtiva. Uma reforma administrativa deve ser pensada a longo prazo. Não podemos ficar à mercê de decisões de cada governante de plantão. A reforma administrativa é uma questão de estado. Ainda estamos na época em que cada prefeito, governador ou presidente que inaugura o seu mandato, cria, recria, ou desfaz a estrutura das prefeituras, dos governos estaduais ou do Executivo nacional. Devemos pensar a longo prazo nas carreiras de Estado. Deveríamos ter uma planta básica do organograma funcional dos municípios, dos Estados e do Executivo nacional. Gestão pública é, hoje, um ramo das ciências sociais. Estrutura funcional, boa gestão e produtividade são os ingredientes básicos para a construção de uma reforma administrativa.

Em forma de conclusão, desejo que as novas gerações de cidadãos, políticos e gestores brasileiros controlem a corrupção, essa chaga que se perpetua na história social e política brasileira. Os novos tempos exigem que as instituições do nosso país façam o que for necessário para colocar a corrupção sob o controle. Para isso, necessitamos de uma sociedade civil forte, participante e ciosa dos seus direitos de cidadãos.

Olho para trás para aprender com as experiências vividas. Olho para frente acreditando no futuro.

De novo na estrada, os meus olhos contemplam o cerrado e suas diversas paisagens. Vou com a família em direção à Bahia. Vamos em busca do mar, das ondas, do pôr do sol. De longe, aprecio aquele marzão, azul, verde. Sei lá de quantas cores, sinto uma brisa que me toma por inteiro. Sinto o Brasil tão grande como o seu futuro universal e democrático.

GALERIA DE FOTOS

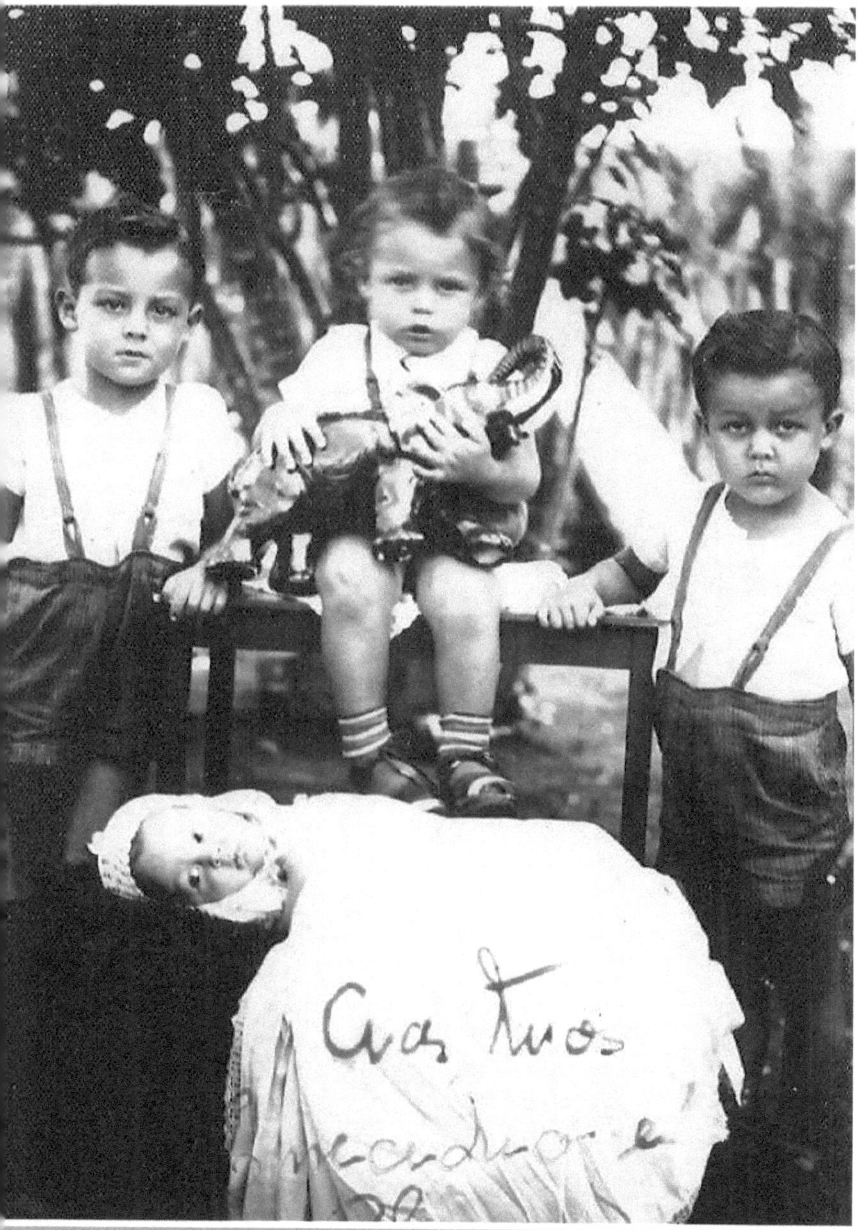

ARAGUAIA, 1943 - TARZAN, DARLAN, ERLAN E ERLANI

ALTO ARAGUAIA, 1943 - COM O PRIMO SILVIO MAIA

NIA, 1958 - REPÚBLICA ESTUDANTIL, COM AMIGOS DE JATAÍ - EVA XAVIER, JOÃO BARBOSA GARCIA,
R DE ASSIS E TARZAN DE CASTRO

TARZAN NO EXÍLIO EM PARIS, EM 1976

Arquivo pessoal de Tarzan de Castro

TORRE EIFEL

ARCO DO TRIUNFO

PEUGEOT
LIBRE SERVICE
SOLEXINE
VELOSOLEX
COLNAGO

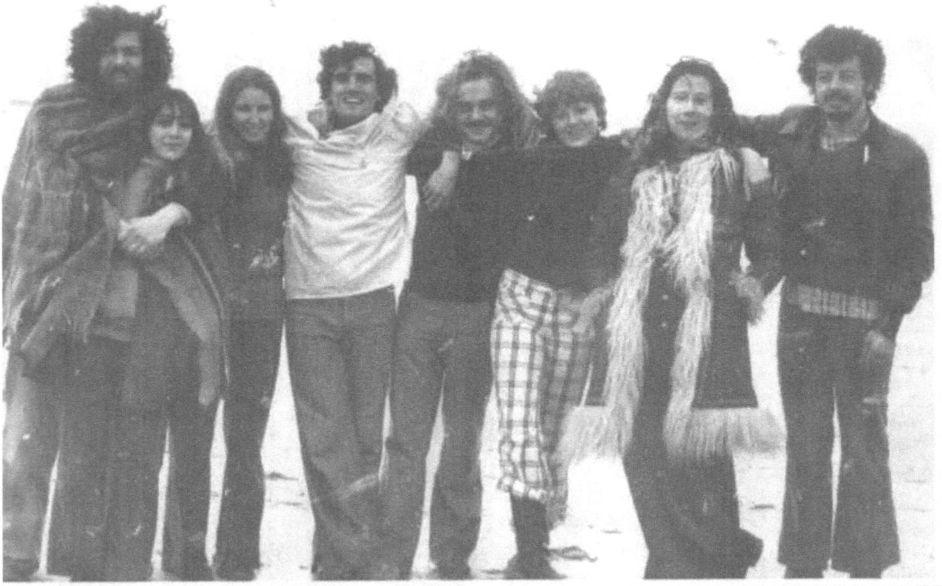

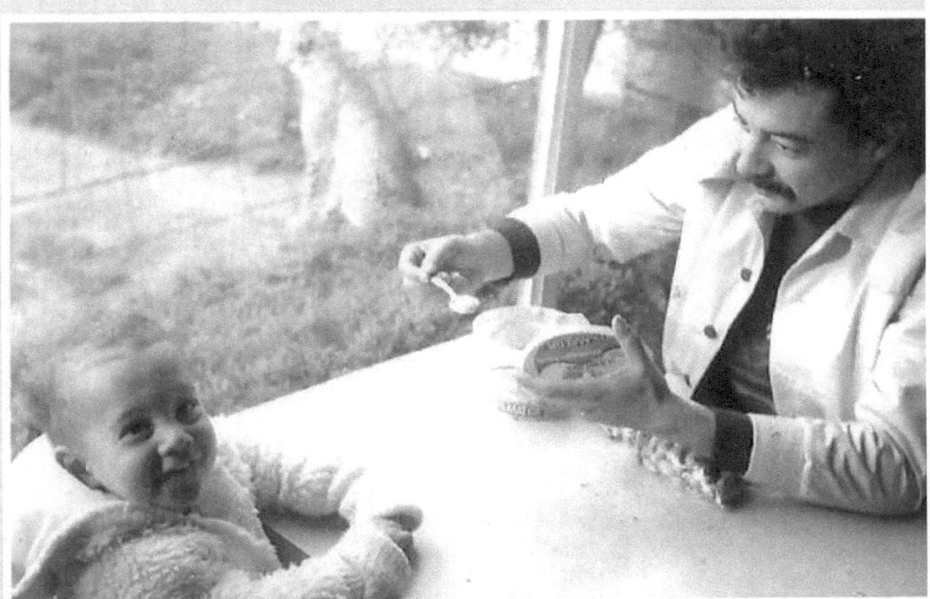

TARZAN COM O FILHO GREGÓRIO

TARZAN COM O
FILHO GREGÓRIO
DENTRO DA CESTA

Foto de Joanna Barreira

TARZAN DE CASTRO E GERALDA, COM OS FILHOS: MURILLO, GREGÓRIO, LUANA, OTÁVIO, SILVANA; O NETO GUILHERME E O GENRO ÁTILA. GOIÂNIA, MARÇO DE 2016

Em apoio à sustentabilidade, à preservação ambiental, a PRONTO EDITORA GRÁFICA/ KELPS, declara que este livro foi impresso com papel produzido de florestas cultivadas em áreas não degradadas e que é inteiramente reciclável.

Este livro foi impresso na oficina da PRONTO EDITORA GRÁFICA/ KELPS, no papel: Off-set 75g/m², composto na fonte Garamond, corpos 11 e 12
Março, 2016

A revisão final desta obra é de responsabilidade do autor

www.ingramcontent.com/pod-product-compliance
Lightning Source LLC
LaVergne TN
LVHW041451170726
843492LV00005B/1181
9788540017009